四川师范大学学术著作出版基金资助

四川师范大学法学学科出版资助

本书为司法部法治建设与法学理论研究部级科研项目

（20SFB4057）最终成果

股东权代理征集
制度研究

李荣 著

GUDONGQUAN DAILI ZHENGJI
ZHIDU YANJIU

人民出版社

目　录

导　言

一、研究背景

股东权代理征集发端于投票权代理征集,投票代理权争夺在现代公司治理中发挥着独特价值,与公司控制权市场一起被誉为上市公司外部治理的两大利器。哈佛大学教授路易斯·罗斯高度评价道:"随着公司证券的广为发行以及随之而来的所有权与管理权分离,股东大会的整个意义完全取决于投票代理权制度。这一制度已经成为决定我们经济体制良好与否的至关重要的力量。"[①]在我国上市公司独特的股权结构使得公司控制权市场成本高昂而无法有效发挥公司治理效用的背景下,投票代理权征集通过集合中小股东的力量成为交易费用最低的公司治理形式而受到实务界和立法者的高度关注,投票权代理征集制度建设不断推进,特别是近几年得到快速发展:2020 年修订的《证券法》(以下简称:新《证券法》)将其拓展为股东权代理征集并正式引入,首次在法律层面获得了确认;中国证监会随后制定出台配套制度《公开征集上市公司股东权利管理暂行规定》(以下简称:《暂行规定》),进一步规范公开征集上市公司股东权利活动,规制公开征集中的不法行为,以期引导中小投资者踊跃参与上市公司治理,充分发挥股东大会

[①]　Louis Loss &Joel Seligman,"Fundamentals of Securities Regulation 4ed",*Aspen Law & Business*,2001,p.488.

机能,提升上市公司治理水平,保护投资者合法权益。[①]

然而,制度建设不是一蹴而就的,尽管新《证券法》使用一个条文对股东权代理征集进行了规定,《暂行规定》也提供了 33 个细化条文,但是"中国法律已经从法律移植阶段步入法律养护阶段"[②],从预防代理征集制度滥用的视角来看,现行制度关于征集主体的资格规定、代理征集行为界定、征集活动的程序性规范、代理征集的特殊信息披露、违法征集损害赔偿责任等问题尚需进一步探讨,股东权代理征集制度能否达致制度预期效果、制度设计如何进一步精细化自然成为当前证券法研究的现实问题。本书基本沿循制度运行的逻辑,按照事前规范、事中规范、事后规范三个层次,结合我国代理征集实务,运用"思辨分析+实证佐证"的研究方法对前述问题开展研究,以期前瞻性地发现新制度运行中的问题,完善适合我国国情的股东权代理征集制度,规范证券市场的代理征集实践,优化我国上市公司治理。

诚然,股东权代理征集制度作为便利中小股东参与公司治理的重要手段,其完备建构和有效施行有利于促进我国上市公司治理水平提升,理论界、立法界、实务界均为此目标而不断努力。同时,我们也深刻意识到,股东权代理征集与控制权市场一样,都不是解决公司治理问题的万能药,这些机制"顶多只是构成公司治理体系的一部分,公司治理的成功不只是单纯地依赖其中某一个手段。"[③]

二、研究综述

(一) 研究现状

域外学者对股东权代理征集制度研究较早,对于股东权代理征集制度

[①] 《〈公开征集上市公司股东权利管理暂行规定〉起草说明》,资料来源:http://www.csrc.gov.cn/csrc/c101954/c1605915/content.shtml。

[②] 梁上上等:《中日股东提案权的剖析与借鉴——一种精细化比较的尝试》,《清华法学》2019 年第 2 期。

[③] 乔纳森·R.梅西:《信守承诺是公司治理的基石》,戴欣等译,法律出版社 2017 年版,第303 页。

的定义，《布莱克法律词典》界定为"公司股东因为征集行为而使得股东权利让渡给他人在股东大会上行使该权利"，Markus 针对美国 SEC 发布的规则 14 中有关信息披露相关制度，对其具体运用可能产生的问题及相关对策进行了详细阐释，①Hazen 等学者针对董事会如何向股东会披露信息、董事会作为征集人时应披露哪些信息以及虚假陈述的后果进行讨论。②

我国台湾地区近几年委托书征集制度研究集中在对既有法律条文实践多年后的思考，探析实践多年的相关规定是否具有合法性、正当性，以图修正、调整、完善相关立法。林惠芬等学者研究了有关少数股东的侵占行为，认为委托书的董事选举权设计，原系赋予公司股东可经由委托书授权，对于经营不善的现任管理者发挥监督功能，但此项制度设计亦使少数股东无须购买股权即可取得公司控制权，造成控制权与现金流量权偏离的经济后果。③ 洪秀芬研究了征集人违规行为的效力，认为违反授权股东亲自填写征集人姓名的规定，而由该征集人代理行使表决权，则该代理行为无效，征集人未经受委托股东同意将委托书转让他人，受转让人无代理出席股东会权限。以上行为均认定征集人未取得股东本人授予出席股东会的代理权，是因为委托书已经发展成为经营权争夺的重要工具，甚至成为有心人士安排特定人出现于股东会干扰会议顺利运行的手段，从而有必要对委托书加以严格的管理规范，且现行委托书规则仍欠周延，尚待主管机关完善之。④ 汪达对持委托书出席股东会之权限展开了研究，认为凡合法出具委托书而出席股东会者，对临时动议，应算入出席人数并可行使表决权。而在有关无偿征集合法合理性研究方面，我国台湾地区的研究经历了两个阶段，在1996 年明令禁止按价购买委托书之前，学界的研究大致认为有偿征集存在如下问题：形成委托书市场并造就了委托书收购业；天价委托书现象出现；

---

① Andrew A. Markus, *Judicial Review of SEC Rule 14a-8: No Action Decisions*, 21 Clev. St. L. Rev. 209(1972).

② Thomas Lee Hazen & Lissa Lamkin Broome, *Board Diversity And Proxy Disclosure*, University of Dayton Law Review, Vol.37, No.1, (2012), p.39.

③ 林惠芬等：《委托书之代理问题及制衡机制：对控制权偏离及少数股东权侵占行为之实证研究》，《会计评论》2012 年第 1 期。

④ 洪秀芬：《股东会委托书违法使用之效力》，《月旦法学教室》2014 年第 136 期。

少数不法分子借收购委托书取得经营权,进而掏空公司;"次股利"现象出现,小股东将委托书所得收益视为股利的一部分。1996年禁止有偿征集后至今的研究主要是针对该项规定的检视,戴铭昇认为,将委托书交给他人,仅系一种授权他人代为行使表决权之样态,并非将表决权单独转让。禁止买卖委托书系认为收购者会以种种不法手段将成本取回,甚至掏空公司,这种说法并没有相应数据进行支撑,再者不论有偿无偿,存有背信、侵占恶意的受委托者取得经营权后依然会掏空公司,加之禁止价购委托书的规定存在高度违宪的可能,因此委托书是否应当被禁止价购,在这项规定施行满二十年之际,立法机关应当检视此制度的正当性及合法性。①

国内在2005年公司法修改前后对此问题的研究达到峰值,近年来虽有一定程度降温,但也保持着一定的研究关注度。在中国知网中以主题词"委托书""征集"进行不完全的复合检索的结果也可证实,如图0-1所示。

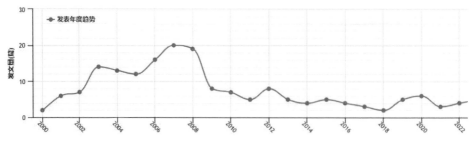

图 0-1　学界委托书征集发文年度趋势图

梳理近些年国内的学术研究,大体围绕两大主题展开:

1. 股东权代理征集制度的理论分析

第一,股东权代理征集产生背景。黄惠萍指出,股东权代理征集的产生源于股权不断分散化的现代公司,股权相对分散或高度分散,为股东权代理征集制度的产生提供了温床。② 张茜分析了股东权代理征集的两种情形,第一种情形是欲召开股东大会的股东或者其他管理层,其所持有的股份达

---

① 戴铭昇:《禁止价购委托书20年——合法性及正当性之再度省思》,《法学杂志》2016年第310期。

② 黄惠萍:《股东表决权代理征集制度的研究》,《云南大学学报(法学版)》2007年第3期。

不到召开股东大会所必须达到的股份比例时,股东或者其他管理层通过股东权代理征集制度来征集股东权从而符合股东大会召开的比例;第二种情形是股东为了实现自己的主张或者争夺公司的控制权而自身的股份达不到控制公司比例时进行股东权代理征集,从而实现自己的目的,一方面可以征集足够的股份阻止公司损害自己的权益,另一方面可以达到控制公司经营权的目的。①

第二,股东权代理征集的行为性质。学界几乎一致认为这种征集行为系表决权代理行为,在委托书征集方式中,征集者即代理人积极主动向他人发出请求,劝诱他人将合法有效的表决权委托给自己代为行使,是表决权代理的特殊形式。② 公开征集投票权是一种反向设计的委托代理契约。③ 也有学者持不同观点,认为股东权代理征集与学界讨论的股东表决权代理有相同点,即都是由代理人受托代理行使股东权利。但二者也存在明显差异:首先,代理权产生方式不同,股东表决权代理是由股东委托代理人为自己利益或依照自己意愿来行使权利;股东权代理征集则是符合条件的自然人或机构主动向股东要求担任其代理人并代为行使权利。其次,股东表决权代理,顾名思义仅限于表决权代理;股东权代理征集不仅包括表决权代理,还包括提案权等其他股东权利的代理。④

第三,股东权代理征集价值分析。股东权代理征集制度的适用对提高股东大会的效率、便利股东表决权的行使、增强股东投资的积极性、促使公司运作的民主化,从而实现公司治理结构的完善具有重要的理论和实践意义。⑤ 事物兼具两面性,股东权代理征集一方面能够提高中小股东话语权,促进公司治理结构完善,提高公司运作效率,另一方面当管理层进行股东权代理征集时,可能沦为管理层延续自身管理时限的工具,形成"寡头政

---

① 张茜:《公司治理下的股东投票代理权征集制度探析》,山东建筑大学 2015 年硕士学位论文,第 4 页。
② 李荣:《委托书征集若干问题思考》,《集团经济研究》2006 年第 11 期。
③ 王星皓、李记岭:《论中小股东在公开征集投票权中的救济》,《河北法学》2019 年第 8 期。
④ 周友苏:《证券法新论》,法律出版社 2020 年版,第 370 页。
⑤ 顾华玲:《上市公司委托书征集制度的法律规制》,《经济问题探索》2008 年第 5 期。

治"。① 同时还面临征集人带来的道德风险,股东权代理征集具有以较小的经济代价获得较多的控制权力的可能性,因而征集者会倾向高风险决策,因为一旦失败,其所付出的经济代价有限,而一旦成功却有高的收益,反而会危害股东民主。② 不能排除征集人是"披着羊皮的狼",股东权代理征集竞争变为"控制权"竞争损害到公司和股东的利益。③

2. 股东权代理征集制度具体架构

第一,征集主体资格。一部分学者持开放多元观点,周春梅认为对征集者不必给予太多限制,如征集者不能仅限于股东,而应包括所有公司利益相关者,因为"任何公司都是由不同利益相关者组成的长期性交易关系,无论是股东,还是债权人和职工,他们均为公司的营运投入了专用性资产";④顾华玲认为为了维护中小股东和债权人等的利益,我国可以规定公司利益相关者成为投票代理人,同时对相关主体资格进行严格限定。⑤ 一部分学者持紧缩限制观点,蒋雪华认为,除董事会、独立董事职务外,征集主体应当限定在股东之内。⑥ 李博翔等认为,基于表决权征集对公司治理和经营的重要性,有必要对征集多数委托书的股东的持股数及持股时间做出一定限制与要求,以平衡股东权益保护与正常高效公司治理。⑦

第二,无偿征集争论。裴维焕指出,表决权是典型的共益权,故表决权和股权是不能分离转让的,如果允许其分离转让获取经济利益,就会危及其他股东和公司的利益,因此股东权代理征集应该是无偿的。⑧ 闻丽英比较域外立法经验发现,有些国家或地区曾盛行有偿征集投票委托书,后来在修订规则时予以禁止,部分国家或地区一向禁止有偿征集,放眼各国及地区立法可知,禁止有偿征集乃各国通例。我国的公司治理及证券市场存在自己

① 裴维焕:《我国委托书征集制度的反思与完善》,《吉林工商学院学报》2019 年第 5 期。
② 刘素芝:《我国征集股东委托书法律制度的实证分析》,《法学评论》2007 年第 1 期。
③ 顾华玲:《上市公司委托书征集制度的法律规制》,《经济问题探索》2008 年第 5 期。
④ 周春梅:《论投票委托书征集之主体资格——兼论董事会征集委托书之弊端及限制》,《法律适用(国家法官学院学报)》2002 年第 5 期。
⑤ 顾华玲:《上市公司委托书征集制度的法律规制》,《经济问题探索》2008 年第 5 期。
⑥ 蒋雪华:《征集代理投票权的相关问题分析》,《天津法学》2015 年第 4 期。
⑦ 李博翔、吴明晖:《论股东表决权征集制度的立法完善》,《证券法苑》2017 年第 2 期。
⑧ 裴维焕:《我国委托书征集制度的反思与完善》,《吉林工商学院学报》2019 年第 5 期。

的特殊情况:股东投机意识十分严重,相关立法欠缺,监管力度不够。该情形下若允许有偿征集,无异于鼓励股东投机,危害上市公司治理结构,并扰乱证券市场秩序。因此,我国立法应吸取这方面经验教训,严格彻底地禁止有偿征集。①

第三,股东权代理征集费用承担。征集费用问题是股东权代理征集制度的难点,目前我国立法上对征集费用并无规定,世界各国也并未就征集费用问题作出细致明确的规定。施天涛认为,董事会作为唯一征集主体时,其征集费用由公司承担的适当性几乎没有争议,但在竞争选举时的费用承担存在争议,"公司政策优于个人权利"原则提供了一般分担规则,却因这一原则本身的模糊性致使法律尚未能够提供满意的解决方案。② 蒋雪华也指出,征集费用在实践中严重影响到股东权代理征集制度的效用,实践中可能存在以下几种费用承担方式:征集者承担征集费用、公司承担征集费用、由征集者与全体被征集者共同承担费用。③

第四,信息披露。黎明、胡红卫分析了新《证券法》颁布前《股票发行与交易管理暂行条例》《上市公司治理准则》《上市公司治理指引(草案)》关于委托书征集信息披露的规定,发现这些规定都较为简单,使征集委托书在实践过程中的信息披露缺乏具体的操作规程和法规指引。④ 董新义认为当前信息披露存在以下问题:首先,对于信息披露的信息范围和材料内容没有明确规定,导致监管缺乏标准,降低了信息披露活动的公信力;其次,未具体规定信息披露的标准、方式以及程序,以致出现多样的实践操作;最后,只是笼统规定了征集代理权违法的损害赔偿责任,但对违法进行征集信息披露是否应承担此种赔偿责任并不清楚。⑤ 顾华玲对披露格式进行了研究,认为可借鉴美国联邦证券法表格的规定,列明基本的信息披露义务

---

① 闻丽英:《我国股东投票权征集制度探析》,《西安财经学院学报》2014 年第 1 期。
② 施天涛:《公司法论》,法律出版社 2005 年版,第 393—394 页。
③ 蒋雪华:《征集代理投票权的相关问题分析》,《天津法学》2015 年第 4 期。
④ 黎明、胡红卫:《美国委托征集制度研究》,《社会科学论坛》2003 年第 11 期。
⑤ 董新义:《论上市公司股东代理权征集滥用的规制——以新〈证券法〉第 90 条为对象》,《财经法学》2020 年第 3 期。

和特定事项信息披露义务,并由中国证监会制定相应的信息披露文件格式规范。①

第五,股东权代理期限。马全才认为,要限制征集者代理股东权的期限,因为理论上股东的表决权可以通过合同安排,与其股权长期甚至永久分离,若听任这种安排不管,必然导致委托书征集的滥用。一般来说,投票股东委托书的有效期间应限于当次股东会,征集人不得以一次获得的委托书行使多次股东大会投票权。为保证委托书不被滥用,还应当允许授权股东随时撤回委托,如双方当事人约定不可撤回的投票委托书,则应认定此约定无效。② 戴振华研究了与代理期限相关的表决权转让问题,认为表决权代理应禁止买卖,表决权信托证书可以像股票一样自由买卖,但是代理授权书则不行。③

第六,股东权代理征集的法律责任与救济。贺大伟、董娜认为,股东权代理征集中民事责任和行政责任等在内的法律责任不可或缺,针对不同行为应规定不同责任样态,如果授权委托书确因股东主观原因而记载不明,并且给第三人造成损害的,股东应当承担相应的损害赔偿责任。当征集人为达到征集委托书的目的,在委托书或征集材料中披露虚假的、令人误解的信息而诱导被征集者对其授权,征集人不仅仅要承担相应的民事责任,更主要的是要承担有关的行政责任,接受相应行政机关的处罚。④ 王星皓、李记岭则进一步细化了民事责任,认为股东权代理征集中违法征集人的责任种类可能包括侵权责任和违约责任,侵权责任主要是指在公开征集投票权公告等材料中可能存在虚假记载、误导性陈述或者重大遗漏,公告等材料的真实性、准确性和完整性存在故意或过失的瑕疵;违约责任主要体现在征集人不履行、超出履行范围或改变履行等方式,违反与股东签署的授权委托书,应

---

① 顾华玲:《上市公司委托书征集制度的法律规制》,《经济问题探索》2008 年第 5 期。
② 马全才:《我国上市公司建立委托书征集制度的几点思考》,《潍坊学院学报》2010 年第 3 期。
③ 戴振华:《股东表决权代理征集制度的法律构建》,《河北企业》2015 年第 7 期。
④ 贺大伟、董娜:《论代理权征集中的法律责任与股东权利救济》,《兰州工业学院学报》2017 年第 6 期。

当建立司法和行政双层救济体系。①

（二）简要评述

由于我国在新《证券法》施行以前,有关股东权代理征集制度的规定散见于各相关部门规章、证券业自律性规则中,且规定较为笼统、模糊,我国学界对于股东权代理征集制度的研究着重于比较分析法,分析、借鉴有关国家和地区的成熟立法经验,研究着眼点涉及征集主体的限制、信息披露的要求、代理权限与代理范围、征集人法律责任等股东权代理征集的不同主题,试图构建一个详细、完善的股东权代理征集制度。此前研究系在立法空白的背景下描绘股东权代理征集制度的蓝图,在新《证券法》第90条已然确立股东权代理征集制度的背景下,现有研究存在如下问题需要进一步研讨:

第一,现有研究着力于借鉴域外立法经验进行制度建构的蓝图研究,与新《证券法》制度设计有所出入,需要进一步进行制度建构探讨。如:四大征集主体的制度设计超出了既有征集主体研究范围,征集主体设计的法理需要进一步探讨;既有研究着眼于股东表决权的代理征集,但新制度设计将征集范围扩大到提案权等其他股东权,不同的股东权利授予存在何种差异,如何在实践中区分代理人的代理范围等需进一步研究;新《证券法》第90条规定征集方式有自行征集与委托征集,两者的差异为何,不同的征集方式是否需要不同的征集程序,在现有学术研究中鲜有探讨。

第二,股东权代理征集制度涉及的征集行为与信息披露行为规制的现有研究非常丰富,但尚未形成统一定论。如:在我国的证券环境中何为"公开征集",尚需进一步研究、探讨;现有研究对股东权代理征集制度征集费用的思考众说纷纭,尚未形成统一、完善的立法建议。

第三,现有研究并未能全面关注股东权代理征集制度实施的方方面面,留出了深入研究的空间。如:虽然现有的大部分学术研究都关注到股东权代理征集的信息披露问题,但是对股东权代理征集中强制信息披露范围的

---

① 王星皓、李记岭:《论中小股东在公开征集投票权中的救济》,《河北法学》2019年第8期。

研究较少;现有研究立场统一地认为代理征集的法律性质区别于传统的民事委托代理行为,但针对股东权代理征集制度是否享有与传统民事委托代理一样的任意解除权以及代理权终止等问题少有研究;现有研究中对于违约代理行为的认定、责任的承担方式研究较少,加之实践案例较少,不能通过实证研究为立法提供强有力参考。

第一章 股东权代理征集理论概述

第一节 股东权代理征集起源与内涵

一、代理征集起源

股东权代理征集制度是现代公司法理论发展和实践的产物,目前已成为发达市场经济国家公司治理普遍采用的制度。在公司发展初期,股东将资本投入公司后,能够积极行使股东权利,特别是表决权,确保公司按照预期进行生产经营。随着公司规模扩大,资本需求量增大,技术性和专业度不断提高,其对专职专业经理人的需求也增多,具有股东人数众多、股权结构分散以及所有权与经营权分离等特点的现代上市公司应运而生。因股东的投资渠道增多,且受限于时间和精力,对于拥有"不定量所有权"的股东(尤其是中小股东)而言,大多只关注投资的回报,无心参与公司经营管理,①很少有真正、实际参与公司经营管理的积极行为。为平衡经营者与股东间的利益关系,满足公司治理的现实需要,使不能或不愿亲身参与股东会的人能够借由股东权代理征集积极行使相关权利,股东权代理征集呼之欲出。20世纪30年代左右,在经历了"经济大萧条"之后,股东权代理征集在这些现代上市公司中产生并得到迅猛发展。② 现

---

① 黄惠萍:《股东表决权代理征集制度的研究》,《云南大学学报(法学版)》2007年第3期。

② 因为在这些股权高度分散的上市公司中,任何一个股东都无法通过单独行使股权而影响公司的管理和决策,这在客观上就需要一种"凝聚"这些呈分散状态的股东权利的制度;另外,为了保护股东权利,现代公司法律通常规定公司重大事项的通过必须满足最低表决股份的要求。参见伏军:《公司投票代理权法律制度研究》,北京大学出版社2005年版,第9页。

如今,其已在美国、韩国等国家和地区证券市场中发挥着至关重要的作用。[①]

另外,从委托——代理关系看,委托书征集是从股东会议制度中自愿委托发展而来,属于"代理投票"制度范畴。自愿委托投票制度自设立之初受到大型公司的重视,被广泛采用以确保公司股东大会顺利召开。然现代公司兼并、收购频繁,管理层为了维持和强化自己的控制权或对公司管理层不满的股东为了夺取公司的控制权,主动利用委托书征集制度向其他股东寻求代理权。由于拥有投票权的多寡直接影响股东大会决议事项的结果,各方均高度重视,积极争取股东的委托投票权,从而使委托书征集过程成为实质股东大会。至此,委托投票制度从普通的股东参与股东大会会议方式发展成为公司管理层与非管理层争夺公司实质性控制权的有效手段,完成了委托制度的低级形态到高级形态的转变,其性质也由补充股东个人能力和扩张个人意思自治发展成为争夺公司控制权的工具。当然这一争夺主要是在公司派(公司管理层)和市场派(在野股东)之间展开,然而,委托书征集中涉及的股东投票权属于共益权,共益权的行使必须兼顾公司和其他股东的利益,股东对共益权的滥用会损害公司和其他股东的利益,需要对共益权的行使和处分给予限制,同时委托书征集的运用将直接影响公司的控制权状况,成为影响公司治理和证券市场的关键问题,需要予以严格的规范、监管。

二、代理征集内涵

(一) 术语的厘定

股东权代理征集在学术界称谓不尽相同,在新《证券法》颁布以前学界研究时称其为"投票权代理征集""代理权征集""股东投票权征集""征集投票代理权""表决权劝诱""委托书劝求""委托书引诱""委托书征集""委

[①] 梁上上:《论股东表决权——以公司控制权争夺为中心展开》,法律出版社 2005 年版,第190 页。

托书征求""委托书价购"等。这些术语虽然存在差异,但概念指向的对象几乎相同,都是指向征集主体主动寻求未参加股东大会的股东,请求其授予股东大会的投票权(或表决权)。由于这一期间我国公司治理实践主要使用"表决权征集"这一术语,且新《证券法》施行之前的各类制度建设中关注的也仅是表决权(或者投票权),因此学界之前使用委托书、表决权、投票权征集均具有合理性。由于新《证券法》修改拓展了可以委托征集的股东权利范围,代理征集对象不再局限于表决权,还包括提案权等股东权利。因此,在新《证券法》背景下,继续使用此前学术界采用的委托书、表决权、投票权等不能完全涵盖现行制度的意蕴。故学界研究时,从行为角度称之为"公开征集上市公司股东权利""公开征集股东权利",从制度角度称之为"公开征集上市公司股东权利制度""公开征集股东权利制度""股东权利代为行使征集制度""股东权利征集制度""股东权代理征集制度"。

实务也同步进行了调整。2020年9月4日证监会发布的《〈公开征集上市公司股东权利管理规定〉(征求意见稿)》(以下简称:《征求意见稿》)《〈公开征集上市公司股东权利管理规定〉(征求意见稿)起草说明》(以下简称:《征求意见稿起草说明》)使用"公开征集上市公司股东权利"这一表述,2021年11月19日证监会公布的《暂行规定》保持了这一术语;与《暂行规定》同步公布的《〈公开征集上市公司股东权利管理暂行规定〉起草说明》(以下简称:《暂行规定起草说明》)则明确使用"公开征集上市公司股东权利制度"。虽然称呼上有不同,但都是对同一行为、同一制度展开研究。

为与新《证券法》的规定保持一致,也尽可能保持学术研究的历史传承,本书将该制度称为"股东权代理征集制度",制度对应的行为谓之为"股东权代理征集"。

(二) 概念内核

1.理论研究的核心要素

(1)学界争议

目前,各界对股东权代理征集的内涵界定尚不完全统一,存有诸多观点。在美国,代理权委托书的征集曾经被描述为征集人为劝说股东选任自己代理行使股东权,将记载相关事项的委托书交于股东,在股东签署后,征集人以委托书规定的方式及权限代为行使股东权利的商事行为。①

我国早期的概念界定主要立足于表决权展开,如有观点认为,征求委托书是指"代理人主动征集表决代理权的行为,即代理人请求股东授予表决代理权的行为"②,也有观点认为,委托投票征集是指征集者为了取得在上市公司股东大会的表决权优势,而以公开的方式请求股东委托征集者或其指定的第三人出席股东大会并代为投票的行为,③"征集者通过书面方式劝诱不愿或不能出席股东大会且未选任其他代理人的股东,将其投票权委任第三人的行为,"④"公司股东为控制公司经营活动而劝诱其他股东授权自己代理行使其表决权的行为,"⑤"公司的股东为在公司特定事项上控制或支配公司,或者为改组公司董事会进而调整公司的经营策略等目的,征集其他股东的授权,并代理该授权的股东行使同意权或投票权的行为,"⑥"股东不能或不愿出席股东大会,亦未选任适当代理人行使其表决权时,公司及公司外的人(含股东)将记载必要事项的空白授权委托书交付公司股东,劝说股东选任自己或第三人代理行使其表决权的民事行为。"⑦

在新《证券法》颁布后,学界同步修正了概念界定,如有观点认为股东权代理征集是指符合法定条件的征集主体,包括自然人、机构,公开请求股东出具授权委托,代为出席股东大会并行使股东权利的行为;⑧"征集主体通过公开发布股东权利征集材料,取得上市公司股东的同意,将投票权、提案权等股东权利委托给征集者行使,以实现征集者对股东大会待决事项参

---

① 余雪明:《收购委托书之法律与政策问题》,《台大法学论丛》1996 年第 3 期。
② 施天涛:《公司法论》,法律出版社 2005 年版,第 391 页。
③ 陈文曲、周春梅:《投票委托书瑕疵征集及其法律救济》,《中南大学学报(社会科学版)》2003 年第 6 期。
④ 叶林:《证券法》,中国人民大学出版社 2000 年版,第 183 页。
⑤ 周友苏:《新公司法论》,法律出版社 2006 年版,第 371—372 页。
⑥ 王伟伟等:《我国建立投票代理权征集制度的思考》,《求索》2003 年第 3 期。
⑦ 刘俊海:《股份有限公司股东权的保护》,法律出版社 2004 年版,第 259 页。
⑧ 周友苏:《证券法新论》,法律出版社 2020 年版,第 370 页。

会表决率之期待或者特定的表决意愿。"①

（2）基本共识

综合前述各类观点，可以发现这一概念本身蕴含以下若干核心要素：

第一，征集主体——征集人②。在上述各类概念界定中，征集主体的范围有宽有窄，有的只限于股份有限公司股东，有的概括为公司管理层、其他股东、第三人，有的认为是公司、股东、公司以外的其他人，有的泛指征集者。窃以为在概念中使用征集人这一主体较为适合，因为股东权代理征集规则需要随公司治理重点转变而变化，为适应这种变化，在概念中没有必要对具体的征集主体进行限制，而是在征集主体资格中通过征集规则作出详尽规定，使概念不因调整重点的变化而发生不适应现象。

第二，征集方式。从各国征集规则来看，除仅针对特定人数以下（一般为十人以下）的征集行为允许私下秘密进行（私人征集豁免规则）外，对于一般征集，要求必须公开进行劝诱、请求，并对其作出严格限制要求。公开的方式也限定不一，在已知的方式中已经出现公告、广告、牌示、广播、电传视讯、信函、电话、发表会、说明会、拜访、询问等，但无论哪种方式，最终都必须用书面形式加以确定，股东所作的委托授权以书面记载的权利为限。

第三，征集范围。仅限于因某种原因不能或不愿行使的表决权、提案权等股东权。因为作为股东的投票权、提案权等属于共益权，与所有权一般不分离，应由股东亲自行使或委托代理人代为行使，只有在股东不愿、不能行使时才可征集，而且事实上也只有这两种情形下才有征集的空间。

第四，征集目的。征集人征集表决权、提案权等股东权利的目的不尽相同，有的是为了获得上市公司股东大会表决权优势，有的是为了使征集人自己的提案在股东大会上获得支持、通过，也有的是为了特定事项控制或支配

---

① 范黎红:《投资者保护机构公开征集股东权利的法律规制》,《证券市场导报》2022年第 7 期。

② 需要说明的是,按照民事法律关系的理论,参与代理征集活动的主体通常应当包括两方主体,主动征集代理权的主体以及被动接受征集请求的主体,前者是征集人,后者是被征集人。不过商法学界普遍将征集主体限定在狭义范围内使用,也就是征集主体限定在征集人范围内使用。同时也使用被征集人代指被动接受征集请求、将自己的股东权授权委托征集人行使的股东。本书也在此意义上使用这两个术语。

公司或为改组公司董事会进而调整公司经营策略,不一而论,这是从征集人动机层面的探讨,也是从其行为的最终目的进行的分析。然则一个国家允许股东权代理征集出现并对其规制的目的是为股东权更好实现提供一个通道,为公司治理提供新的制衡力量,因而应当关注代理征集行为的直接目的,即获得股东的相关授权,也就是获得股东权的代理权,以便为实现行为的最终目的提供合法基础。

第五,行为构成。从股东权代理征集行为整个链条来看,征集人的行为可以区分为前后两个行为:一是公开的征集行为,一是委托代理行为。两个行为前后连贯,互为依托。没有征集行为,就无法获得代理行为的授权;仅有征集行为而无后续的委托代理行为,征集也失去其价值。不过由于征集行为影响甚巨,需要特别加以规范和监管。纵观各国的委托书征集、股东权征集的制度设计也主要是针对这一行为展开的。

此处需要特别留意的一点是,现有概念界定在代理人是否仅限于征集人自己这一问题上出现了分歧。有的概念界定认为是委托自己代理行使,如余雪明、周友苏、王伟伟等的观点中,代理人仅限于征集人自己;也有观点认为是委托自己或第三人代为行使,如陈文曲、刘俊海等,《日本金融商品交易法》也规定为委托自己或第三人代为行使。如果从征集行为的角度看,考虑到征集行为可能是征集人亲自征集,也有可能委托给第三人征集,则存在委托自己或第三人代为行使的情形。然而,如果把整个代理征集作为一个整体进行处理的话,即便征集人委托第三人代为征集,从民事代理关系来看,第三人事实上仅仅是征集人的代理人,所有征集活动的法律后果均由征集人承担。我国立法坚持亲自行使原则,《暂行规定》第8条明确规定,公开征集获得的股东权利不得转委托第三人处理有关事项。因此,征集到的股东权依然仅能由征集人自己亲自行使,不存在由第三人行使的可能。故概念应当界定为委托自己代为行使。

2.规范意义上的概念界定

(1)基本界定

新《证券法》以及此前的各类规范性文件均未对代理征集这一术语进行语义界定。《征求意见稿》首次进行界定,认为公开征集股东权利是指

"符合条件的主体公开请求不特定的上市公司股东委托其代为出席股东大会,并代为行使提案权、表决权等股东权利的行为"。《暂行规定》第 2 条基本沿用这一界定的核心要素,仅删除了"不特定"限定词,将其界定为:"符合本规定第三条规定的主体公开请求上市公司股东委托其代为出席股东大会,并代为行使表决权、提案权等股东权利的行为。"这一概念界定突出强调代理征集不仅包含征集行为(公开请求委托),还包括代理行为(代为出席、代为行使),是征集行为与代理行为的统一体,在概念界定的核心要素上与学界的理解保持了高度的一致性。在代理征集含义"很难由成文法予以详尽规定,只能委由最高人民法院在个案裁判中通过不断总结司法经验、吸取法治教训进行确定"①的情况下,监管部门做出的这一努力难能可贵。

(2)问题争点

不过,《征求意见稿》《暂行规定》在"代为出席股东大会"和"代为行使表决权、提案权等股东权利"之间使用了"并"一词,则导致概念界定的逻辑出现了问题。

通常,立法上使用的"并"在逻辑上与"和"一样,都表示兼有关系。在具体的使用语境中,则又分别表示两种关系:一种关系是并列关系。按照《现代汉语词典》的解释,其作为副词表示不同的事物同时存在,不同的事情同时进行。② 一种是表示递进、因果关系。作为并列关系的"并"通过语义即可理解,多数情况下是多余的,可用可不用,但带有递进、因果含义的"并",不能省略。③

第一,无论《暂行规定》第 2 条中的"并"作何种理解,"代为出席股东大会"与"代为行使表决权"之间的逻辑关系都能自洽。这是因为,出席股东大会本身就蕴含着行使表决权的意蕴,行使表决权也包含着出席股东大会的内涵,故将二者并列或使其同时存在并无逻辑上的问题。当然,从简化概念界定的角度看,也可以将"代为出席股东大会"删除,强调征集人"亲自行

---

① 李红润:《表决代理权征集规则研究》,《广西社会科学》2016 年第 12 期。
② 《现代汉语词典》(第 5 版),商务印书馆 2005 年版,第 98 页。
③ 张越:《立法技术原理》,中国法制出版社 2020 年版,第 262—263 页。

使"征集的股东权利也能实现同样的意思界定。从递进、因果关系来看,出席股东大会虽然可能同时存在多种目的,但主要目的或任务就是行使表决权,因此代为出席股东大会之后代为行使表决权,本身的逻辑关系也非常清晰。

第二,"代为出席股东大会"与"代为行使提案权"之间的逻辑关系不自洽。《公司法》第 102 条规定,"单独或合计持有公司百分之三以上股份的股东可以向股东大会提出临时提案。"若股东持股 3% 以上,满足提案权的行使要件,自然无需征集提案权,即便要征集也是征集表决权以提升临时提案表决通过的几率。如持有同济科技股份 13.6% 的量鼎实业在同济科技2021 年年度股东大会召开前提交临时提案,随后公开征集董监事选任议案表决权。故征集人征集提案权主要发生在股东持有股份不足 3% 的情形。在这一情形下,征集人征集提案权,获得足够的委托满足提案权行使要件后向公司提交临时提案,同样为提升临时提案通过的几率,通常也会在征集提案权的同时一并征集表决权;若未获得足够委托无法满足提案权行使要件,则征集行为自动终结。此时提案权和出席股东大会行使表决权之间的关系是先有提案权的代理,后才可能有出席股东大会行使表决权的代理,二者并非并列关系而是前后递进关系。当然,实践中还存在一种情况是:征集人仅仅只是征集提案权,待提案权征集成功后再行征集表决权。此时的提案权征集与出席股东大会之间并不存在直接的逻辑关系。《暂行规定》则直接将提案权征集与出席股东大会相分离,其在第 32 条用语界定中明确规定,"提案权行权日指征集人将提案提交召集人的日期。"质言之,征集人一旦将提案提交股东大会召集人,征集的提案权就已经代为行使,提案权征集和代理行为完全实施,代理征集法律关系终止,与出席股东大会行使表决权没有任何关涉。因此,即便征集人在提案权征集中同时征集出席股东大会行使表决权的委托书,其也是两个独立的性质不同的法律关系。

故本书适当调整概念界定的顺序,将股东权代理征集界定为:符合法定条件的征集人公开请求上市公司股东委托其代为行使提案权、表决权等股东权的行为。

三、征集行为

征集行为的界定具有重要意义,一方面,界定征集行为有利于明晰股东权代理征集的适用范围,明确哪些行为需要纳入代理征集范畴而受到相应的规范,进一步加深对股东权代理征集内涵的理解。另一方面,有利于明晰征集主体的信息披露义务及相关责任。在美国,司法实践常根据个案具体确定行为是否构成"征集"行为,[①]根据美国 SEC 规则,若行为被法院认定为征集行为,征集主体必须承担信息披露义务和备案义务,如果违反前述义务,则要承担按照禁令停止征集行为在内的民事责任和罚款在内的行政责任。同时征集行为暴露时间过早,会使得经营管理者提前防备,还可能触发反征集,导致征集主体错失时机,无功而返。因此若立法不对征集行为进行明确规定,会给征集主体造成不可预知的法律风险和成本。[②]

何为征集行为,现行法律并未对其进行正面界定,仅仅在新《证券法》第 90 条、《征求意见稿》第 2 条、《暂行规定》第 2 条中突出强调"公开请求他人委托"这一本质内核。从文义解释视角来看,其包含三个关键词:"公开""请求"和"他人委托"的目的。

(一) 公开

何为"公开",就其词源本意而言,《现代汉语词典》将其界定为:"不加隐蔽,面对大家的。"[③]即让所有对象知晓。反映到立法上,何为公开征集,域外立法对此界定不一,我国台湾地区"公开发行公司出席股东会使用委托书规则"(以下简称:"委托书规则")没有明确界定其内涵,但在第 3 条采用外延列举的方式,规定了十一种公开方式:广告、公告、广播、牌示、信函、电视传讯、电话、拜访、询问、发表会、说明会。新《证券法》也没有直接

---

① 如在实践中,通过报纸批评公司管理层,向其他股东提供股票建议都被法院认为是在"征集"投票权。转引自梁上上:《论股东表决权——以公司控制权争夺为中心展开》,法律出版社 2005 年版,第 197 页。

② 梁上上:《论股东表决权——以公司控制权争夺为中心展开》,法律出版社 2005 年版,第 197 页。

③ 《现代汉语词典》(第 5 版),商务印书馆 2005 年版,第 472 页。

界定公开的内涵,《征求意见稿》《暂行规定》也没有直接界定,但增加了反向排除的方式(消极定义)对公开进行限定。

1.公开方式

虽然现行制度未对公开进行直接的界定,但结合代理征集相关规则可以进行推论。首先,新《证券法》第 90 条第 2 款规定,公开征集股东权利应当披露征集文件,第 86 条规定信息披露应当在证券交易所网站和符合规定的媒体发布。从实务角度看,征集文件披露通常是采用公告方式进行,因此,可以理解为公开征集应当是采用公告这一方式进行。

同时,采用公告这一方式相比向股东寄送资料在当前更具有优势:一则顺应了信息时代的发展潮流,利用信息技术的快捷、便利优势,可以低成本快速将相关信息传递给所有股东,实现股东之间的信息交流。二则可以有效避免股东名册较难获取的弊端。向股东寄送资料的前提是掌握公司的股东名册,然而,在股东个人信息保护规则下,沪深两市上市公司仅公布前十大股东名单,虽然股东按照公司法的规定也享有股东名册查阅权,但"股东的查阅权不足以支撑其与其他股东之间的交流"①,尤其在代理征集事项不利于董事会或者与董事会存在竞争性征集情况下,董事会掌握股东名册的先机将导致不公平竞争。公告这一方式则直接回避了股东名册的障碍和制约,可以直接面向不确定的所有股东,有利于各方公平竞争。

2.公开渠道

新《证券法》规定信息披露应当在证券交易所网站和符合规定的媒体发布,《征求意见稿》《暂行规定》扩展了发布渠道。《征求意见稿》第 6 条规定,"征集文件应在证券交易所网站和规定媒体上披露,在其他媒体上发布的,发布内容、时间不得超过前述规定媒体上所披露的范围和时间。"《暂行规定》第 9 条基本保持了这一规定。两个文件中这一规定的理解,可以从以下两个方面展开:

(1)规定渠道

在规定发布渠道上披露征集文件这一规定本身并未超越新《证券法》

---

① 李俊琪:《股东权利征集制度研究:基于非对抗与对抗性语境的阐释》,《清华金融法律评论》2022 年第 6 辑。

的规则,与信息披露的规则保持高度一致,此处的公开依然保留在公告这一公开方式上,并未作出新的拓展。

(2)其他渠道

"在其他媒体上发布相关信息"这一规定的理解可以从三个方面展开:

第一,这一规则拓展了信息发布的渠道。条文使用的是"其他媒体"这一术语,因此,在电视、广播以及非证监会规定信息披露渠道的报纸、网站等渠道发布征集信息,也符合公开征集的要求。在股东多元的当今,并非所有股东都会关注证监会规定的发布渠道。条文从有利于更多股东知晓代理征集信息这一角度看,拓展公开发布的渠道有助于代理征集制度的实施。不过,若从文义理解来看的话,使用的是"媒体"而非"其他公开方式",因此,发布会、说明会等方式很难纳入公开的范畴,同样,信函、电话、拜访、询问等征集方式也无法纳入。

第二,在拓展发布渠道的同时使用的是"发布相关信息"而非披露征集文件,同时还限定其内容不得超出在规定媒体上的披露内容。据此可以理解其他媒体上发布的相关信息包含两类情况:一是与规定媒体上披露的内容保持一致,也就是在其他媒体上发布征集文件;二是发布内容少于征集文件的内容,仅涉及征集文件中的部分信息。这样一来,广告、牌示等方式也可以在代理征集活动中加以运用。一方面征集人能实现与渠道拓展同样的作用,有助于更多股东知晓代理征集事宜。另一方面征集人不用完全披露征集文件的内容,有助于减少信息发布的成本,减轻征集人的征集负担。再有,也把拉票、劝诱、发表意见等征集行为的"衍生行为"[1]纳入信息披露的规制范围。

第三,其他信息发布与征集文件公告是并列关系还是替代关系。换言之,在其他媒体上发布了征集文件,是否就可以不在规定渠道上披露征集文件?《暂行规定》第 9 条第 3 款规定,征集人在其他媒体上发布的相关信息,其发布时间不得早于规定媒体的披露时间。从这一规定来看,如果没有规定渠道的征集文件披露,也就无法确定其披露时间,则其他渠道的发布时

---

[1] 李俊琪:《股东权利征集制度研究:基于非对抗与对抗性语境的阐释》,《清华金融法律评论》2022 年第 6 辑。

间也就无法确定,故其他媒体信息发布的合法性需要以规定渠道的披露为前提,其并不能取代规定渠道的披露。同时,按照新《证券法》的规定,征集文件在规定渠道发布乃是法定义务,是为确保证券市场信息披露秩序而设定的强制性规范,断然不可以其他渠道替代法定渠道,因此,其他媒体的信息发布只能是法定渠道披露的补充而非替代。这一定位也为征集信息发布渠道多元、信息发布灵活提供了合法性基础,在确保法定渠道、法定内容得以实现的基础上为代理征集活动创设更为灵活机动的机制,对代理征集制度的有效实施有益无害。同时也回应了现实中存在的代理征集信息发布渠道多元以及可能带来的法律争议问题。如 2004 年 9 月 7 日发生的新浪网和南京某媒体联合发起的“宝钢投票权征集”,因征集活动的信息是在发起方之一的南京某媒体上发布而引发争议。有媒体质疑,征集人应该选择什么媒体进行信息披露? 是否要选择中国证监会指定的法定信息披露媒体?[1] 对此,有观点认为,由于法规规章未限定披露方式、披露时间、披露媒介等,故此案的媒体征集“可在广大被征集人能够及时知晓的媒介上进行信息披露”[2]。但是,在这一征集过程中,南京某媒体是否满足“广大被征集人及时知晓”这一要件值得讨论,特别是在数字技术、网络不太发达而主要以纸质为媒介的当时,南京某媒体是否能满足上市公司全球分布的股东及时知晓的需要。再如,引发广泛关注的 * ST 新梅 2016 年 4 月股东提案权征集活动,公司虽然仅以公开征集股东提案权的行为无法律依据为由拒绝了征集人的提案权征集,但公司也可能以征集公告在《每日经济新闻》发布构成信息披露违法而主张排除征集到的股东提案权,进而引发新的争议。应该说,《暂行规定》确立这一规则后,前述问题迎刃而解。

然而,无论通过证监会规定渠道公告征集文件还是通过其他渠道发布信息,其突出的是信息公开的方式,也仅仅是公开的一种表征,并非直接指向“公开”本身的概念界定。不过,考虑到证监会规定的公开渠道是全国性

---

① 蔡锋:《宝钢散户数千万股打包维权两大焦点值得关注》,资料来源:http://finance.sina.com.cn/stock/s/20040920/08061034119.shtml。

② 宋一欣:《媒体在流通股股东投票权征集行动中的作用》,资料来源:https://finance.sina.com.cn/roll/20040929/05251055070.shtml。

的媒体或网站,对所有参与证券交易活动的投资者来讲均无差别对待,均可随时无偿了解该渠道上的所有信息,其强调的并非是一定要全体股东实际知晓征集人发出的信息,而是所有股东具有无差别知晓该信息的可能性。据此,可将公开的本质内核或判断标准界定为:面向所有股东,使所有股东均可无差别了解信息。由于规定渠道的信息披露确保了公开的本质内核,故其他渠道是否满足这一标准并不重要,其选择全国性的还是区域性的发布渠道,则应当归属于征集人自主决策的范畴。

3.反向排除的公开

即便如此,公开的本质内核还是难以非常清晰地进行界定。为加深对公开的准确把握,《征求意见稿》《暂行规定》借鉴美国、日本经验,引入反向排除的方式对公开的内核再次进行消极定义。二者均在第2条最后一款明确规定"采用非公开方式获得上市公司股东委托""未主动征集情况下受到上市公司股东委托""法律、行政法规或中国证券监督管理委员会规定的其他情形"不属于公开征集行为。第三项情形属于兜底条款,涉及公开方式的是第一项"非公开方式"。

从文义上理解《征求意见稿》《暂行规定》这一项规定,可以认为,"非公开方式"进行的征集不属于公开征集。非公开是公开的否定,双方之间是非此即彼的关系,故是否可以得出这样的结论:只有符合新《证券法》和证监会规定程序披露征集文件、面向所有股东的征集才是公开征集,才享有代理征集权,其余均为非公开方式。如仅面向部分股东、特定股东的"私募征集"行为,[①]因

[①]　日本学界关于表决权征集仅面向部分股东进行是否违反股东平等原则存有较多争议。适法说也是通说认为,公司可以仅向部分股东征集表决权,并不违背股东平等原则。原因在于,公司并不负有必须进行表决权征集的义务。公司董事必须尽力确保公司决议通过,这是善管注意义务、忠实义务的要求,也只能为此而征集表决权。未被公司征集表决权的股东,也不妨碍其通过他人表决权征集而行使权利,其也可以自己选任代理人行使表决权。违法说则认为,既然使用公司的费用进行征集,就应当面向所有股东进行;若公司议案信息披露不充分时,委托书征集能使股东事前获得更多信息,委托书征集法律规制的目的不是为股东提供表决权代理行使的机会,而是使公正做出的股东意思表示在每个征集议案中得到准确反映,故应当面向全体股东进行征集。而公司以外的其他征集人可以仅面向部分股东开展征集活动,只是不得低于十人。也有从实务角度出发提出折中说的观点,认为若是真正为公司着想的议案,为了使议案获得通过,在合理范围内进行委托书征集,未必违反平等原则,也未必会产生违反禁止利益提供的问题。

不符合公开征集披露的要求以及面向全体股东的本质内核而无法纳入公开征集范围,进而不享有征集权利,自然也就不能享有在媒体、网络公告征集信息的权利,否则即为非法征集。事实上,在征集人无法享有公开发布信息的权利之后,其只能通过股东名册或其他渠道小范围联络被征集人,在成本和信息的双重影响下,其规模无法与公开征集的规模相比,对公司治理、市场交易的影响相对较小,将其行为纳入民事代理关系处理亦无可厚非。

不过,考虑到公开与不公开本身的界限无法有效厘清,立法实践中也出现人数限定这一区分标准,如美国 SEC 规则 14a-2(b)(2)试水条款豁免被征集股东不超过十人时的信息披露义务,日本仅把面向未满十个被征集人的征集行为排除在代理征集之外。① 换言之,美国向超过十个被征集人、日本仅仅面向十个被征集人进行代理权征集也是符合法律规定的公开征集活动。还有为区分公开征集与非公平征集的界限,明确规定接受股东主动委托的代理人"所受委托之人数不得超过三十人"②。我国 1993 年发布的《股票发行与交易管理暂行条例》也曾使用过"征集二十五人以上同意权或投票权"这一人数限定,但之后所有的文件、法条均未再使用这一标准。从权利限制的角度看,我国要求面向所有股东公开信息才可能纳入公开征集范畴、才享有征集权的标准明显高于域外的立法实践,然而考虑到我国二十年多的代理征集实践争议以及征集行为催生控制权争夺大战对证券市场稳定产生的不利影响,基于规范征集行为、引导证券市场主体理性行使权利等诸多考量,参考域外经验,"公开"采用严格界定方式在制度设计的初期还是很有必要的。

---

① 日本《金融商品交易法施行令》第 36 条之六 第 36 条之二到前条的规定不适用于下列情形:(1)公司及其高级管理人员之外的主体进行的面向未满十个被征集人的表决权代理征集的;(2)在以时事为主要内容的日报上以广告方式进行表决权代理征集,且该广告仅提供公司名称、广告理由、股东大会表决事项、委托书提供场所的;(3)以他人名义持有股份的人对该他人所有表决权进行征集的。

② 刘连煜:《证券交易法:第一讲——股东会委托书之规范》,《月旦法学教室》2006 年 8 月总第 46 号。

（二）请求

何为"请求"，按照《现代汉语词典》的解释，请求是说明要求，希望得到满足。① 这一内涵突出强调的是行为人的主动性，意为"主动请求"②。牛津法律大辞典将"Petition"界定为"系指为获得某项利益、授权或对一定冤屈的补偿而以书面形式向个人、官员、立法部门或法院提出的要求"③。同样，在代理征集中，不同地区使用的术语不一，如有的使用"征求"，即以公开方式取得委托书出席股东大会的行为，其强调在征集过程中征集主体的"主动性"，要求征集主体"主动出击"劝诱股东。为了更好地明确征集主体"主动"征集股东权利的意思，立法还明确要求将股东主动委托的行为排除出公开请求的范围。质言之，非因征集主体主动取得代理权的行为并不属于征集行为。借鉴域外立法经验，《征求意见稿》《暂行规定》也在反向排除规定中引入这一规则，在第二项规定"非主动征集"不属于公开征集，也就是征集人未主动进行征集而是股东主动作出授权委托的，不属于公开征集行为。

（三）目的

不过，是否只要满足"公开""请求"这两个关键要素就能认定构成征集行为？从相关的立法实践来看，答案是否定的。美国 SEC 规则 14a-1 认定某些行为不构成"征集行为"④，如公司发布季度、年度报告的行为，股东通过公开演讲、新闻、报纸、杂志、广播途径宣布自己的投票决定和观点，证券持有人直接向负有信托义务的人作出投票决定和理由的陈述；14a-2（iv）规定的股东之间有关表决意向的陈述及理由交流不纳入审查范围的安全港

① 《现代汉语词典》（第5版），商务印书馆2005年版，第1118页。
② 范黎红：《投资者保护机构公开征集股东权利的法律规制》，《证券市场导报》2022年第7期。
③ 戴维·M·沃克：《牛津法律大辞典》，李双元等译，法律出版社2003年版，第866页。
④ 美国 SEC 规则 14a-1。参见梁上上：《论股东表决权——以公司控制权争夺为中心展开》，法律出版社2005年版，第198页。

规则①;等等。日本《上市公司股票表决权代理行使征集规则》②第 9 条规定,通过新闻、报纸仅仅记明相关资讯而公开登载广告征求委托书的行为不属于征集行为。作为这一规则的取代,日本《金融商品交易法实施条例》第 36 条之六基本保留了其核心要义,明确规定,在以时事为主要内容的日报上以广告方式进行表决权代理征集且该广告仅提供公司名称、广告理由、股东大会表决事项、委托书提供场所的,不属于公开征集的范畴。

分析美国、日本对于征集行为的例外规定可知,征集主体仅有"公开"表达自身意愿、立场的行为,但没有取得代理权的意思表示,或者"公开"表达目的仅仅是宣传,刊登广告宣传征集行为本意是广告,并没有想要取得代理权的要约意思表示,也就是没有征集股东权利的目的或意图,不符合委托征集"请求给予自己授权委托书"③的通常理解,故其不构成征集行为。因此征集主体的行为必须以取得代理权为直接目的。《暂行规定》虽然没有在反向规定中明确这一情形,但新《证券法》第 90 条"公开请求上市公司股东委托其代为……"这一代理征集对象限定已经非常明确地表明了行为的目的性,不是为了获得其他股东权利,而是获得股东权的代理权。不过,征集人的这一真实意图很难判断和证明,故有观点认为,应当将行为人视为一般理性人,关注其是否能预判行为对征集结果产生影响的客观标准。④ 质言之,将行为人置于通常理性人的位置,其实施行为时能够预判行为会对股东产生同意或拒绝授予代理权的影响,则该行为具有征集代理权的目的,为征集行为;若该行为不会产生这一影响,则行为不具有征集目的,不属于征集行为。

---

① 周冰:《上市公司表决代理权征集的制度探析与法律规制》,《证券法苑》2020 年第 2 期。

② 这是日本 1948 年(昭和 23 年)7 月 10 日以证券交易委员会规则第 13 号文的形式发布的规则,文件日文名为《上場株式の議決権の代理行使の勧誘に関する規則》,通称"委托书征集规则"。不过这一规则已在 2003 年 3 月 28 日被《上場株式の議決権の代理行使の勧誘に関する内閣府令》取代而废止。第 9 条　前述规定不适用于下列情形:公司及其高级管理人员之外的主体进行的面对未满十人的征集;利用新闻广告且新闻广告仅仅刊登公司名称、广告理由、股东大会表决事项及其相应文件资料、提供委托书文本以及其他资料的场所等信息进行的征集;以他人名义持有股份的人对该他人的表决权进行的征集。

③ 资料来源:https://www.tosyodai.co.jp/topics/nakamura/036/index.html。

④ 周冰:《上市公司表决代理权征集的制度探析与法律规制》,《证券法苑》2020 年第 2 期。

不过,美国在界定征集行为时,不仅仅关注代理权取得这一目的,还关注代理权终结等目的,无论征集人是否要求给予委托书均包含在征集行为中,如要求股东不要将委托书给予他人,或要求将已给予之委托书予以撤销,以及其他与股东之联系而可能导致给予、不给予或撤销委托书的行为,均属于征集范围。①从股东权代理征集行为过程来看,征集人可能有直接取得代理权的需要以及对取得的代理权进行处置的需要,也可能基于不以谋求取得代理权而是阻止其他征集人取得代理权的目的,实施诸如请求股东不要将委托书给予他人,请求股东不要接受他人的委托书征集,②或者请求股东撤销先前已给别人的委托书等"反向征求"③行为。这些行为会对股东权的行使带来影响,特别在委托书争夺战中会影响征集各方的股权比例,同样具有公司治理的价值和功用。从规范代理征集行为的角度,也有必要纳入代理征集行为的范畴进行规范,"只要能起到影响股东投票意向的都应当属于投票权征集。"④从这个角度讲,征集行为具有两个目的,或为取得代理权,或为影响代理权。征集行为范围的这一扩张使更多股东行为纳入了规制范畴,也带来了一定的质疑,如可能为股东参与公司治理的行动带来阻碍,产生事实上有利于公司经营管理层的结果,这恰恰违背了代理征集制度保护中小股东利益的初衷。故美国SEC1992年也明确把"无寻求委托书授权与对股东会表决事项无实质利益"的情形作为委托书征集的豁免情形。⑤

综上,征集行为的内涵应当同时具备以下三个要素:第一,公开方式进行,通过证监会规定的渠道公开披露征集文件使得全体股东均有机会知晓的方式进行;第二,征集主体主动作为,代理权的取得是征集主体主动取得,

---

① 刘连煜:《证券交易法:第一讲——股东会委托书之规范》,《月旦法学教室》2006年8月总第46号。

② 龍田節「株式会社の委任状制度—投資者保護の視点から—」インベストメント21巻1号18頁(1968)。

③ 刘连煜:《证券交易法:第一讲——股东会委托书之规范》,《月旦法学教室》2006年8月总第46号。

④ 赵金龙、梁素娟:《投票权价购问题之检讨》,《证券法苑》2012年第2期。

⑤ 方元沂:《从股东权益保障检讨征求委托书制度》,《财产法暨经济法》2020年6月第60期。

而非被动取得;第三,以征集、影响代理权为直接目的。

为更进一步理解征集行为,日本学者从表决权征集角度归纳了征集行为的四种样态,即征集行为包含以下四种行为:股东大会召集公告时单独提供授权委托书专用纸的行为,提供授权委托书专用纸请求股东署名的行为,要求股东制作、交付表决权代理行使委托书的行为,请求不接受他人委托书征集的行为。并进一步解释其内涵:第一,不是所有对股东的呼吁都是征集,如单纯呼吁支持自己的议案或者反对现有经营层的方针并不属于征集;第二,是否是为了获得或撤回表决权委托的行为是关键;第三,征集时是否是直接称呼股东名字并不重要,即便是直接称呼股东,也不一定要附有授权委托书专用纸;第四,新闻发布和电视广告通常不会构成征集,但也可能构成。[1] 我国立法中的征集行为具体包括哪些样态,是否需要在立法或相关规则中具体列举,尚有待进一步研究。

另外,近年来在欧美证券市场发达国家讨论的表决权行使咨询公司的投票建议是否纳入征集范围规范也值得关注。2019 年美国 SEC 认为,表决权行使咨询公司为辅助其客户行使表决权而提供调查、分析决议事项的专业能力,许多客户因能从中得到表决权行使建议等各种问题的详细分析而购买这些服务,由于表决权行使建议是在股东大会之前提供,影响股东表决权行使判断的可能性非常大,因此表决权行使建议通常是"被合理安排的授权委托获得、保留、取消"的沟通,属于委托书征集规制范围的"征集行为"[2],并在 2020 年制定的《代理投票建议的代理规则豁免》[3]规则中再次加以确认。[4]

---

① 証券取引法研究会「委任状勧誘に関する実務上の諸問題:委任状争奪戦(proxy fight)の文脈を中心に」証券取引法研究会研究記録第 10 号(2005)。

② 高橋真弓「米国委任状勧誘規則による議決権行使助言会社の規制」一橋法学 20 巻第 1 号 111 頁以下(2021)。

③ SEC, "Exemptions from the Proxy Rules for Proxy Voting Advice", *Release No.*34-89372(*Jul.* 11,2020)[85 FR 55082(Sep.3,2020)]("Final Rule").

④ 不过,也有不少观点反对将表决权行使建议纳入征集规制范畴,认为美国 SEC 将"被合理安排的授权委托获得、保留、取消"的意思拓展到了"无关是否寻求代理人行动权限,只要试图影响股东行使表决权"的程度,美国 SEC 自己也承认,这样定义的话可能会导致几乎所有上市公司的意见表达都纳入规制范畴;并且基于信任关系提供的表决权行使建议与委托书征集不同,从事表决权行使建议的主体并非利益相关方的代理人,也无法被认定为从事征集的主体。详见高橋真弓「米国委任状勧誘規則による議決権行使助言会社の規制」一橋法学 20 巻第 1 号 111 頁以下(2021)。

我国实务界也有观点认为,应为股民投票决策建立第三方咨询机制。① 第三方咨询决策行为应否纳入代理征集行为范畴也需要学界进一步探讨。

四、代理行为

(一) 代理行为性质

在我国立法和证券实务中,股东权代理行使方式多元,按照不同标准可以划分若干类别。若按照代理权的期限,可以区分为临时代理和长期代理。临时代理即通常理解的股东无法亲自行使股东权的临时安排,仅限于股东权所涉事项的单次委托。长期代理即以我国证券市场近年来出现的常态化、固定化的表决权委托为代表②。所谓的表决权委托是指上市公司股东在一段确定或不确定的较长时间内,将其手中股权对于公司事务的表决权委托于第三方使用。③ 其具有以下典型特点:一是表决权由受托人按照自己的意思而非委托人的意志行使,二是通常约定了一年以上的确定或不确定的较长期限,三是协议约定期限内均为不可撤销委托。④ 因长期委托不属于本书讨论的范畴,故后文所涉股东权的委托代理均是在临时安排层面使用。

按照受托人获得代理权限是否基于自己主动获得,可以区分积极代理和消极代理两种代理方式。⑤ 积极代理以代理人为意思表示,消极代理是代理人受领意思表示。消极代理中代理人代理权限的获得并非自己主动取得,而是委托人主动委托而取得;积极代理是代理人通过引诱委托人授权的方式主动攫取代理权。据此分类,股东权代理行使也同样存在两种样态:

一种是股东主动作为,由股东积极寻找符合自己心意的代理人,与其签

① 熊锦秋:《应为股民决票决策建立第三方咨询机制》,《新京报》2020 年 12 月 8 日第 A4 版。

② 其实还包括国外证券市场中的投票权信托等方式。二者虽然不同,但都存在表决权与所有权分离的状况。

③ 方重:《上市公司表决权委托的实证分析及监管思考》,《清华金融评论》2021 年第 6 期。

④ 赵笳阳:《表决权委托:上市公司股东该怎么用》,《董事会》2018 年第 12 期。

⑤ 魏振瀛:《民法》,北京大学出版社 2013 年版,第 193 页。

订授权委托书,授权其代自己行使股东权,属消极股东权代理,也被称为普通股东权代理,适用民法的一般代理规则进行处理。不过,需要说明的是,此处的普通股东权代理并不包含前文所述的表决权委托。

一种是发生在委托书征集中,征集人(代理人)积极主动向他人(被征集人)发出请求,主动制作写有必备事项的空白授权委托书并将其交付给他人,劝诱他人将合法有效的股东权委托给自己由自己代为行使。这一过程中,征集人和被征集人之间形成一种类似委托代理的契约关系,①是股东权代理的特殊形式。由于这一行为特别强调代理人的主动作为而异于消极代理,属于积极股东权代理,通常称为股东权代理征集。由于这一代理征集活动对证券市场交易秩序影响较大,故被纳入证券交易行为范畴而受到新《证券法》规制。因此,在证券法有特别规定时按其规定,仅在证券法没有特别规定时才适用民法规则进行处理。

(二) 两种样态的差异比较

消极股东权代理和积极股东权代理共同构成了股东权代理征集,但二者存有明显差异:

1.两者的宗旨与适用情形不同

《民法典》第 161 条规定的消极代理行为,是为补充被代理人(股东)个人能力不足而设立的制度,股东自身无法行使表决权时,自主地基于信任关系选任代理人,常是单个股东表决权的代理,有限公司、股份公司都适用。股东权代理征集则是依据代理人(征集主体)的不同目的、意图启动,常伴随公司经营权争夺,是符合条件的征集主体公开请求上市公司股东授权其代为行使股东权利的行为,其仅能适用于上市公司。

2.两者的法律关系构造不同

消极股东权代理是由股东基于自己的利益,主动委托代理人,依自己意愿代为行使权利,在授权过程中,通过股东的单方授权行为,代理人即可取

---

① 李伯侨、李进:《委托书征集制度法理透视》,《南方经济》2005 年第 9 期。

得代理权,不需要代理人的承诺。① 此时股东需要"主动"寻找代理人,代理人处于"被动"状态。② 其仅仅属于合同法调整对象的委托代理行为,仅具有民事法律关系上的意义,属于股东个别的、偶尔性的行为。③

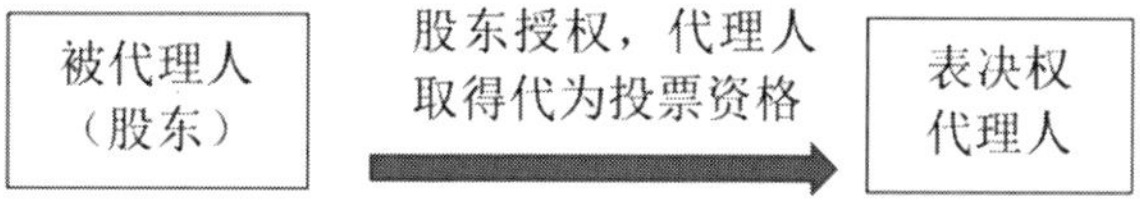

```
┌─────────┐   股东授权,代理人   ┌─────────┐
│ 被代理人 │   取得代为投票资格  │ 表决权  │
│ (股东)  │ ══════════════►    │ 代理人  │
└─────────┘                    └─────────┘
```

图 1-1 消极股东权代理授权行为图示④

积极股东权代理的关系构造相较于消极股东权代理更为复杂,是一种"反向"的关系。股东从"主动状态"转变为"被动状态",股东将委托人享有的主动性完全转让,由征集主体享有主动的意思表示。也可理解为股东的主体性权利被"客体化",股东权利成为征集"对象"。这是为适应上市公司股东权利分散,获取公司控制权需要,使得代理制度在现代商法中有了新发展,⑤才有了这种主被动反转的变化。

在股东权代理征集中,征集主体按照相关法律规定向上市公司股东公开征集文件,劝说股东授予其代理权,当股东认为征集文件的事项符合自身利益,方才填写征集文件所附授权委托书,并完成送达,委托代理关系才成立,征集行为才算完成。此时征集主体与股东所处的地位不同,符合条件的征集主体(代理人)主动向股东请求担任其代理人,代为行使股东权利。主动性的转变决定了股东权代理征集不同于消极股东权代理,股东权代理征集更强调对股东的保护,如必须明确征集主体的适格条件,规范征集程序,严格执行信息披露制度等。

---

① 魏振瀛:《民法》,北京大学出版社 2013 年版,第 179 页。

② 梁上上:《论股东表决权——以公司控制权争夺为中心展开》,法律出版社 2005 年版,第 193 页。

③ 张彬:《股东表决权征集规则的功能定位与制度构建——以上市公司中小股东保护为中心》,《商法界论集》2020 年第 6 卷。

④ 《公司法》第 106 条 股东可以委托代理人出席股东大会会议,代理人应当向公司提交股东授权委托书,并在授权范围内行使表决权。

⑤ 梁上上:《论股东表决权——以公司控制权争夺为中心展开》,法律出版社 2005 年版,第 194 页。

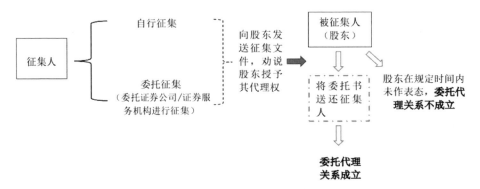

图 1-2 股东权代理征集授权行为简易图示①

3.两者的代理范围与形式要求不同

消极股东权代理的代理范围仅限于股东的委托范围,如表决权代理仅限于表决权行使,且涉及的被代理人人数不多,故没有特殊的形式要求,遵循《民法典》第 165 条②规定的授权委托书采用书面形式即可。股东权代理征集主体可代为行使提案权、表决权等股东权利,且往往涉及众多投资者,因此有严格的形式要求,一方面授权委托书的内容必须"逐项明确"③,即被征集人(股东)须对股东大会决议事项的赞成与否逐一作出委托,通过明示方式,防止征集主体侵害股东权益。④ 另一方面授权委托书须符合征集文件所附的格式要求,不少国家、地区都严格要求授权委托书的用纸、股东签章。这些形式要求契合了新《证券法》第 90 条设置的征集主体信息披露义务,也一并利于提高征集效率、保护股东权益。

---

① 《证券法》第 90 条 上市公司董事会、独立董事、持有百分之一以上有表决权股份的股东或者依照法律、行政法规或者国务院证券监督管理机构的规定设立的投资者保护机构(以下简称投资者保护机构),可以作为征集人,自行或者委托证券公司、证券服务机构,公开请求上市公司股东委托其为出席股东大会,并代为行使提案权、表决权等股东权利。

② 《民法典》第 165 条 委托代理授权采用书面形式的,授权委托书应当载明代理人的姓名或者名称、代理事项、权限和期限,并由被代理人签名或者盖章。

③ 梁上上:《论股东表决权——以公司控制权争夺为中心展开》,法律出版社 2005 年版,第193 页。

④ 李哲松:《韩国公司法》,吴日焕译,中国政法大学出版社 2000 年版,第 367 页。

4. 两者的委托代理关系解除规则不同

消极股东权代理依据《民法典》合同编第 933 条的规定,委托人或代理人均可随时解除委托合同。但股东权代理征集中,征集主体作为受托人能否随时解除委托,股东作为委托人能否随时撤销委托,在理论界和实务界都引发了广泛的关注和诸多争议,尽管这些争议目前尚无统一共识,但至少说明一点,积极代理中双方主体的权利并不等同于消极代理中双方主体的权利。

5. 两者的社会效果不同

消极股东权代理通常为"一对一"的委托代理关系,只要不产生公司收购、控制权转移等法律后果,其仍然为私人之间的关系,尚在一般委托代理关系范畴之内,代理行为仅仅对委托人和被委托人产生法律上的效力。

与一般委托代理关系明显不同的是,股东权代理征集虽然具有一定的民法色彩,但它更多的还是属于证券法这一特殊应用领域。股东权代理征集关系中的主要受益人是代理人,因为代理人通过征集大量中小股东的股东权,可以在某一段时间内获得对公司的控制权,对代理人来说,其无疑是巨大潜在利益的获得者。事实上,公司经营阶层(董事会、独立董事)与公司之间、大股东与中小股东之间本身就存在着千丝万缕的关系,利益站位也各有不同,因此在征集人(代理人)和股东(被代理人)之间经常出现利益目标和行动方向不一致的矛盾。且在征集行为实施之时,双方可能存在信息不完全和不对称的情况,甚至征集人隐瞒真实的征集目的,对股东进行误导或欺诈,使被征集人作出不真实的意思表示。在这种逆向选择和道德风险并行的情形下,征集人在行使股东代理权时,非常容易损害公司或其他中小股东的利益。此外,征集人可能本身就存在恶意心理,试图通过征集代理权干扰上市公司正常经营,更甚至,恶意利用征集行为或征集所得的代理权对上市公司进行敲诈,抑或要求与公司实际控制者进行谈判以攫取非法利益。[①] 这些滥用股东权代理征集制度的方式成为股东代理征集规制的重点,亦如有观点所言,由于股东权代理征集涉及到"一对多"的关系,

---

① 王星皓、李记岭:《论中小股东在公开征集投票权中的救济》,《河北法学》2019 年第 8 期。

产生了一定的经济外部性,影响上市公司的公司治理和证券市场表现,其超出了合同法的范畴,落入"公司重组与收购、上市公司控制权变更、一般信息披露等规则的调整范围"①。

第二节　股东权代理征集法律性质

一、价值导向与制度定位

(一) 效率——行为代理

这是股东权代理征集行为出现的初始价值,解决股权分散情况下股东行使表决权、参与公司治理成本过高的问题,重点关注股东参与公司治理的便利性和公司决策的快捷性,以效率为价值导向,定位于行为代理。

1. 便利股东行使表决权

为克服"强管理层"与"弱所有者"两权分离带来的弊端,股东权代理征集作为股东赋权主义改革举措之一应运而生,力图强化股东在公司治理中的权利。② 应该说,早期的股东权代理征集因应了股东参与公司治理成本过高而不得不"用脚投票"的弊害,为股东行使权利提供了便捷通道:股东权代理征集提供了"搭便车"便利,即便自己不亲自寻找代理人,也能获得在股东大会上表达自己意志的机会和渠道,解决了部分股东因客观原因无法出席股东大会行使股东权利的问题;随着公司发展,公司经营信息更为复杂,专业性日益突出,作为普通股东要想正确作出决策进而有效投票,需要花费大量时间和精力,不符合理性人的行为逻辑,而专业人员的征集行为,一方面因为专业的原因,信息收集成本相对较低;另一方面通过征集行为,发挥了规模效应的作用,分摊了信息收集成本,进而实质性降低了每个股东

---

① 张彬:《股东表决权征集规则的功能定位与制度构建——以上市公司中小股东保护为中心》,《商法界论集》2020 年第 6 卷。

② 高丝敏:《论股东赋权主义和股东赋能的规则构造——以区块链应用为视角》,《东方法学》2021 年第 3 期。

的信息收集成本,利于其他股东特别是中小股东权利的行使。可以说,股东权代理征集的出现,扩充了股东的行为边界,因此,与其说代理征集"将公司股东'直接行使'表决权的行动,转化为了'间接行使'表决权,"①不如说股东权征集间接实现了股东权的直接行使。

2. 便利公司重大事项决策需要

在股权高度分散而股东理性冷漠不出席股东大会的状况下,为克服公司治理落入"少数暴政"的弊端,部分国家的公司法律强制要求公司重大事项必须获得一定比例表决权同意方可进行,如规定出席股东大会的股东表决权需要满足某一定足数才能召开股东大会作出决议,出席股东大会的比例状况直接影响公司重大事项的作出。在此特殊情况下,董事会基于公司发展需要,代理征集股东表决权并代为行使,可以保障股东大会有效召开并作出有效决议,确保公司重大利益不受影响,以至于有观点认为,代理征集制度的首要功能是"保证股东大会机能的发挥"②。董事会的代理征集行为因应了公司重大事项决策的需要,股东权行使成本大幅降低,实现了双赢。不过,需要注意的是,在互联网时代,随着网络投票技术的运用,这一效率价值已经大幅下降。

在效率理念支配下,制度设计的重心围绕代理行为展开,在秉持民法代理理论基础上,突出主动委托与被动委托、消极代理与积极代理的差异性而设计代理征集制度。

(二) 公平——中小股东保护

1. 价值导向和功能定位嬗变的缘由

(1)股东权代理征集的异化

董事会滥用代理征集谋取不当利益。现代公司中股东所有权和管理层经营权高度分离,尽管仍然普遍存在持股比例不低的控股股东,但由于股权

---

①　张彬:《股东表决权征集规则的功能定位与制度构建——以上市公司中小股东保护为中心》,《商法界论集》2020 年第 6 卷。

②　李红润、王利娟:《上市公司表决代理权征集主体的董事会中心主义》,《河南教育学院学报(哲学社会科学版)》2020 年第 1 期。

逐渐泛化和所有者缺位以及中国式董事长董事会关系户①等缘由,管理层掌握了公司的实际控制权,成为可能损害股东利益的"内部人"。代理征集制度的出现可能更进一步强化内部人控制问题。原因在于:

第一,外部监管的缺失。现代公司基本以董事、监事和高管构成的框架进行运作,大部分中小股东少有机会能够接触和参与日常经营的具体决策,多数情况下主要依靠董事、监事、高级管理人员的自律以及公司的规章制度进行约束,但这无疑是"既当裁判又做运动员",内部人控制问题仅依靠公司内部治理是远远不够的。在监管真空状态下,当管理层操控的公司行为不再维护全体股东利益时,通过征集人身份进行股权征集很难遵守代理原则,极易脱离受托人的意志而滥用股东权,进而谋求个人私利。

第二,董事会效能弱化,经营者"自我延续"。基于亲缘、地缘和业缘等各种社会连接,②出现董事会内部董事比例大增、高级管理人员与董事会成员大面积重叠、管理层地位固化等多种不合理现象,董事会对经理人的监督大打折扣。在缺乏完善监督体系下,董事会受股东的委托进行公司治理的权力未能有效行使,忠实义务得不到履行。

第三,代理征集制度进一步固化资本多数决的异化。为使公司意思高效产生,实践中衍生出资本多数决作为集体决议制度,本着少数服从多数的议事规则,该制度能够最大限度反映股东共同意志,提高公司决策效率。但也因为少数服从多数这一属性,客观上为大股东提供了滥用表决权的可能性,对公司、小股东甚至债权人的利益构成潜在威胁,易产生公司自身难以解决的内部矛盾。资本多数决被普遍接受的一个前提假设是,控股股东不仅与公司和其他股东利益相统一,同时还能合理运用控制权影响公司决策。然而,这种假设高估了控股股东的善意程度,忽略了因支配权而引发的利益冲突。控股股东持有多数资本,其意志的表达与实现被充分扩大,难以将小股东的意思纳入决策。当其成为征集人进行代理权征集时,自身股份优势

---

① 郑志刚:《中国公司治理现实困境解读:一个逻辑分析框架》,《证券市场导报》2018 年第 1 期。

② 郑志刚等:《社会链接视角下得"中国式"内部人控制问题研究》,《经济管理》2021 年第 3 期。

已远大于试图与其抗衡的中小股东,一旦控股股东权利行使长期且稳定,中小股东参与公司决策的权利将几乎名存实亡,股东大会提倡的资本民主化制度也形同虚设。① 资本多数决为控股股东享有中小股东不能参与的积极利益提供了保障,②无形中剥夺了中小股东权益且不承担法律上的义务,在代理征集中,这种恶性趋势将会更易实现,最终极有可能形成股权滥用,从而动摇股东平等的天然法则。③

第四,信息不对称带来被征集人利益受损。由于股东权的行使直接关涉权利人的利益,权利人做出理性决策需要掌握充分的信息。但由于董事会、控股股东和中小股东的地位差异,导致对公司内部信息的掌握存在较大差异,信息不对称非常明显。考虑到代理征集的是股东对公司重大事项的决定权,也就是被征集股东对公司享有的控制权。故无论哪类主体作为征集人,其理想的代理征集模式是:征集人充分信息披露,被征集人经过充分的思考做出理性决策,将股东权委托给征集人由其代为行使。当控制权与剩余索取权相分离,征集人的不正当征集行为就会存在隐患。权利和责任的不相匹配导致征集人只考虑权利行使,不考虑责任承担,征集滥用便易产生。经济学的企业理论也认为,只有给予行为一定的责任约束,控制权才会得以认真行使。因此,剩余索取权和控制权应尽量匹配,权利责任应保持平衡,否则控制权会沦落成为一种"廉价投票权"。④ 在上市公司中,剩余索取权与控制权的分离程度越高,征集人潜在的私人收益就越高,全体股东的共同利润就会减少。代理征集制度为征集人利用信息不对称无限扩张私人收益进而损害公司及其他股东的权益提供了便利,以至于有观点认为,代理征集制度需要实现的是"保护征集人的征集权和被征集人的知情权的统一"。⑤

---

① 于腾:《资本多数决的滥用及法律规制》,江西财经大学 2019 年硕士学位论文,第 18—19 页。

② 宋智慧:《民主视域下资本多数决异化的根源研究》,《河北法学》2009 年第 8 期。

③ 杨玉婷:《论表决权征集主体资格》,华东政法大学 2019 年硕士学位论文,第 24 页。

④ 张维迎:《企业理论与中国企业改革》,北京大学出版社 1997 年版,第 63 页。

⑤ 张彬:《股东表决权征集规则的功能定位与制度构建——以上市公司中小股东保护为中心》,《商法界论集》2020 年第 6 卷。

（2）股东积极主义思潮涌现

股东积极主义亦称股东行动主义，乃是指股东，不论是机构投资人等之大型投资者或是一般小股东，均应积极参与公司之监控、治理，而非消极地、轻易地抛售股份，或只追求短期资本利得之价差。① 20 世纪 80 年代，以美国加州公共雇员退休基金为代表的机构投资者，开始逐渐放弃"用脚投票"的华尔街准则，转而采用主动参与和完善公司治理促进公司提升核心竞争力和业绩的盈利方式，传统的"伯利与米恩斯"场景中的消极股东转变为积极股东，在世界成熟资本市场掀起了股东积极行动潮流。当前，美国等国家资本市场，养老金、共同基金、对冲基金等机构投资者参与上市公司治理已成为惯例。② 近年来，我国公司治理实践也出现了不少理性的积极股东。据一份针对机构投资者参与公司治理的实证调研显示③，基于强化被投资公司治理、获取长期收益、增加被投资公司的了解等缘由，超过半数的受访机构投资者对参与上市公司治理很感兴趣，在主动行使表决权之外，还有2.67%的受访机构投资者通过公开征集方式参与过公司治理，超半数受访机构投资者愿意参与投保机构的公开征集活动。"席卷成熟市场的股东积极主义，也终于在 A 股市场开始萌芽兴起，这当然是件大好事，也是由投机市场过渡到投资市场的必由之路。"④

然而，也有学者观察到，积极股东在公司治理实务中也区分为两大类：一类关注特定目标企业的发展变化，这类积极股东历史最为悠久，也是传统意义上的股东积极主义；另一类则不关注目标企业，而是关注自身投资组合的系统性风险，以减少投资组合的系统性风险为目标，最终使得多元化投资者获益。但若领导代理权争夺并投资于目标公司的投资者的投资组合规模较小，目标公司股价下跌时投资组合的其他公司的收益无法弥补目标公司造成的损失，投资组合将承受重大损失，由此产生了多元化投资者领导系统

---

① 刘连煜：《公司法制的新开展》，中国政法大学出版社 2008 年版，第 93 页。

② 李湉湉：《海外成熟市场机构股东积极主义盛行》，《证券时报》2012 年 5 月 28 日。

③ 张子学：《机构投资者：上市公司治理的看客？——国内机构投资者参与治理的意愿、难点与建议》，《董事会》2022 年第 1 期。

④ 熊锦秋、熊蔚园：《股东积极主义兴起 A 股有望呈现崭新面貌》，《每日经济新闻》2022 年5 月 31 日第 6 版。

性风险积极主义的需求。然而,由于多元化投资者自身缺乏领导积极性,表决权征集竞选运动可能仍然保持无领导者状态。[①]

(3)代理征集的公司治理价值被发掘

当单个的、偶发性的委托他人行使表决权逐渐被规模性、经常性的代理征集所取代,代理征集行为对于公司治理的功用被市场所发掘,特别在控制权市场争夺中被充分加以利用。代理征集的公司治理价值主要体现在以下几个方面:

第一,为股东参与公司治理提供意见表达平台。诚如有观点认为,表决权征集行为不仅仅是为了实现表决权委托行为,更重要的制度意义在于为中小股东提供意见表达的平台。[②] 由于主动委托规模小,影响小,信息壁障的存在无法在中小股东中形成一致行动,远不如代理征集"搭便车"的成效;亲自出席股东大会行使表决权不仅成本高,且因数量微弱到可以忽略不计的程度,对公司决议几乎产生不了影响;而代理征集因为信息披露的存在,所有有意向表达自己观点的股东均可通过代理征集公告发表意见,表达观点,中小股东的意见得以公开化。代理征集的这一平台功能,一方面使得中小股东的意见可以藉此得以充分交流汇集,另一方面也能使控股股东、公司管理层全面知晓中小股东的意见,进而可能做出一定程度回应的策略调整,实现各方利益的共赢。

第二,促进公司内部公平竞争。不同治理方案的提出者为获取足够多的表决权支持,在表决权征集过程中形成内部竞争关系。代理征集的出现,公司管理层、控股股东需要比以前更加注重自己方案正当性、合理性的说明和阐释,征集人在征集公告中阐释的征集理由不仅有助于股东知晓公司治理信息,还对管理层、控股股东的方案形成压力,这一内部竞争对公司管理层形成压力,缓解了"内部人控制",[③]具有提升公司治理效率的价值。

① 约翰·科菲等:《股东积极主义的未来转型:从"特定企业"到"系统性风险"的代理权争夺》,《齐鲁金融法律评论》2021年卷。
② 张彬:《股东表决权征集规则的功能定位与制度构建——以上市公司中小股东保护为中心》,《商法界论集》2020年第6卷。
③ 唐墨华:《美国上市公司委托书征集制度研究》,山东大学2007年硕士学位论文,第4页。

第三,可以发挥集聚的矫正性约束价值。一项以 2015—2018 年深市上市公司中小股东出席年度股东大会数据的研究表明,中小股东参与人数越多,越有利于抑制大股东掏空,这一影响随着两权分离度的提高和外部制度环境的改善而增强;中小股东参与人数具有表决权之外的增量治理效应,主要通过增加议案否决概率、提高媒体关注度等路径实现。[1] 股东权代理征集,可以发挥"聚沙成塔"的作用,原本分散的社会股本以"表决权征集人"为中心形成"再聚集",可以"最大限度汇集志同道合股东的力量,发挥最大表决效果,维护自身利益。"[2]

(4)股权平等原则的应然要求

股权平等是现代公司立法所奉行的基本原则,也是通常的公平正义理念在团体法上得以发展的产物。[3] 股权平等原则,是指股东按出资额或所持股份数,享有权利与义务。也就是说,只要股东投资的性质、数额相同,股东地位则平等,可同等地行使权利,公司将平等对待,只考量资本,不考虑股东民族、社会地位等与资本无关的因素。换句话说,股权平等原则便是"认资本、不认人"。股权平等原则在立法上的体现主要是:

第一,"一股一权"。依据《公司法》第 42 条、第 103 条的规定,股东按出资比例行使股东权利,股东持有的每一股份享有一表决权,股东表决权的大小与出资的多少成正比,表决权的行使非"一人一票"而是"一股一权"。

第二,"同股同价"。依据《公司法》第 126 条的规定,认购的每一股应支付相同的价额。股权要实现真正的平等,只有认购相同一期发行的同一种类的股票,股东每股认购价格相同,才拥有一样的股权。[4]

第三,"同股同权"。依据《公司法》第 126 条的规定,同一种类下每股享有一样的权利。股东若拥有相同股份,就可享有完全相同的权利。

然而,为防止多数股东集中控制公司,造成少数股东利益受损,出现以

---

① 黄泽悦等:《中小股东"人多势众"的治理效应——基于年度股东大会出席人数的考察》,《管理世界》2022 年第 4 期。

② 熊锦秋、熊蔚园:《股东积极主义兴起 A 股有望呈现崭新面貌》,《每日经济新闻》2022 年 5 月 31 日第 6 版。

③ 弥永真生『会社法』37 頁(有斐閣、第 11 版、2007)。

④ 覃有土:《商法学》,高等教育出版社 2012 年版,第 110 页。

形式平等代替实质平等的情形,各国公司法通常就股权平等原则进行例外规定,比如规定"一股一权"的例外,同一股东所持股份超过法定或章程约定的比例,公司可依法或依章程,限制该股东的表决权;或者发行特别股,允许公司发行特别股或普通股,限制或剥夺认购股东的表决权;[①]或者实行累积投票制,股东的表决权可集中使用。此类差异化处理,恰恰是在股东平等原则的合理限度内,诚如日本最高法院 2007 年 8 月 7 日判决指出那样:

> 公司存立、发展中必须考虑股东的权益,故特定股东取得公司经营权的同时若对公司存立、发展产生危害,导致公司价值减损,有害于公司利益和股东共同利益,则为了防止这一危害发生而对特定股东采取差异化处置也不违反衡平理念,并不欠缺合理性。[②]

股权平等原则下,股东基于同等股份享有同等的表决权、质询权、查阅权、建议权等股东权利。但是上市公司流通股股东分散,行权成本高,除了利润分配权外,其他的股东权利大都在"沉睡"。如果说,每一个股东都能平等地行使股东权利,是"一股一权"体现的形式公平,那么股东权利的充分行使则是保障"一股一权"的实质公平。我国公司法经过多次修改后,少数股东权的行权门槛已经大幅降低,基本保障了股东权利的平等行使,然而,在股东权利充分行使方面,则尚不尽如人意。这是因为,尽管我国资本市场经过多年发展,但投资者的结构依然是中小股东占据绝对优势。有资料显示,持股市值低于 50 万元的中小投资者占 1.23 亿投资者的比例"超过95%"[③]。另一研究还表明,2007—2018 年我国 A 股上市公司出席股东大会的中小股东所代表的股份占上市公司总股份比例的平均数为 4.9%,中位数为 2%。[④] 中小股东占据绝对比例却又几乎不参与公司重大事项决策的"特殊市情",使得维护中小投资者的参与权、回报权等合法权益,提高其

---

① 覃有土:《商法学》,高等教育出版社 2012 年版,第 110 页。
② 弥永真生『会社法』39 頁(有斐閣、第 11 版、2007)。
③ 马婧妤:《证监会划定下一阶段投资者保护重点》,《上海证券报》2017 年 10 月 12 日。
④ 马滟清等:《中小股东积极主义与上市公司投资效率》,《金融理论与实践》2021 年第 1 期。

识别风险、防范风险的能力成为监管者需要重点解决的现实课题。

2. 中小股东保护的具体体现

公司作为经济组织,股东投资公司,是希望获得经济收益,这必然要求公司的经营者为股东利益而工作。而在股权分散、股东众多的上市公司,一旦出现握有实权的经营者自保其位、自谋其利的情况,股东权益便可能受损,因此提升上市公司治理水平、保护股东权益成为公司治理的核心课题。① 美国的金融市场发达,投资者保护立法起步较早,在历经几次全球性经济危机和金融危机后进行了多次改革,特别是 2008 年金融危机后,实施更积极的严格监管,形成了较为完善的投资者保护制度。我国新《证券法》在学习、吸收域外经验,充分总结、提炼证券监管经验的基础上,为回应市场发展需求、切实维护投资者合法权益,采取了集中型立法模式,单设一章专门规定投资者保护,规定了适当投资者规则、普通投资者保护的举证倒置等制度,特别赋予投资者保护机构征集股东权利、代为提案和表决、先行赔付等法定职责。② 我国的股东权代理征集制度产生于一股独大的股权结构背景下,在提升上市公司治理水平和保护投资者合法权益过程中不断完善。制度设计之初,目的便是保护股东权利,激发中小股东行权积极性,降低股东行权成本。由此,我国股东权代理征集将保护股东权益作为制度原则,贯穿制度设计、实践的全过程。因此,在征集主体资格设计上,大幅降低股东持股比例要求,为中小股东征集提案权提供了便利;增加独立董事的征集,由于独立董事的特殊功能,使得其在维护控股股东、公司利益的同时,也为维护中小股东利益提供了可能性;新《证券法》新增投资者保护机构的征集资格,目的也是为中小股东权益维护提供更多可能性。不过,目前这些中小股东权益保护的制度设计成效也受到一定的质疑,由于上市公司经营方案的通过、董事权位的保持以及我国上市公司的股权结构与征集成本的承担等原因,导致形成了我国特有的股东权代理征集主体"董事会中心主义"现象,股东权代理征集制度为中小股东利益提供可靠保障的功能很难实现,其

---

① 杨金顺:《委托书征求及其法律规制研究》,中国政法大学 2007 年硕士学位论文,第 18 页。

② 周友苏:《证券法新论》,法律出版社 2020 年版,第 111 页。

至可能使股东大会趋于形式化、空壳化。[1]

（三）多元——公平效率的综合体

1. 代理征集秉承公平与效率并存成为制度常态

虽然我国证券市场当前重点关注中小股东利益保护,代理征集制度主要"在于合理限制大股东,保障中小股东的合法权益"[2],制度设计突出公平理念。然而,代理征集中的公平理念并非要取代效率理念,而是与效率并存,同时存在于代理征集制度设计中。这应当是代理征集制度设计的常态。

2. 代理征集中公平与效率的侧重点动态协调

不过,不同时期、不同公司治理重点,决定了某一特定时期代理征集制度设计理念的侧重点有所差异,公平和效率并非随时同等重要。某段时间,需要强化公司治理效率,则效率理念作为制度设计重点。某段时间控股股东、公司高级管理人员滥用权利致使中小股东利益严重受损,则需要突出公平原则,限制董事会、控股股东的代理征集行为,降低股东代理征集的资格限制,引入投资者保护机构的征集行为并增强其作用发挥。某段时间需要调动公司高级管理人员积极性,在重大利益分配方案表决时既要防止高级管理人员"自肥",又要提高公司治理效率,此时需要兼顾效率和公平。

不过,总的趋势是,代理征集制度设计在互联网时代,需要重点以中小股东知情权确保为中心,围绕公司待决议事项形成、了解、表决各个环节,设计表决权征集规则,促成征集人征集目的实现,防止信息不对称可能带来的股东权益侵害。

二、规制重点

（一）域外立法规制重点

股东权代理征集的异化可能显著损害公司和股东的利益,故实践中对

---

① 李红润、王利娟:《上市公司表决代理权征集主体的董事会中心主义》,《河南教育学院学报(哲学社会科学版)》2020年第1期。

② 何林峰:《新证券法时代上市公司表决权征集制度研究》,《大连海事大学学报(社会科学版)》2021年第3期。

征集人的征集行为严格加以规范、监管。依据管理层和在野股东力量对比的不同,各国各地区的规制定位也不尽相同。其中有对管理层征集行为进行规制,这是以美国为代表的规制定位。美国公司的股权非常分散,没有一个股东能够绝对有效控制公司经营管理权,在"董事会中心主义"治理结构中,管理层牢牢控制整个公司资源,形成"内部人控制"。管理层为了达到长久控制公司经营管理权的目的,最有可能滥用委托书征集制度,而委托书的滥用又加剧了内部人控制。但是,委托书所记载的表决权是股东的一项重要权利,必须赋予给每一份从证券市场购得的股票。经营管理者负责经营投资大众所拥有的财产,不应籍委托书的滥用长期延续其经营权,因此委托书征集规制的重点就是要防止内部人滥用委托书而达到长久延续经营权的目的。

也有对在野股东征集行为进行规制,即将委托书规制的重点放在规范在野股东的委托书征集行为上。其立法理由是:委托书征集经常被误解和滥用,以致有些股东以极少之持股而当选为公司董事或监察人,或以委托书操纵股东会之召开与进行,甚至将委托书作为公司经营权争夺的工具,使股东会功能无法正常的发挥,严重影响了公司内部安定和正常的经营,损害了大多数股东的利益……因此制定规则加以矫正与管理,期使整体委托书制度正常发挥。

总之,代理征集规制重点无论如何取舍,都离不开对股东地位作用和股东大会功能的认可,只有承认股东大会对经营管理层的直接监督功能,承认股东基于所有权对自己利益的关心,确保股东表决权行使机会,使股东的意思能恰当地在股东大会上得到反映,充分调动股东的积极性,发挥股东大会的作用,委托书征集及其规制才有实质意义。同时,规制重点的确定,必须以本国的公司治理现状和委托书征集实践中出现的实际问题为标准,详尽考证,正确定位委托书规制的作用。

（二）我国立法规制重点

虽然我国部分上市公司的股权结构非常分散,但一股独大的基本状况并未根本改变。尽管实践中出现了部分控制权争夺,但控制权市场本身并不发达,管理层对公司的控制力量逐渐强大,也出现了部分管理层固化权力的状况,但尚未完全达到美国证券市场的管理层控制的程度,因此,管理层征集也就是董事会征集在我国的证券市场中很少出现。如图 1-3 所示,在巨潮资讯网以"征集投票权"为关键词搜索,获得 2017—2021 年五年的查询信息 2562 条,统计这些征集公告中的征集主体,可以发现前述规律。同时,股东征集、投资者保护机构征集目前也很少,代理征集还是以独立董事征集为主。

图 1-3　2017—2021 年征集公告主体次数统计图

因此,我国股东权代理征集的规制重点既不在防范管理层巩固经营权上,也不在在野股东滥用征集权损害公司整体利益上,而是应当关注证券市场中的所有征集行为,对各类主体的征集行为进行统一规范,"宜对竞逐经营权之在朝、在野双方保持中立色彩,否则无异放弃委托书在现代公司制度里所具有之监控、治理功能。"①《暂行规定》第 1 条开宗明义其制定目的就是"规范公开征集上市公司股东权利的行为",这一定位既符合我国公司治理实践的现状,也符合我国引入这一制度时间较短、实践经验较为缺乏的国情。

---

① 刘连煜:《证券交易法:第一讲——股东会委托书之规范》,《月旦法学教室》2006 年 8 月总第 46 号。

第三节 股东权代理征集制度发展变迁

一、域外简况

（一）美国

美国的股东权代理征集制度经历了从严格管制到适度放开的过程。美国的股东权代理征集制度是由《联邦证券交易法》以及 SEC 发布的规则、格式构成。美国 SEC 规则以 1992 年修改为界，分为两个阶段。1992 年以前为第一阶段，显著特征是进行详细、严格的规制管控，限制征集行为，如征集主体在股东大会召开前，向 SEC 提交征集文件并获得审批，才可启动征集行为。1992 年以后为第二阶段，修正了征集程序和申请手续，减少征集主体的义务，放宽了对征集行为的限制。[①]

（二）日本

总体上，日本鲜有股东权代理征集的案例。虽然 1948 年日本证券交易委员会发布《上市公司股票表决权代理行使征集规则》，该规则经历多次修正，对征集行为的限制规定逐渐减少。但由于日本银行在公司治理中，承担着全面监督公司经营的职能，一定程度上缓解了股东与公司信息不对称的问题，加上法人持有公司股份时，存在交叉持股，公司控制权易被掌握，股东大会的民主流于形式，股东权代理征集"无用武之地"[②]。

此外，在实践中，为避免股东权代理征集演变为经营权争夺的工具，干扰证券市场秩序，影响公司生产经营，立法一并规定了征集截止时间、征集主体资格的限制条件、征集数量要求等征集规则。有研究认为，虽然进行了严格限制，但从公司治理角度看，股东权代理征集仍具有至关重要的

---

① 张茜:《公司治理下的股东投票代理权征集制度探析》,山东建筑大学 2015 年硕士学位论文,第 11—12 页。

② 张钦昱:《我国公开征集投票权规范性研究》,《投资者》2018 年第 3 期。

"监控效用"①。

二、国内状况

（一）制度变迁

整体上，我国对股东权代理征集行为的规范散见于《公司法》《证券法》《股票发行与交易管理暂行条例》等法律法规以及证监会规章、交易所规则等规范性文件中。股东权代理征集这一概念在 1993 年《股票发行与交易管理暂行条例》中出现以后，该制度的规定便呈现不断明确化、精细化的特征。从表 1-1 可以看出，我国股东权代理征集制度的发展大致分为三个阶段：

第一个时期是"制度试水期"（1993—2001）。1993 年 4 月 22 日，国务院发布《股票发行与交易管理暂行条例》，它是最早对股东权代理征集作出规定的高阶层法律文件。《股票发行与交易管理暂行条例》第 65 条规定，征集人在对外公开征集超过二十五人以上的相关股东权时，必须进行相应的信息披露，向证监会作出报告。学界普遍认为这是我国引入股东权代理征集制度的立法缘起。随后出台的《上市公司章程指引》《上市公司股东大会规范意见》《关于在上市公司建立独立董事制度的指导意见》等部门规章、证券业自律性规范中，开始零星出现代理征集的制度构建。

第二个时期是"制度缓慢发展期"（2002—2019）。随着证券市场的发展，代理征集制度价值在规范性文件层面得以认可，证监会、交易所等相关机构先后在《上市公司治理准则》《上市公司征集投票权操作指引》（以下简称：《操作指引》）《关于上市公司股权分置改革试点有关问题的通知》《上市公司股权分置改革管理办法》《深圳证券交易所主板上市公司规范运作指引》《上市公司股东大会规则》等部门规范性文件、证券业自律性规范中充实股东权代理征集的制度规则，制度建设逐步推进。

---

① 刘连煜：《公司治理与公司社会责任》，中国政法大学出版社 2001 年版，第 16 页。

表1-1 我国代理征集制度变迁一览表

发布时间	发布主体	效力等级	名称	具体条文及变化
1993年	国务院	行政法规	股票发行与交易管理暂行条例	第65条股票持有人可以授权他人代理行使其同意权或者投票权。但是,任何人在征集二十五人以上的同意权或者投票权时,应当遵守证监会有关信息披露和作出报告的规定。
1997年	中国证监会	部门规范性文件	上市公司章程指引	第49条股东可以亲自出席股东大会,也可以委托代理人代为出席和表决。 股东应当以书面形式委托代理人,由委托人签署或者由其以书面形式委托的代理人签署;委托人为法人的,应当加盖法人印章或者由其正式委托的代理人签署。
2000年	中国证监会	部门规范性文件	上市公司股东大会规范意见(2000年修订)	第4条股东大会应当在《公司法》规定的范围内行使职权,不得干涉股东对自身权利的处分。 第27条公司召开股东大会应坚持朴素从简的原则,不得给予出席会议的股东(或代理人)额外的经济利益。
2001年	中国证监会	部门规范性文件	关于在上市公司建立独立董事制度的指导意见	第5点第6项:独立董事可以在股东大会召开前公开向股东征集投票权。
2002年	中国证监会、国家经贸委	部门规范性文件	上市公司治理准则2002	第10条上市公司董事会、独立董事和符合有关条件的股东可向上市公司股东征集其在股东大会上的投票权。投票权征集应采取无偿的方式进行,并应向被征集人充分披露信息。
2002年	深圳证券管理处	部门规范性文件	上市公司征集投票权操作指引	下述部门或人员可以向上市公司股东征集其在股东大会上的投票权:上市公司董事会、独立董事、上市公司股东。以上市公司董事会名义征集投票权,必须经董事会同意,并公告相关的董事会决议。对董事、股东可以单独或联合征集投票权。
2004年	中国证监会	部门规范性文件	关于加强社会公众股股东权益保护的若干规定	第一点(三):征集人公开征集上市公司股东投票权,应按有关实施办法办理。

续表

发布时间	发布主体	效力等级	名称	具体条文及变化
2004 年	中国证监会	部门规范性文件	关于规范境内上市公司所属企业到境外上市有关问题的通知	所属企业到境外上市事项,上市公司应当按照本通知的要求,依法就下列事项做出决议:(三)上市公司董事、高级管理人员在所属企业安排持股计划的,独立董事应当就该事项向流通股(社会公众股)股东征集投票权,该事项独立表决并须获得出席股东大会的流通股(社会公众股)股东所持表决权的半数以上通过。
2005 年	中国证监会	部门规范性文件	关于上市公司股权分置改革试点有关问题的通知	三、试点上市公司召开临时股东大会,应当为流通股股东参加股东大会行使权利做出相关安排。 (一)临时股东大会通知应当明确告知流通股股东具有的权利及主张权利的时间、条件和方式。 (二)临时股东大会召开前应当不少于三次公告召开临时股东大会的催告通知,并为股东参加表决提供网络投票系统。 (三)独立董事应当向流通股股东就表决股权分置改革方案征集投票权。 (四)临时股东大会就董事会提交的股权分置改革方案做出决议,必须经参加表决的股东所持表决权的三分之二以上通过,并经参加表决的流通股股东所持表决权的三分之二以上通过。
2005 年	中国证监会	部门规范性文件	上市公司股权分置改革管理办法	第 13 条公司董事会在相关股东会议召开前,应当在指定报刊上刊载不少于两次召开相关股东会议的提示公告。 相关股东会议征集投票委托事宜,由公司董事会负责办理。 第 35 条相关股东会议通知、相关股东会议表决结果、投票委托征集函、股权分置改革说明书摘要,应当在指定报刊上披露。
2006 年	中国证监会	部门规范性文件	上市公司章程指引(2006 修订)	第 3 款:董事会、独立董事和符合相关规定条件的股东可以征集股东投票权。

发布时间	发布主体	效力等级	名称	具体条文及变化
2010 年	深圳证券交易所		深圳证券交易所主板上市公司规范运作指引	2.2.4 上市公司股东可以向其他股东公开征集其合法享有的股东大会召集权、提案权、提名权、表决权等股东权利，但不得采取有偿或变相有偿方式进行征集。本所鼓励公司在公司章程中规定股东权利征集制度的实施细则。
2014 年	中国证监会	部门规范性文件	上市公司章程指引 2014	第 4 款公司董事会、独立董事和符合相关规定条件的股东可以公开征集股东投票权。征集股东投票权应当向被征集人充分披露具体投票意向等信息。禁止以有偿或者变相有偿的方式征集股东投票权。公司不得对征集投票权提出最低持股比例限制。
2014 年	中国证监会	部门规范性文件	上市公司股东大会规则（2014 年）	增加下列一款作为第 4 款公司董事会、独立董事和符合相关规定条件的股东可以公开征集股东投票权。征集股东投票权应当向被征集人充分披露具体投票意向等信息。禁止以有偿或者变相有偿的方式征集股东投票权。公司不得对征集投票权提出最低持股比例限制。
2015 年	深圳证券交易所		深圳证券交易所主板上市公司规范运作指引（2015 年修订）	2.2.4 上市公司股东可以向其他股东公开征集其合法享有的股东大会召集权、提案权、提名权、表决权等股东权利，但不得采取有偿或者变相有偿方式进行征集。 本所鼓励公司在公司章程中规定股东权利征集制度的实施细则，但不得对征集投票行为设置最低持股比例等不适当障碍而损害股东的合法权益。
2018 年	中国证监会	部门规范性文件	上市公司治理准则	第 16 条上市公司董事会、独立董事和符合有关条件的股东可以向公司股东征集其在股东大会上的投票权。上市公司及股东大会召集人不得对股东征集投票权设定最低持股比例限制。 投票权征集应当采取无偿的方式进行，并向被征集人充分披露具体投票意向等信息。不得以有偿或者变相有偿的方式征集股东投票权。

发布时间	发布主体	效力等级	名称	具体条文及变化
2018 年	中国证监会	部门规范性文件	上市公司股权激励管理办法	第 40 条上市公司召开股东大会审议股权激励计划时,独立董事应当就股权激励计划向所有的股东征集委托投票权。
2020 年	深圳证券交易所		深圳证券交易所上市公司规范运作指引(2020 年修订)	2.2.4 上市公司董事会、独立董事、持有 1%以上有表决权股份的股东等主体可以作为征集人,自行或者委托证券公司、证券服务机构,公开请求上市公司股东委托其代为出席股东大会,并代为行使提案权、表决权等股东权利。 依照前款规定征集股东权利的,征集人应当披露征集文件,公司应当予以配合。禁止以有偿或者变相有偿的方式公开征集股东权利。公司可以在公司章程中规定股东权利征集制度的实施细则,但不得对征集投票行为设置最低持股比例等不适当障碍而损害股东的合法权益。
2020 年	全国人大常委会	法律	中华人民共和国证券法	第 90 条上市公司董事会、独立董事、持有百分之一以上有表决权股份的股东或者依照法律、行政法规或者国务院证券监督管理机构的规定设立的投资者保护机构(以下简称:投资者保护机构),可以作为征集人,自行或者委托证券公司、证券服务机构,公开请求上市公司股东委托其代为出席股东大会,并代为行使提案权、表决权等股东权利。 依照前款规定征集股东权利的,征集人应当披露征集文件,上市公司应当予以配合。 禁止以有偿或者变相有偿的方式公开征集股东权利。 公开征集股东权利违反法律、行政法规或者国务院证券监督管理机构有关规定,导致上市公司或者其股东遭受损失的,应当依法承担赔偿责任。

续表

发布时间	发布主体	效力等级	名称	具体条文及变化
2021 年	中国证监会	部门规范性文件	公开征集上市公司股东权利管理暂行规定	共 33 个条文对代理征集的问题进行细化。

第三个时期是"制度快速建设期"（2020 年至今）。2020 年新《证券法》首次在法律层面明确了股东权代理征集制度。新《证券法》在承继之前的制度建设基础上,对该制度进行了较大幅度的创新改造:一是将股东权利的范围由"投票权"扩大到"提案权、表决权等股东权利";二是扩充了征集主体的范围。[①] 随后,为加快推动股东权代理征集制度的本土化改造,证监会积极借鉴域外经验,于 2020 年 9 月 4 日起草了《征求意见稿》,界定了公开征集的含义,明确了征集活动的原则、征集主体的适格要件、信息披露的要求、征集程序的细化规定,一定程度上填补了当前的制度空白。随后,2021 年 11 月19 日以〔2021〕44 号文的形式发布了《暂行规定》,并于 12 月 3 日正式实施。

（二）制度实践简况

与制度建设对应的则是制度实施情况,我国的股东权代理征集在缺乏立法规定时,相关利益主体便开始自发性实践。[②] 可以说,20 世纪 90 年代至今的 30 多年证券市场中,不乏代理征集的典型事例。1994 年君万事件开启了股东作为征集主体的股东权代理征集实践。此后股东作为征集主体的案例频出,1998 年金帝建设董事会选举,2000 年广西康达代理权征集,2001 年国际大厦第二大股东为罢免董事展开代理权征集,2002 年重庆东源第一大股东为入主董事会展开代理权征集,2002 年光大证券为更改石油大明配股方案公开征集委托书,2005 年律师严义明以 100 股持有者的小股东

---

① 周友苏:《证券法新论》,法律出版社 2020 年版,第 371 页。
② 史志宏:《委托书征集信息披露法制研究》,中国政法大学 2006 年硕士学位论文,第46 页。

身份要求罢免科龙电器董事、独立董事而公开征集委托书等等。2001 年郑百文独立董事为重组方案公开征集代理权,开启了独立董事作为征集主体的股东权代理征集实践。2003 年 TCL 通讯独立董事为推进换股合并公开征集委托书;2004 年电广传媒表决权争夺,湖南电广传媒股份有限公司的四位独立董事为确保"以股抵债"方案顺利通过,向全体流通股股东征集表决权。2005 年 5 月,证监会启动股权分置改革试点,明确独立董事在股改中应当成为股东权代理征集的征集主体,开启了强制征集的新篇章。2007 年新智科技股份有限公司董事会为吸收合并事项顺利推进,公开征集投票表决权,开启了董事会作为征集主体的股东权代理征集实践。2018 年美的集团公司董事会就换股吸收合并无锡小天鹅股份有限公司,公开征集投票权。另外,从实践情况来看,我国证券市场上陆续发生的征集实例,大多围绕上市公司控制权展开。①

值得注意的是,在股东权代理征集实践中,由媒体出面进行的征集,引发了广泛争议。2004 年宝山钢铁股份有限公司的董事会在股市低迷之际拟进行增发,股价因此下跌,激起了流通股股东的愤慨,《今日商报》、新浪网、《大众证券周刊》为抵制增发,联合征集股东表决权,随后又有数十家媒体联合北京首放证券发起相同的表决权征集。这是我国首例由第三方担任征集主体的案例,引发了学界和实务界热议,争议焦点便是第三方的征集主体资格,在征集主体适格要件立法规制不明的情况下,股东和管理层以外的第三方是否能成为征集主体。② 不过,第三方作为征集主体并不是孤例,2005 年苏宁独立董事与《金陵晚报》联合开展股东权代理征集即为实证。

可以说,我国股东权代理征集制度的产生与发展得益于实践的推动与催生。股东权代理征集,最初的规定散见于各相关部门规章、证券业自律性规范中,且规定较为模糊、笼统,缺乏操作性,但是在"法不禁止即可为"的基本法理③影响下,股东权代理征集的自发性实践不断发展为制度建设提供了丰富素材,最终催生了新《证券法》对这一制度的安排。

---

① 周友苏:《证券法新论》,法律出版社 2020 年版,第 371 页。
② 李红润:《表决代理权征集规则研究》,《广西社会科学》2016 年第 12 期。
③ 李博翔、吴明晖:《论股东表决权征集制度的立法完善》,《证券法苑》2017 年第 2 期。

第二章 我国股东权代理征集制度事前规范及完善

第一节 征集主体

一、法理解读

（一）概念界定

1. 征集主体

征集主体即为获得股东代理权而主动实施征集活动的主体，也被称作为征集人。新《证券法》颁布以前，法律法规没有关于股东权代理征集主体的统一称谓，理论界与实务界对其的称谓也不统一，有称之为"代理人"，亦有"征集主体"或者"征集人"等称谓。新《证券法》第90条第1款规定，"上市公司董事会、独立董事、持有百分之一以上有表决权股份的股东或者依照法律、行政法规或者国务院证券监督管理机构的规定设立的投资者保护机构，可以作为征集人。"立法直接使用了"征集人"这一术语，将可进行代理权征集的主体定义为"征集人"。

从股东权代理征集活动来看，征集人主要具有以下两方面特质：

一方面，其是征集活动的启动者。股东权代理征集活动是否启动，取决于征集人的主观意志，无论出于怎样的动机征集股东权，只有当其实际向股东大会的召集人提交了征集文件，征集活动才会真正启动。因此，征集人控制着股东权代理征集活动的启动。

另一方面,其处于代理人的地位。就征集人在股东权代理征集活动中的地位而言,其与股东权委托行使没有本质区别,都是作为代理人代为行使股东权,是典型的代理行为中的代理人。不过,其与股东权委托中的代理人也存在一定的差异,股东权委托中,股东主动委托的代理人对于委托人来讲,具有一定的可信度,否则委托人不可能授权委托,但在股东权代理征集中,征集人实施征集行为时征集人与股东之间并不一定存在这一了解信任关系。关于二者的差异,详见第一章的阐释。

2.征集主体资格

所谓征集主体资格,即实施征集行为的主体应满足的资格要件。只有满足了相应的要件,方能实施股东权代理征集行为。并非所有主体都当然地享有股东代理征集权,法律对征集人进行了一定的条件约束,只有符合一定条件规定才能行使征集权。故征集主体资格的限制与扩张,成为法律规范代理征集行为的径路之一。

就征集人资格而言,通说认为征集人资格包含积极资格与消极资格两类。积极资格即赋权资格,是指满足一定条件的主体即可成为征集人,行使征集权。梳理域外立法以及我国相关立法可以发现,一般情况下,公司治理中赋予相关主体积极资格主要在主体的类别(列举哪些主体具有资格)、持股比例、持股时间、保有期间等方面进行。而消极资格则刚好相反,为除权资格,也有观点称之为"征集主体资格的负面清单"①,证监会在《起草说明》中称之为"征集人的禁止情形",通常是指征集主体一旦具备法定的某些要件即丧失征集人资格,也就是不得作为征集人行使征集权或失去征集人身份。

2020年之前,证监会出台的各类规范性文件中,均有指向哪些主体可以行使征集权的规则,新《证券法》也明确了四类主体可以作为征集人,这些规定是从赋权角度进行的,属于积极资格范畴。不过,《暂行规定》第3条第2款明确规定征集主体不享有公开征集股东权的情形,开启了征集人

① 李俊琪:《股东权利征集制度研究:基于非对抗与对抗性语境的阐释》,《清华金融法律评论》2022年第6辑。

消极资格规范的序幕。故而,当前关于征集人资格的讨论或者关于征集主体法律规范的讨论应当从积极资格和消极资格两个层面展开。

(二) 征集主体资格规范的理论争论与评析

1.征集主体资格规范的理论争论

股东权代理征集制度"优势与弊端共存的特性使其更需严格规制以防止被滥用"[①],对征集人资格加以规范,"是公开征集制度构建的起点,更关系其预设功能的实现。"[②]当前,学界对征集主体资格的限制并未达成统一认识,整体呈现出三种观点:单一主体论、多元主体论、有限主体论。

(1)单一主体论

也称严格限制说。征集人仅限于股东,限制最为严格。部分学者认为,征集主体仅限于股东,其余主体均不得代理征集。如有学者对代理征集的界定为"公司股东为控制公司经营活动而劝诱其他股东授权自己代理行使其表决权的行为"[③],"公司的股东为在公司特定事项上控制或支配公司,或者为改组公司董事会进而调整公司的经营策略等目的,征集其他股东的授权,并代理该授权的股东行使同意权或投票权的行为。"[④]质言之,征集行为仅仅是公司股东实施的行为。同时,考虑到委托书征集中"存在利用投票委托干扰公司正常运营、甚至敲诈现任经营者的道德风险"[⑤],应对委托书征集人的主体资格作出限定,必须具有公司股东身份,且持股数量达到一定比例、持股时间达到一定期间,以有效消弭恶意征求人谋取私利而征求委托书;[⑥]将与公司不存在息息相关的利益关系的外部人排除在外,以免其为谋

---

① 董新义:《上市公司股东代理权征集滥用的规制——以新〈证券法〉第 90 条为对象》,《财经法学》2020 年第 3 期。

② 曹理:《上市公司股东权公开征集的中国模式》,《社会科学战线》2020 年第 12 期。

③ 周友苏:《新公司法论》,法律出版社 2006 年版,第 371—372 页。

④ 王伟伟等:《我国建立投票代理权征集制度的思考》,《求索》2003 年第 3 期。

⑤ 罗培新:《股东会股东委托书征求制度之比较研究》,《法律科学》1999 年第 3 期。

⑥ 李辰、孙敏敏:《论股东委托书征求制度》,《证券市场导报》2000 年第 12 期。

取私利而害及公司的长远利益。① 这一观点也获得立法支持,在具体实践中,有的也规定,公开发行公司不论是以书面还是广告方式公开征求委托书,公开征求人必须具备该公司股东的身份,才能成为股东代理人。

(2)多元主体论

部分学者持多元扩展的观点,也即无限制说。认为不应对征集人作任何限制,征集人主体最为宽松。研究美国公司法的学者胡果威指出,美国曾为了维护广大小股东利益,推动表决权的积极行使,放弃对征集人仅限股东的规定,将征集人范围全面开放,我国证券市场的建设应向其学习。② 有学者认为征集过程贯彻公开原则,股东充分了解征集事项后,作出授权委托,至于将股东权利授权何人使用,属于股东个人选择范畴,不应对征集主体的范围作出限制。③ 还有学者参考征集实践情况,发现现任董事、监事可以滥用股东权代理征集,而股东无法或难以通过股东权代理征集制裁现任经营管理者,减损了股东大会监督董事会的功能,而公司由不同利益相关者组成,④为维护中小股东和债权人利益,可以将利益相关者纳入征集主体范围。并且,征集主体资格的限制违背公平竞争原则,尤其对股东持股比例、持股时间的限制更使具有投票权征集优势地位的现任管理层受到格外照顾,对其他征集者颇为不利,有损投票权征集制度应有功能的发挥,⑤故不仅不应当限制股东持股比例、持股时间,⑥还应当将表决代理权征集主体扩展至董事会、独立董事、股东之外的公司债权人、公司职工等利益相关者。⑦ 多元扩展的立法模式以美国为代表,美国相关法律规定,公司董事会、股东、非股东都可成为征集主体。⑧ 英国、加拿大、澳大利亚、俄罗斯、日本等国立法也持同样理念。

---

① 李红润:《表决代理权征集规则研究》,《广西社会科学》2016 年第 12 期。
② 胡果威:《美国公司法》,法律出版社 1999 年版,第 170 页。
③ 赵万一:《公司治理法律制度问题研究》,法律出版社 2004 年版,第 85 页。
④ 周春梅:《论投票委托书征集之主体资格——兼论董事会征集委托书之弊端及限制》,《法律适用(国家法官学院学报)》2002 年第 5 期。
⑤ 刘连煜:《公司监控与公司社会责任》,五南图书出版有限公司 1995 年版,第 35 页。
⑥ 刘莹:《论委托书征集制度》,《云南社会科学》2004 年第 1 期。
⑦ 顾华玲:《上市公司委托书征集制度的法律规制》,《经济问题探索》2008 年第 5 期。
⑧ 李博翔、吴明晖:《论股东表决权征集制度的立法完善》,《证券法苑》2017 年第 2 期。

(3)有限主体论

部分学者持紧缩限制的观点,也就是适度限制说。征集人应当限定在一定范围,是介于前两种观点之间的折中观点。由于我国实务中出现了第三人作为征集主体征集委托书的情况,如2001年君之创向五粮液中小股东发起委托书征集、2014年北京正谋新梅集团委托书争夺,①引发各界对第三人作为征集主体的争议。一般认为,第三人加入征集在我国于法无据,②第三人通常不拥有与公司一致的利益,其作为委托书征集主体存在利用代理权征集制度干涉公司的日常经营决策,影响到公司的发展以及可能出现敲诈公司的道德风险,③应排除其他第三人的主体资格。④ 也有观点认为,法律确实应该充分放宽征集主体范围,但是不能毫无限制的放宽,可将征集主体限制为公司利益相关者,如股东、债权人、专用性资产投入者都应赋予他们平等的机会参与管理公司的权利。⑤ 委托书征集资格不限于股东,"凡公司的利益相关者,包括股东、债权人、职工均可通过合法程序征集委托书",董事会"仅于出席股东大会的法定股份不够且为维护公司整体利益时"才可征集委托书。⑥ 不过也有观点认为,不能过于放宽征集主体范围,这是因为,《证券法》牵涉国家金融安全,影响广大投资者的财产利益,具有强烈的公法监管意味,应严格限定征集主体范围;⑦为达到股东权益保护与确保公司高效治理的平衡,征集主体应限定为股东、独立董事、董事会,⑧且股东须

① 胡安强等:《新闻推动股市新政——中国证券史上首次征集投票权的前后》,《传媒观察》2005年第4期。

② 矫月:《上海新梅董事会遭"内外夹击" 称北京正谋征集授权委托书无法律依据》,《证券日报》2014年8月6日第4版。

③ 李博翔、吴明晖:《论股东表决权征集制度的立法完善》,《证券法苑》2017年第2期。

④ 宋林聪:《我国上市公司股东代理权征集制度法律规制研究》,甘肃政法大学2021年硕士学位论文,第46页。

⑤ 马俊驹、聂德宗:《公司法人治理结构的比较与重构》,《商事法论集》,法律出版社2000年版,第89—95页。

⑥ 周春梅:《论投票委托书征集之主体资格——兼论董事会征集委托书之弊端及限制》,《法律适用(国家法官学院学报)》2002年第5期。

⑦ 何林峰:《新证券法时代上市公司表决权征集制度研究》,《大连海事大学学报(社会科学版)》2021年第3期。

⑧ 蒋雪华:《征集代理投票权的相关问题分析》,《天津法学》2015年第4期。

有持股时间和持股数量的限制与要求。①

2.论点评析

无论是对征集主体采纳开放范围还是紧缩限制的立法,征集主体的范围都是股东权代理征集的核心问题。新《证券法》第 90 条虽然将征集主体从原有规范性文件限定的董事会、独立董事、一定持股比例的股东三个主体拓展到投资者保护机构,但也仅仅赋予四类主体征集权利,大体介于严格限制说与适度限制说之间。应该说,这一调整具有相当的现实意义,充分考量了中小股东的合法权益保护需要,立法在以往的基础上向前迈出一大步。②同时《暂行规定》另行增加了独立董事、股东的消极资格要件,扩展与限缩同步,体现出谨慎扩张的态度。

对此,从代理征集的效率理念看,只要有助于股东权利行使,任何人均可作为征集人。不过,从公平的角度看,由于代理征集具有公司治理的溢出效用,可能会被部分别有用心的营利者滥用,征集人不作任何限制反而有害于中小股东权益保护。因此,折中观点更具有合理性。然而,即便在折中观点下,征集人的范围也应当根据中小股东利益保护的需要适度动态调整,如此次新《证券法》根据我国证券市场的现实需要赋予投资者保护机构的征集人资格即为明证。

当然,在我国当前的证券市场环境下,纠结征集人是否必须是股东的问题其实没有多大意义。因为,若法律对股东代理征集行为没有其他资格限制的话,某个主体即便不是股东,只要其在证券市场买入一手(100 股)即可立即成为公司股东,从而满足代理征集权的行权资格要求。换言之,其他主体是否能够成为征集主体的讨论仅仅在法律对股东行使代理征集权设定了资格要求(如持股比例、持股时间等)的情况下才有意义和价值。

另外,征集主体资格限定的核心要义在于赋予征集主体征集权。换言之,不具有征集主体资格的主体无权征集股东权。一则,若允许法定主体之外的其他主体也可以征集的话,法律限定征集主体的资格也就没有任何意

---

① 邓卷卷:《表决权代理征集制度研究》,《华中师范大学研究生学报》2011 年第 1 期。
② 马宇驰:《论我国股东权利保护机制》,《河北农机》2019 年第 7 期。

义,立法者的意图也是如此,否则的话,法条直接使用"任何主体均可作为征集人"比现在的列举方式更为清晰。二则,从征集行为的效力也能得到佐证。《暂行规定》规定,"征集公告披露后,征集人出现不符合本规定第三条规定情形的,应当及时通知召集人披露并取消本次公开征集活动。"也就是征集人一旦不具备征集主体积极资格或者满足消极资格要件,均得立即取消征集活动,其隐含的前提就是征集人此时不具有征集权。实践中有的对此规定,违反征集人资格条件取得的委托书,其代理的表决权不予计算并予以行政处罚。这一规则同样秉了严格限定征集人资格的理念。如此,2004 年宝钢投票权征集为代表引发我国理论和实务长期争论的问题——证券公司、证券服务机构、新闻媒体、律师等"非关联的第三方是否具有合法的征集主体资格"①的答案就不言而喻了,若这些主体具有公司股东资格或者法律赋予其征集人资格,则可能成为征集人;若不具有股东资格,在现行法律并未赋予其征集人资格的现实约束下,其的征集行为自然不具有合法性。具体详见积极资格的内容讨论。

与此相应的则是征集资格限定法律保留。考虑到我国证券市场治理的现实状况,法律对征集人资格进行限定的基础上,还应当授权证监会等机构对征集人资格进行细化和补充,以因应快速发展的证券市场需要,征集人资格相对法律保留在当下具有合理性。据此,《暂行规定》不仅新增了消极资格限定,还在第 3 条最后一款增加资格保有期间要件基础上规定"上市公司、上市公司股东大会召集人不得在本规定之外,对征集人设置其他条件",明确排除了其他主体进行资格限定的权利。应当说,这一法律保留有效排除了控股股东、召集人滥用公司章程等自治性文件排除中小股东参与公司治理权利的机会,更有利于中小股东利益保护。因此,上市公司制定的章程、公开征集股东权利实施细则对征集人设置更多限制性条件的条款,则会因为违反《暂行规定》这一规则而无法获得法律支持。不过,这是从控股股东、召集人角度做出的防范举措,但若征集人在征集文件中自愿设置比法律法规更为严苛的限制性条件,其效力如何呢? 如 * ST 文化 2022 年 6 月 2

---

① 韩梅:《表决权代理主体资格探讨》,《唯实》2012 年第 1 期。

日的股东征集公告中,征集人"承诺在征集日至行权日期间持续符合作为征集人的条件,承诺自本函出具之日至审议征集议案的股东大会决议公告前不转让所持股份。"这一承诺不仅包含资格保有,还增加自愿锁定股份,且锁定期限延长至行权日后的决议公告日。一则,自愿锁定股份比《暂行规定》要求更高,从《暂行规定》第3条资格保有的规定来看,作为征集人的股东只要在征集日至行权日期间持有1%以上有表决权的股份,也不存在消极资格的情形,则其即为合格的征集人。相关规则并未禁止征集人在此期间的股份交易行为,只要持股比例不低于1%即可,因此征集人自愿在此期间锁定股份不交易的承诺比法定资格要件更为严格。二则,锁定期限延长至行权日后的决议公告日也比《暂行规定》要求的保有期间更长。《暂行规定》仅仅要求资格保有至行权日,代理征集的表决权的行权日为股东大会召开之日,而决议公告日通常在股东大会召开日之后的一定期间内,晚于股东大会召开日。

笔者认为,征集人自愿作出的更为严格的资格限定是其理性思考作出的决策行为,不会损害其本身利益,与法律法规保障征集人征集权利的立法目的并不违背;征集人的这一限定更有利于防范滥用征集权谋取非法利益的行为,更有助于中小股东利益的保护。鉴于此,应当允许征集人资格自愿限定并承认其法律效力。

二、积极资格

(一) 积极资格立法变迁

1. 征集主体的类别范围变迁

从1993年出现征集概念至今,我国代理征集主体的类别范围大体历经了四次变迁。详见下表。

第一阶段:1992—2000,任何人都可以成为股东权征集主体。这一规定源自《股票发行与交易管理暂行条例》的规定:"任何人在征集二十五人以上的同意权或者投票权……"通常来讲,"任何人"一词隐含的意思是,只要是自然人,无论是否是公司的股东,是否是公司的高管,抑或公司外的任何人,都可成为征集主体。但若从文义上来理解,"任何人"可以包含自然人和法人,这种理解下法人也应当可以成为征集主体,不过,相关制度规范对此并未明确。

表 2-1 我国征集人类别范围变迁一览表

时间	征集主体范围	法律文件具体规定
1992—2000	任何人	1.《股份有限公司规范意见》:股东有权委托代理人行使表决权 2.《股票发行与交易管理暂行条例》:任何人在征集二十五人以上的同意权或者投票权……
2000—2001	任何人、任何机构	《上海证券交易所上市公司治理指引》:任何机构或个人可以依法向股东征集代理投票权
2001—2019	股东、董事会、独立董事	1.《关于在上市公司建立独立董事制度的指导意见(2001)》:独立董事可以作为征集人 2.《上市公司治理准则》:上市公司董事会、独立董事和股东可以作为征集主体
2020—	董事会、独立董事、股东、投资者保护机构	《证券法》:上市公司董事会、独立董事、持有 1% 以上有表决权股份的股东或投资者保护机构可以作为征集人

第二阶段:2000—2001,《上海证券交易所上市公司治理指引》规定:任何机构或个人可以依法向股东征集代理投票权。指引中"任何机构或个人"的表述,文义上可理解为无论是否跟公司有关的机构、组织、个人,都具有征集人资格,这为公司内部各类机构(如董事会、监事会)以及外部其他组织作为征集主体提供了制度支撑,明确回答了法人是否可以成为征集人的问题。

第三阶段:2001—2019,征集主体进入第三次变迁。这一阶段征集主体范围一改之前的宽松政策,转而进行限缩,将范围限缩为股东、董事会、独立董事三类主体。董事会的引入有利于平衡大股东现实利益与公司长期治理发展利益,但因无人对其进行约束,存在着滥用征集权的情况。为了公司的良好治理与发展,对股权分散下的内部人进行制衡,证监会于 2001 年发布《关于在上市公司建立独立董事制度的指导意见〔2001〕102 号》,强制要求公司"外部人"独立董事进驻董事会监督内部人,随后颁布《上市公司治理准则》(2002)将上市公司董事会、独立董事和股东同时纳入征集主体范围。

此后多年,股东权代理征集主体范围始终保持为股东、董事会、独立董事三类,直至 2020 年新《证券法》的出台。

第四阶段:2020 至今,新《证券法》突破以往征集主体规范,不仅扩充引入投资者保护机构作为征集人,还首次以法律形式对股东征集人的资格条件予以规范。鉴于三主体时代发生过不少股东投票权代理征集案例,[①]其中绝大多数征集为独立董事、董事会、大股东发起,小股东发起投票权征集较少且成功率非常低,甚至还出现了第三人作为征集主体的案例。[②] 征集主体、征集方式的多样是制度进步的体现,但很大程度上却是独立董事、董事会、大股东争夺公司控制权的工具,中小股东特别是小股东很难通过该制度进行权利表达。为此,有关部门相继出台了系列中小投资者利益保护文件,[③]并将定位于中小股东权益保护的投资者保护机构纳入代理征集人范畴,以期打破征集主体固定组合局面。至此,确立了我国股东权代理征集四主体类别的新格局:董事会、独立董事、股东、投资者保护机构。

2. 征集主体的持股比例、保有期间变迁

这主要是针对股东作为征集人时是否需要限制持股比例的问题。从 1993 年至 2020 年,股东作为征集人的地位从未动摇,但其作为征集人的资格条件一直在进行调整,总体情况见表 2-2。

表 2-2　我国股东征集人持股比例要求变迁一览表

股东资格	年份	法律文件	具体规定
任何持股人	1993	股票发行与交易管理暂行规定	任何股东均可征集

① 如 2000 年郑百文独立董事、广西康达、四川五粮液征集代理投票权;2002 年 5 月青岛双星董事会、6 月石油大明第二大股东光大证券征集投票权;2003 年 10 月 TCL 通讯独立董事征集投票权;2005 年 6 月吉林敖东药业集团股份有限公司独立董事征集投票权;2006 年 6 月浙江苏泊尔炊具股份有限公司独立董事公开征集投票权、10 月上石化董事会征集投票权;2009 上海兴业房产股份有限公司第一二大股东征集投票权;2011 年 S＊ST 生化两名小股东征集投票权等事件。

② 2013 年上海新梅集团第三人征集投票权案。

③ 2013 年 12 月 25 日国务院办公厅发布《关于进一步加强资本市场中小投资者合法权益保护工作的意见》,2019 年 10 月 22 日国务院发布《优化营商环境条例》,这些规范性文件均强调要加强对中小投资者合法权益保护。

续表

股东资格	年份	法律文件	具体规定
符合有关条件	2002	上市公司治理准则	符合有关条件的股东可以征集投票权
持有 1% 以上有表决权股份	2002	深圳上市公司征集代理投票权操作指引	持 1% 以上有表决权股份的股东可以作为征集人
符合一定条件	2006	上市公司章程指引	符合相关规定条件的股东可以作为征集人
符合相关（有关）规定条件	2018	上市公司治理准则	符合相关（有关）规定条件的股东作为征集主体
持有 1% 以上有表决权股份	2020	证券法	持有 1% 以上有表决权股份的股东可以作为征集人

第一，股东征集人持股比例要求。从表 2-2 可以看出，股东征集人的持股比例要求，从任何人到符合有关条件、相关条件，再到明确持有 1% 以上表决权，历经了无任何限制到模糊限制再到明确限制的变化过程。尽管如此，新《证券法》之前，没有任何法律法规、规范性文件对"条件""相关规定条件"作出详细规定，在此情形下，不明确的"条件"不仅产生实践争议，还在很大程度上削弱了制度的约束力。

股东征集人资格条件到底应如何规范，理论界也众说纷纭。有观点认为，当前我国资本市场还不完善，股份有限公司的治理结构不够健全，如果不对表决代理征集人资格予以限制，很难保证征集取得成功后其还会真心实意为经营公司付出努力。[1] 不能保证征集人行使征集权不会出现利用投票委托干扰公司正常经营等道德风险，因此有必要对其进行适当的资格限制，持有股份数量和时间或可成为限制标准。但是立法时对征集股东持股数量和持股时间的界定不宜太高，否则将会起不到竞争和制衡作用。[2] 对征集人的资格条件设置，除了在持股比例和时间下功夫，还应考虑征集人在公司治理结构中的角色与股东大会需要表决的事项进行设置。[3] 不过，也

---

[1] 赵旭东：《新公司法制度设计》，法律出版社 2006 年版，第 138—140 页。

[2] 李祥辉：《公司投票代理权征集制度研究》，河北大学 2009 年硕士学位论文，第 33 页。

[3] 张茜：《公司治理下的股东投票代理权征集制度探析》，山东建筑大学 2015 年硕士学位论文，第 19 页。

有观点认为,确定法律所要保护的利益是制度设置的重中之重,在委托书征集中,最需保护的是出具委托书的股东。因此,应该区分管理层与非管理层的征集行为,可从减少资格限制出发给予中小股东更多行使权利的条件,同时赋予管理层更加严苛的资格条件。①

归根结底,争议的原因在于"公司治理"与"中小股东权益保护"怎样得以平衡发展。新《证券法》综合上述规范性文件存在的缺陷和理论与实务界的讨论,基于"公司治理"与"中小股东权益保护"平衡的考量,在第 90 条将股东征集人资格限定为"持有百分之一以上有表决权股份的股东"。至此,股东作为征集人需要的"条件"得以统一和明确,即股东作为征集人需要满足的积极资格主要是持股比例要求。

第二,增加了资格保有期间的要求。2020 年 3 月 1 日新《证券法》实施后,证监会于 2020 年 9 月 4 日发布《征求意见稿》公开征求意见,《征求意见稿》秉承"细化明确征集人适格条件"等宗旨,在第 3 条第 3 款明确规定征集人在征集日至行权日期间需要满足规定的适格条件,也就是增加了资格保有期间的要求。随后《暂行规定》进行了微调,但征集日至行权日期间保有适格征集人身份未发生变化。有观点认为,这一规定"可防止其在行权日前抛售股票、再反向行权谋取不法利益","填补了制度漏洞值得充分肯定。"②

(二) 积极资格法律规范争议

1.类别范围资格限定的争议

(1)四主体类别范围限定的合理性存疑

如前所述,新《证券法》将征集人的类别范围拓展为董事会、独立董事、持有 1%以上有表决权的股东、投资者保护机构四类,具有相当的进步性。不过,征集主体的类别范围依然引发争议,其还有无适当扩展的空间。目前学界对此存在两种观点,通说认为不能再无下限放宽范围,否则不利于公司

---

① 王俊华、苗伟:《对委托书征集制度的立法思考》,《经济师》2002 年第 6 期。
② 泰奇:《征集股东权利细节仍待完善》,《董事会》2020 年第 9 期。

治理,应该严格控制在现有法律规定内。① 另一种观点基于公司治理和主体职能效力的考虑,认为征集主体范围目前依然限制过严,还应当适当拓宽。② 本书也认为目前限于四类主体的规定略严,在制度运行中可能会出现以下问题:

第一,委托书征集极易形成"董事会中心主义"。大股东、董事会、独立董事进行表决权征集时,由于信息和信任存在天然优势,中小股东很难与之抗衡,这实际上造成了董事自己提议、自己决策的内部控制局面的强化,股东大会沦为董事操作表决权的机器,③因"经营方案的通过与董事权位的保持""我国上市公司的股权结构及征集成本的承担"导致董事会扮演着代理征集的主要角色,进而形成代理征集主体的董事会中心主义。董事会中心主义不仅使代理征集制度所具有的保护中小股东利益、有效制约大股东和经营阶层的功能难以实现,还使得股东大会呈现出形骸化甚至异化的趋势。中小股东对代理征集缺乏足够的兴趣仍然是大概率事件,④不利于公司管理层输入新的血液,不利于公司长期良好的治理。

这一问题也可从股东权代理征集实践得以佐证。自 2017 年以来,实践中的征集主体主要为独立董事,少部分是股东和董事会。新《证券法》实施以来,投资者保护机构作为新增征集人,于 2021 年 6 月进行了第一次征集活动,截至目前有且仅有这一次。董事会和股东征集活动每年均仅有十例左右,中小股东通常成为被征集的主体。而独立董事征集的公告主要是与公司的股权激励计划或者方案有关,这是因为我国明确规定,独立董事应当针对股权激励方案向公司的股东征集代理权,具体详见强制性征集的内容讨论。

第二,董事会征集滥用的防范机制缺失。法律虽然赋予了董事会征集主体资格,但并未明确其行权方式,实务中可能出现以下两种情形。一种情

① 马宇驰:《论我国股东权利保护机制》,《河北农机》2019 年第 7 期。
② 刘俊海:《论上市公司治理的股东中心主义价值观》,《甘肃社会科学》2021 年第 6 期。
③ 董汉:《股东表决权委托书征集制度研究》,中南民族大学 2013 年硕士学位论文,第 16 页。
④ 李红润、王利娟:《上市公司表决代理权征集主体的董事会中心主义》,《河南教育学院学报(哲学社会科学版)》2020 年第 1 期。

形是董事会将代理征集作为其业务活动的一类,以董事会决议方式作出并公告。查询实务中董事会征集投票权基本上采用这一方式,如粤华包 B 将董事会征集投票权专门作为董事会议案予以表决并公告,小天鹅 A、美的集团 2018 年 11 月、＊ST 华泽 2018 年 6 月董事会代理征集也都单独作为一个议案处理并公告。应当说,这一做法符合董事会运行机理,正当性毋庸置疑。不过,由于法律没有明确规定代理征集行权方式,董事会按照这一模式运行仅仅基于其自愿选择,无法得到有效保障,故有学者建议,应当将董事会的代理权征集动议作为法定的董事会审议事项予以规定。① 另一种情形是个别董事借董事会之名进行代理征集,即不经董事会决议直接以董事会名义开展征集活动。此情形下可能存在个别董事滥用代理征集制度谋取不当利益之嫌,特别需要加以防范。

第三,监事会缺失征集人资格可能带来治理失衡。监事会和董事会都属于公司治理的重要机构,新《证券法》规定了董事会可以进行征集活动,但对于监事会是否可以进行代理征集活动并未规定,查阅相关的指引或者规则也未发现与监事会征集相关的规定。监事会在公司治理中有着重要的监督作用,《公司法》同时赋予董事会和监事会召开临时股东大会的权利,但新《证券法》仅赋予董事会代理征集主体资格,这与公司法对监事会的定位相冲突。监事会成员涉及公司的不同阶层,对公司的发展和决策都有重要作用,未赋予监事会代理征集主体资格,当董事会、股东均滥用各自权利发起代理征集、争夺公司控制权时,没有其他机构可进行制衡约束。

（2）独立董事征集人资格规范不明

独立董事作为一项引入外部独立成员以减少管理层受主要股东影响的制度,为公司决策保持独立、客观、中立提供了重要保障。相比其他内部董事,独立董事的特殊之处在于其对内部治理机制的监督作用,可在公司治理中形成有效制衡机制,防范和遏制内部人滥用职权。我国《上市公司治理准则》（2002）专门对独立董事制度进行规定,重申其地位、作用和责任。

---

① 董新义:《论上市公司股东代理权征集滥用的规制——以新〈证券法〉第 90 条为对象》,《财经法学》2020 年第 3 期。

《上市公司治理准则》2018年修订中强调,独立董事除享有董事一般职权、依法履行董事义务外,还被赋予一种与保护少数股东利益相关的特别职权。同时,《上市公司股权激励管理办法》还明确规定,独立董事应当就股权激励计划向所有的股东征集委托投票权。应该说,这些制度的出台,很大程度上遏制了部分大股东攫取公司资产的行为,有研究表明,独立董事制度与公司业绩显著正相关。[①] 应该说,赋予独立董事征集人资格,也是为更好发挥独立董事的监督作用而保护股东利益。不过,目前独立董事作为征集人的法定资格存在以下不明确之处:

第一,行使方式不清楚。独立董事作为征集人,其征集权是独立董事个体独立行使还是独立董事作为一个群体集体行使?目前法律制度对此并未明确。从法条规定来看,仅仅规定了独立董事可以作为征集人行使征集权,没有附加任何限制性规定。因此,从文义解释角度看,应当理解为只要具备独立董事的资格,是公司的适格独立董事,就可以成为适格的征集人。但从征集实务来看,则呈现出两种做法,一种做法是与此理解不同的做法,即绝大多数公司的实施细则以及实际操作都按照集体行使进行的;另一种模式则是独立董事个别行使,如＊ST凯瑞2021年11月19日分别发布独立董事范晓亮、王世喜的委托投票权征集公告,分别征集12月6日召开的股东大会议案投票权(以下简称:＊ST凯瑞征集)。探寻独立董事多数情况下集体行使征集权的依据,应该来自《上市公司独立董事履职指引》的规定。然而,征集权是否属于独立董事单独行使的职权,法律并未明确,这导致实践中出现分歧和差异,也带来征集行为效力的认定困惑。换言之,征集行为到底是集体行使有效还是单独行使有效,亦或都有效。

第二,行使前置条件不统一。即便按照《上市公司独立董事履职指引》的规定,独立董事行使征集权需要满足"全体独立董事过半数以上同意"这一前置要件。然而,考察上市公司的征集实务可以发现,这一前置要件因公司不同而设置了不同的前置条件。这些前置条件有两种模式:一种模式是要求独立董事取得全体独立董事的二分之一以上同意,如中兵红箭、深冷股

---

① 王月堂等:《董事会的独立性是否影响公司绩效?》,《经济研究》2006年第5期。

份、佛塑科技、天秦装备等公司采取这一模式;另一种模式是要求独立董事取得全体独立董事的一致同意,如经纬辉开、密封科技、恒铭达、阳谷华泰、宏大爆破、浩物股份、先锋电子等公司采取这一模式。应该说,过半数同意的模式与《上市公司独立董事履职指引》的精神保持了一致,不会引发争议。然而,全体同意模式的合理性却值得商榷,虽然《上市公司独立董事履职指引》中规定的"全体独立董事过半数以上同意"包含过半数以及全体同意,全体同意模式并不违背指引的要求。不过,全体同意相比过半数同意,其获得难度大幅增加,从充分发挥独立董事监督作用、更好维护公司利益角度来看,过度提高行权的要件并不利于制度立法价值的实现。

(3)投资者保护机构征集人资格规定有待细化

新《证券法》出台后,新增的投资者保护机构"地位尚不明确、所设置的范围局限性与设立初衷存在一定的背离"[①],替中小股东发声的可能性也不容乐观,其作为征集人的资格条件规定不明,无法真正实现制度价值和预设功能。

第一,征集权行使方式不明。虽然新《证券法》赋予了投资者保护机构征集人资格,作为投资者保护机构之一的中证中小投资者服务中心也同步公布了《持股行权工作规则(试行)》,明确自行或联合行使法律赋予的股东权利。据此可以认为,投资者保护机构应当按照自身的职权,在发现相关行权线索后,可以主动按照工作流程启动征集权的行使程序。不过,有观点建议,投资者保护机构不能依职权提起代理权征集,只能在单独或合计持股1%以上5%(不含本数)以下的中小股东、独立董事或者公司监事会申请时,方可启动审批程序;特殊情况下,只有在国家机关(包括证监会、司法机关)要求或者证券交易所、其他证券投资者保护机构或其他依法成立的公益机构移送的情况下才能依职权启动。[②] 对此建议,本书并不赞同,因为这一限制可能有悖于立法目的,若真如此限制,既不利于发挥其保护中小股东利益的作用,也可能带来股东甚至公司为减轻征集成本而委托投保机构征

---

① 黄翙书:《投服中心持股行权制度的完善研究》,华东政法大学 2021 年硕士学位论文,第17 页。

② 董新义:《上市公司股东代理权征集滥用的规制——以新〈证券法〉第 90 条为对象》,《财经法学》2020 年第 3 期。

集的弊端。然而学者的建议却引发了征集权是否属于投资者保护机构的职权范围的疑虑,法律对此并未明确。

第二,征集权行使范围不清。投资者保护机构的性质在理论和实践中一直存有争议。一方面,其作为一种非营利性组织,不能等同于一般的营利性法人机构。另一方面,虽然可从事一些投资行为,但法律对其投资范围具有明确限制。① 投资者保护机构设立的目的是为了保护投资者的利益,为投资者提供信息咨询的非营利性的机构,但作为一个法人,其运转和治理又需要有资本的投入,从而愿意从事一些营利性行为。从利益驱使的角度来看,投资者保护机构能够接触到大量的资本,这就难以保证这些机构不会为了利益而打法律的擦边球,影响投资者的权利保护。②

在现有法律框架下,投资者保护机构进行股权征集不受任何约束,具有强力征集效果,在"监管俘获"理论下,其不受限制的征集权行使存在中介机构关联交易掏空上市公司的风险,如粤传媒收购香榭丽一案中,评估机构为佐证高溢价的合理性,配合关联方选择不慎的评估参数,为后续大额商誉减损、业绩暴雷埋下隐患,③长此以往,将动摇投资者保护机构公益性职能,迫使其功能异化。有鉴于此,有学者认为,应当对投资者保护机构的征集范围予以目的限制,即考虑到投资者保护机构被定位为保护中小投资者利益的公益性机构,只有出于保护中小投资者的公益目的,投资者保护机构才能进行代理权征集行为,并且它不能与上市公司的大股东、实际控制人、董事、监事等有着任何利害关系,不能参与个别股东的控制权争夺。不过,新《证券法》以及《暂行规定》对此并未作出相应的制度安排。

2.股东资格限定争议

(1)1%持股比例的内涵有待厘清

现有持股比例规定为"持有1%",这一规定存在文义上含糊不清的问

---

① 法律规定投资者保护机构投资范围仅限于银行存款、国债、中央银行债券和中央金融机构发行的金融债券和国务院批准的其他资金运用形式。

② 张晶晶:《投资者保护机构的问题探讨——新〈证券法〉下股东代理权征集制度为背景》,《融德法治生态圈》2020年第10期。

③ 杨坪:《关联交易掏空上市公司何以根治?》,《21世纪经济报道》2021年第3期。

题。按照文义解释以及公司法习惯,"持有1%"包含"单独持有1%""合计持有1%"或"单独或合计持有1%"三种解释。作为征集人的股东资格,以上三种解释均合情合理合法,这在实践中可能产生合计持有、单独或合计持有两种理解是否合法有效的争议。

梳理上市公司征集投票权实施细则可以发现,基本上上市公司都明确约定股东可以采取单独或联合的方式征集投票权,具体见表2-3。然而,若某家上市公司按照新《证券法》的规定并将其资格严格限缩在单独持有1%以上有表决权股份的股东范围内,并以此为由拒绝审查通过征集公告,如何判断这一拒绝行为的合法性成为问题。

表2-3　部分有关单独或联合持股方式的实施细则规定

名称	细则公告时间	具体内容
《佛山佛塑科技集团股份有限公司征集投票权实施细则》	2021年4月23日	第4条　股东可以采取单独或联合的方式征集投票权:(三)持有百分之一以上有表决权股份的股东; 第6条　股东可以采取单独或联合的方式征集投票权。
《成都深冷液化设备股份有限公司公开征集股东权利实施细则》	2021年8月26日	第3条　股东可以采取单独或联合的方式征集投票权:(三)持有百分之一以上有表决权股份的股东; 第4条　股东可以采取单独或联合的方式征集投票权。
《中兵红箭股份有限公司征集投票权实施细则》	2021年10月21日	第4条　下述组织或人员可以向公司股东征集其在股东大会上的投票权:(三)持有百分之一以上有表决权股份的股东。 第5条　股东可以采取单独或联合的方式征集投票权。
《山东阳谷华泰化工股份有限公司征集投票权实施细则》	2021年4月20日	第4条　下述组织或人员可以向公司股东征集其在股东大会上的投票权:3.单独或合并持有公司已发行1%以上有表决权股份的股东; 第5条　股东可以采取单独或联合的方式,征集投票权。
《深圳市兆威机电股份有限公司征集投票权实施细则》	2021年8月6日	第4条　下述组织或人员可以向公司股东征集其在股东大会上的投票权:3.单独或合并持有公司已发行1%以上有表决权股份的股东; 第6条　股东可以采取单独或联合的方式征集投票权。

这是因为,按照《公司法》的立法惯例,对于持股比例的表示采取了两种不同的立法体系:部分股东权直接规定一定比例,如公司解散之诉规定为"持有公司全部股东表决权百分之十以上的股东";部分股东权规定为单独或合计持有一定比例,如股东大会召集请求权规定为"单独或者合计持有公司百分之十以上股份"的股东请求,公司提案权规定为"单独或者合计持有公司百分之三以上股份"的股东、股东派生诉讼提起权规定为股份有限公司"连续一百八十日以上单独或者合计持有公司百分之一以上股份"的股东。这样一来,从体系解释角度看,对于直接规定一定比例的理解则只能理解为不包含合计的意思,否则立法者借助持股比例限制征集人范围将毫无意义。① 同时,若立法者有包含"合计"的意图,则会使用"单独或合计"的表述。因此,按照这一逻辑,新《证券法》所使用的"持有1%"理解为"单独持有1%"也具有正当性,公司章程将股东征集人资格严格限定在这一范围也无可厚非。不过,这将导致实践中同样行为在不同公司中的合法性不同的迥异现象,不利于股东权代理征集制度的价值实现。

(2)1%持股比例恰当性存有争议

当然,与1%这一比例相关的还有一个问题值得探讨,即1%的比例是否过高?考察"委托书规则"可以发现,其采用"持股比例+征集比例"方式,实现便利中小股东代理征集的同时预防征集滥用:

第一,预防滥用上,明确设置征集股份权的上限,不超过3%。

第二,在便利中小股东行使代理征集权参与公司治理方面,条件非常宽松。议案不涉及董事监事时,只需持股5万股即可;涉及董事监事议案时,持续半年以上或者一年(金融机构)持有公司已发行股份80万股或已发行股份总数千分之二以上且不低于10万股。2018年,金融机构的代理征集资格要件被调整到征集人需继续一年以上持有该公司已发行股份总数千分之五,并删除持有已发行股份80万股以上条件。这一收紧征集人

① 何林峰:《新证券法时代上市公司表决权征集制度研究》,《大连海事大学学报(社会科学版)》2021年第3期。

资格的修订引发批评,认为征集人门槛的提高虽适度预防了滥用代理征集制度事件的发生,却也错杀了中小股东通过代理征集制度参与公司治理的权利,与正在积极推进的股东行动主义背道而驰。[①]于是,2020年再度修订,恢复征集人持股数量要件,只是将股份数从80万股调整到200万股,适度松绑征集人资格。

抛开其他宽松的资格要件姑且不论,就持股比例千分之二、千分之五的资格要求相较,新《证券法》1%的比例已经非常严格了。亦如有观点认为,"设置最低持股比例限制征集人范围恐难以消减敌意收购,滥用表决权征集制度扰乱公司正常经营的风险并未得到有效控制。同时,在当前我国上市公司股权相对集中的背景下,1%的持股门槛反而可能限制中小股东行权。"[②]不过考虑到公司治理实践状况,1%这一比例是否合适的争议可以先暂缓讨论,等制度运行一段时间以后总结经验教训再行讨论其修正问题。

(3)持股时间、保有期间的规定有待完善

第一,除1%规定不明外,还存在缺乏持股时间限制的问题。现有法律仅规定股东持股比例、保有期间,却未规定持股时间。实践中易发生外部第三人短期大肆购买部分股东的股票成为征集活动的主体,并通过代理权征集达到不正当目的情形。考虑到公司整体利益,应对持股时间加以约束。这是因为,虽然小股东的权益需要保护,但长期持股人的权益也应得到保护,股东自益权和共益权应不同程度地保护。倘若股东自益权的保护大于共益权,为了实现个人短期利益,股东将置公司整体利益于不顾,破坏公司良好的治理环境,公司长期利益将难以实现。持有一定时间股份而未抛售的股东,在一定程度上会比短时间持有相同比例股份的股东更关心公司治理和长期发展。

第二,保有期间的设定与落实也非常重要。2019年4月梅雁吉祥公司

---

①　李娟萍:《金管会半年内二度调整委托书征集人资格法律专家解释原因》,资料来源:https://www.chinatimes.com/cn/realtimenews/20200115004005-260410。

②　何林峰:《新证券法时代上市公司表决权征集制度研究》,《大连海事大学学报(社会科学版)》2021年第3期。

股东权代理征集案的实践证明征集后持股时间要求（保有期间）确有必要。① 缺乏保有期间的约束，代理征集将更容易成为股东或其他竞争者之间争夺公司控制权的工具。不过，《征求意见稿》和《暂行规定》注意到了这一问题，规定了"征集日至行权日期间"的保有期间要求。然而，考察各个公司股东权征集实施细则，发现各个公司对此并未采取相应的调整措施，绝大多数公司即便修改了实施细则，也仍未要求保有期间，仅在深冷股份的实施细则中找到"自征集日至行权日期间应当符合《证券法》和本细则规定的条件"的表述。故如何使保有期间的要件在实践中得到落实，消除和防范权利滥用行为仍是今后需要关注的话题。

三、消极资格

（一）消极资格法律规范的现实需要

1. 严格的法定主义模式不适应证券市场发展需要

新《证券法》之前关于征集人资格的规范散见于各类法律文件中，新《证券法》除征集人类别范围和股东征集人"持有百分之一以上有表决权股份"资格限定外，未对征集人资格进行其他具体规定。从各国各地区相关立法来看，征集人资格限制均具有明显的本土化特性。② 世界范围内现有征集人资格限制模式大致可分为法定主义模式和章程自治模式，其中，法定主义模式又可细分为单一限制模式和双重限制模式。

在股权高度分散的国家，如美国、英国及加拿大，很少出现一股独大的

---

① 《中睿新能源违规收警示函谋梅雁吉祥控制权后狂减持》，资料来源：https://baijiahao.baidu.com/s？id=1670170584257706106&wfr=spider&for=pc。2019 年 4 月，在梅雁吉祥公司股权代理征集案件中，梅雁吉祥公司原大股东烟台中睿公司（及与其保持同一阵营的行动人，持股 5.53%）和广东能润公司（持股 4.99%）为争夺公司的控制权，在决定是否续聘原来的审计机构，以及如何选举公司的董事、监事等提案的表决上，两大股东做出不一样的表决意见，烟台中睿公司打算通过召开股东大会以全体股东投票表决的方式与广东能润公司一决胜负。但在营造出一副控制权之争大战即将爆发的氛围之后，烟台中睿公司及其一致行动人却在征集公告发布之后成功征集到两份代理权情形下，趁公司股价较高，偷偷减少自己手中股份，离开漩涡圈。

② 何林峰：《新证券法时代上市公司表决权征集制度研究》，《大连海事大学学报（社会科学版）》2021 年第 3 期。

股权结构,但为了减少敌意收购情形出现,法律允许董事会利用股东权征集防卫敌意收购者,将重心放在经营者滥用职权等责任追究上,[①]几乎未对征集人范围作要求。[②] 相较于上述国家,以我国为典型代表的征集人资格法定主义国家,对征集人资格有着严格的法律规范。我国法律将征集人范围限定为董事会、独立董事、股东和投资者保护机构四大类,此为标准的单一限制模式中的身份限制模式,同时对股东进行单一的持股比例限制规定;且《暂行规定》进一步明确,上市公司、上市公司股东大会召集人不得在本规定之外,对征集人设置其他条件。从立法本意来看,其试图想要解决实践中通过公司章程设置更高征集权行权门槛进而妨碍公司治理的现实问题,但其体现出非常明显的法定主义。实践中还有更为严格的立法例,不仅将征集人范围限定至内部股东,在持股比例和持股时间上的限制也格外严格,此为持股时间和持股比例的双重限制模式。

不少国家或地区认为公司章程的规定才是最符合公司治理的需要,因此极其重视章程的效能,代理征集制度相关规定也当然采取章程形式,比如法国、瑞士和比利时。[③] 章程自治模式有助于上市公司个性化治理,能最大限度发挥制度效能,虽不太适用于股权相对集中的资本市场,但近年来,我国资本市场对股权分散认同度已远高于以往,在上市公司股权不断趋于分散状态背景下,绝对严格的法定主义模式不利于资本市场的活跃发展,一定程度上阻碍了证券市场的发展。

另外,即便是在严格的法定主义模式下,由于我国的征集实践早于法律制度供给,实践中形成了通过章程规范征集行为的做法。实践中不少公司的章程规定或实施细则与新《证券法》《暂行规定》的规制出现了不一致的情形,如中兵红箭 2021 年 10 月 21 日发布的《中兵红箭股份有限公司征集投票权实施细则》只列举了董事会、独立董事和 1%以上股东三类主体,投资者保护机构并未列入,随后 12 月 31 日召开的 2021 年第三次临时股东大会审议的《公司章程》修改也仍只列举了三类主体。这在新《证券法》2020

---

① 黎明、胡红卫:《美国委托征集制度研究》,《社会科学论坛》2003 年第 11 期。
② 李博翔、吴明晖:《论股东表决权征集制度的立法完善》,《证券法苑》2017 年第 2 期。
③ 韩梅:《论表决权征集主体资格》,《岱宗法学》2011 年第 4 期。

年3月1日施行的背景下带来以下问题:征集人的资格只能法定还是可以约定？证券法此条法律规范属于任意性规范还是强制性规范？换言之,公司章程可否排除或增加征集人类别,公司章程可否对持股比例作出新的有利于中小股东行使征集权的约定？科拓生物等上市公司也有同样情形存在。

2.现有规范理念过于注重保护

近年来,为加强中小投资者合法权益保护,我国颁布了系列法律规定,新《证券法》亦是引入投资者保护专章并将投资者保护机构纳入征集人范围,代理征集制度建设中不断增加保护手段加强对中小投资者合法权益及公司权益的保护,尽可能赋予股东更多权利增大合法利益实现的可能性,但却忽略了对股东权利滥用的防范。为减少控股股东损害中小股东权益行为发生,世界上已有不少国家不同程度从法律层面对控股股东科以信义义务。我国《公司法》仅规定董事、监事、高级管理人对公司的忠实义务和勤勉义务,抽象性地对控股股东信义义务加以概括,并未明确控股股东的信义义务。虽然《上市公司治理准则》(2002年)规定,控股股东对公司及其他股东负有诚信义务,[1]但却没有配套文件对该规定中的信义义务进行监督,导致实践中控股股东对信义义务的履行完全依赖自我约束。

(二) 消极资格法律规范的立法状况

1.立法现状

同前文所述,《征求意见稿》在"细化明确征集人适格条件"方面,除增加股东保有期间要求之外,参考《首次公开发行股票并上市管理办法》,规定了征集人如有三年内被行政处罚、涉嫌违法犯罪等情况,不得公开征集上市公司股东权利的适格条件。[2] 第3条第2款明确规定独立董事和股东不得征集股东权利的六种情形,也就是被学界称为征集人的消极资格要件。《暂行规定》大致沿用《征求意见稿》相关内容,对征集人消极资格进行限制规范。具体内容详见表2-4的对比。这是我国相关法律法规中首次提出

---

① 朱大明:《控股股东法律规制的路径与法理》,清华大学出版社2018年版,第80页。
② 《〈公开征集上市公司股东权利管理规定(征求意见稿)〉起草说明》,资料来源:http://www.csrc.gov.cn/csrc/c101864/c1024553/content.shtml。

征集人消极资格概念,不仅为新《证券法》征集人相关规定的细化打响第一枪,也为征集人资格法律规范提供了新方向。

表2-4　征集人消极资格对比较

《征求意见稿》	《暂行规定》
被中国证监会采取证券市场禁入措施尚在禁入期的	被中国证监会采取证券市场禁入措施尚在禁入期的
最近36个月内受到中国证监会行政处罚,或者最近12个月内受到证券交易所公开谴责	最近36个月内受到中国证监会行政处罚,或者最近12个月内受到证券交易所公开谴责
因涉嫌犯罪正在被司法机关立案侦查或者涉嫌违法违规正在被中国证监会立案调查,尚未有明确结论意见	因涉嫌犯罪正在被司法机关立案侦查或者涉嫌违法违规正在被中国证监会立案调查,尚未有明确结论意见
因侵占财产、挪用财产或者破坏社会主义市场经济秩序,被判处刑罚,执行期满未逾五年,或者因犯罪被剥夺政治权利,执行期满未逾五年	因贪污、贿赂、侵占财产、挪用财产或者破坏社会主义市场经济秩序,被判处刑罚,执行期满未逾五年,或者因犯罪被剥夺政治权利,执行期满未逾五年
不履行公开承诺	
法律、行政法规规定以及中国证监会规定的不得公开征集上市公司股东权利的其他情形	法律、行政法规以及中国证监会规定的不得公开征集的其他情形

2.具体规范解析

(1)《征求意见稿》的规定

对比《征求意见稿》和《首次公开发行股票并上市管理办法》,可以发现,《征求意见稿》列举的前三项消极资格完全与《首次公开发行股票并上市管理办法》第23条的禁止性规定一致,彼此的差异仅在于适用对象不同而已,前者适用于征集主体,后者适用于发行人的董事、监事和高级管理人员。从这个角度看,似乎《征求意见稿》还不是《征求意见稿起草说明》定位的"参考"《首次公开发行股票并上市管理办法》,也许借鉴可能更合适。毕竟发行人的董事、监事和高级管理人员负有信义义务,代理征集具有的公司治理功能使得征集主体具有了与董事、监事和高级管理人员相似的地位,

"二者之间的法律关系符合信义关系,征集人对被征集人承担信义义务,"①自然可以将股票发行规制的成功经验迁移到代理征集行为规制上。同时,比较《征求意见稿》关于犯罪的资格限制也与《公司法》董监高任职资格限制基本保持了一致,应该说也参考借鉴了《公司法》的成功经验。《征求意见稿起草说明》更是明确指出,参考《公司法》《首次公开发行股票并上市管理办法》等关于董监高的任职资格规定,对征集人提出负面清单。而"不履行公开承诺"资格限制的引入目的,《征求意见稿起草说明》没有阐释,揣摩其立法意图,似乎考虑征集主体处于代理人位置,其负有的信义义务对维护委托人的利益至关重要,恰恰不履行公开承诺的行为是严重的违背信义义务的行为,故而纳入消极资格事由而予以排除。

(2)《暂行规定》的规定

《暂行规定》对新《证券法》征集人资格做了进一步细化,其中第3条对《征求意见稿》关于征集人的禁止规范略有改动,第(四)点在《征求意见稿》的基础上添加了贪污、贿赂两项违法情形,使之规定的情形与《公司法》董监高资格限制的表述完全一致,同时删除《征求意见稿》中第(五)不履行公开承诺的规定。同理,由于起草说明未阐释删除原因,故不清楚删除的缘由。《暂行规定》从五个方面对征集人消极资格进行规范限制,可将征集人消极资格限制大体归纳为以下五种类型:

第一,行政处罚。公开征集前36个月内受到证监会行政处罚或仍处于市场禁入期的主体不得作为征集人公开征集上市公司股东权利。

第二,纪律处分。公开征集前12个月内受到证券交易所公开谴责纪律处分的主体不得公开征集。

第三,涉嫌违法犯罪。涉嫌违法犯罪正在被司法机关立案侦查或正在被中国证监会立案调查,尚未有明确结论意见的主体不得作为征集人。

第四,刑事处罚。犯侵犯财产罪被判处刑罚或因犯罪被剥夺政治权利,执行期满后五年内的主体不得作为征集人。其中侵犯财产行为包括贪污、

---

① 董新义:《论上市公司股东代理权征集滥用的规制——以新〈证券法〉第90条为对象》,《财经法学》2020年第3期。

贿赂、侵占财产、挪用财产或者破坏社会主义市场经济秩序。

第五,兜底规定。法律、行政法规规定以及中国证监会规定的不得公开征集上市公司股东权利的其他情形。

《暂行规定》设置的消极资格要件,从适用范围来看仅针对独立董事和股东两类主体。《暂行规定》第 3 条引入征集人消极资格,这是我国首个征集人消极资格规定,具有相当的理论和实践价值。事实上,学界围绕征集人的消极资格引入问题,也展开了一定程度的研究。如有观点认为,需要从积极资格和消极资格两方面来明确股东的征集资格,并借鉴《公司法》董监高资格限制的规定,提出了行为能力限制、经济犯罪、个人债务等消极资格要件。[①]《征求意见稿》借鉴了相关研究成果,从证券市场秩序维护角度提出了六个方面的要件。不过,《暂行规定》根据征求意见的情况,将贪污、贿赂纳入消极资格情形,并强调不得对征集人设置其他条件,防止出现"恶性扩张"。这一新的尝试是"根据法律授权从行政监管角度提出的规范要求,具有必要性与合理性,在历次征求意见中得到了绝大多数单位的认同。"[②]

(三) 消极资格法律规范争点

1. 消极资格规范立法层次有待提高

《暂行规定》首次对征集人消极资格进行规范,很大程度上肯定了征集人消极资格的法律价值。同为征集人资格规范,目前积极资格以《证券法》法律形式规定,消极资格却以部门规章形式规定,应该说,虽然《暂行规定》积极探索了消极资格,但以证监会规范性文件方式进行规范仍值得商榷。

消极资格是除权制度,对当事人利益影响甚大。故《公司法》专门以法律形式规定了董监高的消极资格,然而在新《证券法》未规定也未明确授权证监会规定的情况下,证监会以规范性文件方式规定征集人的消极资格,从权利限制角度看,其合法性还有待探讨。虽然我国证券监管领域一直有证监会规范性文件规制证券活动参与人资格的传统,如《股东大会规则》将

---

① 刘扬:《股东委托书征集法律制度研究》,西南政法大学 2015 年硕士学位论文,第 25 页。
② 《〈公开征集上市公司股东权利管理暂行规定〉起草说明》,资料来源:http://www.csrc.gov.cn/csrc/c101954/c1605915/content.shtml。

《公司法》规定的股东提案权主体资格限缩为"普通股股东或者表决权恢复的优先股股东";《上市公司收购管理办法》第6条对收购人附加的消极资格等;《深圳证券交易所股票上市规则（2022年修订）》将董监高的消极资格在《公司法》规定基础上增加了两项规定:"被中国证监会采取不得担任上市公司董事、监事、高级管理人员的市场禁入措施,期限尚未届满"以及"被证券交易所公开认定为不适合担任上市公司董事、监事、高级管理人员,期限尚未届满"。《暂行规定》进行的消极资格限制符合传统做法,但从依法行政的视角来看,证监会的规范性文件作出除权规定的合法性基础是否足够,《证券法》对证监会的相关授权是否充分,这一问题依然存有疑问。

同时,这一规定还会带来效力判断的难题。虽然《暂行规定》第3条第3款明确要求征集人自征集日至行权日期间应当符合征集人积极资格和消极资格规定,但若征集人在征集过程中积极资格丧失或者出现消极资格中的情形,其征集行为的效力如何认定? 是否可依据《暂行规定》的规则认定其征集行为无效? 相比《公司法》中董监高资格的规定,一方面由法律明确规定消极资格;另一方面《公司法》明确规定了失格后的法律行为效力。同为共益权的股东表决权消极情形规定亦是如此,《公司法》分别于第16条、第124条对表决权进行排除规定,是否需要回避或丧失表决权资格,均以法律形式明确规定。然而,对于征集人的消极资格,不仅是由效力层次低的规范性文件进行规定,也缺乏效力规则的安排。

2.消极资格的内容边界有待健全

《暂行规定》有关征集人消极资格的规定几乎源于《首次公开发行股票并上市管理办法》相关规定,也与《公司法》董监高资格限定进行了协调,具有一定的进步性。不过,仍有值得商榷的地方:

(1)独立董事消极资格的必要性还需斟酌

毕竟独立董事还是董事,依然要受到《公司法》董监高资格的规范,《暂行规定》的消极资格与《公司法》董监高资格相比,除了受到证监会处罚、交易所谴责之外,其余的规范内容并无根本区别,反而还缺少了部分公司法的内容。相比之下,独立董事除了征集权之外,还要行使提案权等其他股东权,法律并未对其他股东权行使规定消极资格,则对征集权单独规定消极资格的必要性还有待斟酌。另外,也有观点认为,还需要增加或丰富独立董事的消极资格限制,如不能有违反证券法的重大违法行为和重大失信行为,未涉及与经济纠纷有关的重大民事诉讼或仲裁,本人与其主要直系亲属未就本公司股权有关事项达成任何协议或安排,与本公司董事、高级管理人员、主要股东及其关联人之间以及与本次征集事项之间不存在任何利害关系。[①]

（2）现有消极资格相关规定内容涵盖不全

若考虑征集人在市场活动中的信任问题,征集中出现的征集人征信程度也有纳入消极资格的必要。另外,我国征集实践中,部分征集主体主动披露的内容中已经一定程度包含了征集人的信用情况,如保立佳、山东赫达的征集公告中明确说明征集人"不属于失信被执行人"。在我国大力推进信用建设的背景下,考虑到征集人不同于主动委托中代理人的位置,增加信用情况作为消极资格的内容,这似乎也可为此提供实践支撑。

（3）征集主体与征集事项有利害关系是否需要排除也有待明确

现有规定主要是从证券市场禁入、违法犯罪角度进行排除。然而,根据《公司法》第 16 条第 2 款、第 3 款的规定,"公司为公司股东或者实际控制人提供担保的,必须经股东会或者股东大会决议。前款规定的股东或者受前款规定的实际控制人支配的股东,不得参加前款规定事项的表决。该项表决由出席会议的其他股东所持表决权的过半数通过。"在这种情形下,引发出来的问题是,涉及为自己提供担保的决议事项,或者说有利害关系的决议事项,股东可否征集投票权？可否代为行使投票权？从理论上讲,《公司法》第 16 条的立法意图是排除股东所持股份为自己谋求不当利益,然而,股东代理征集后在股东大会上代为行使表决权,符合其他股东行使表决权决议议案的要求,只要其不行使自己股份的表决权,似乎满足了表决回避要求,并未违反《公司法》第 16 条的规定。不过,从利害关系排除的角度看,从严把握更符合立法意图,不仅股东自己所持股份的表决权需要排除,而且

---

① 董新义:《论上市公司股东代理权征集滥用的规制——以新〈证券法〉第 90 条为对象》,《财经法学》2020 年第 3 期。

股东自己也不能为自己的利益代理征集股东权。但《暂行规定》对此并未作出规定,只有留待兜底条款解决这一问题了。

另外,也许有观点会认为,即便决议事项与征集主体存在利害关系,但被征集人作出授权时经过了自己的独立思考,若有损其自身利益,作为理性的被征集人自然不会做出授权。因此,没必要限制利害关系下征集主体的征集资格,只要在代理征集的信息披露中予以充分披露,充分保障被征集人作出理性判断即可。《暂行规定》也采纳这一观点,在征集公告应载明的内容中明确要求记载"征集人与征集事项之间可能存在的利害关系"。不过,这一市场约束机制的有效性有赖于投资者的理性判断,目前我国证券市场是否具备这一前提条件尚有待考证,利害关系的记载内容是否充分如何判断,征集人不充分记载或故意不披露利害关系信息的法律责任如何确定,这些问题也有待进一步明确。

四、未来径路

(一) 优化规范理念

1.坚持公开公平竞争原则

不论是哪一类征集主体,都应在充分信息披露的前提下公平竞争,防止不透明现象及暗箱操作行为,体现"征集"的性质。建立竞争机制,一方面是为被征集人提供选择的机会,保证不同征集主体的地位相同、机会均等,此时是否劝诱到被征集股东宝贵的代理权取决于征集人与被征集人双方利益的一致性;另一方面,建立竞争机制可以鼓励征集行为的发生,提高股东参与公司治理的积极性,也可增强证券市场的活力。对于公司并购等控制权转移相关重大事项,各方利益冲突最为明显,公开公平竞争相对更能保证多数人的利益和公司整体利益。因此,在不同类别征集人主体资格的设定方面,需要结合每类主体在市场中的信息资源禀赋、征集实践实际作用发挥以及公司治理迫切需要解决的现实问题等要素,综合考量设定,实现不同征集主体公平参与征集活动。

2.秉承中小股东权益保护与预防滥用并重原则

代理征集制度基于中小股东权利的实现而产生,不仅可以保护中小股东实现股东权益,更有利于公司长期治理,新《证券法》下该理念更应得以充分体现。征集权作为一种法律赋予的权利,其行使具有双重性质,若毫不限制则会产生不少弊端。因此,预防征集人滥用征集权确有必要,应遵循中小股东权益保护与预防滥用并重原则。在持股比例、持股时间、保有期间等资格限定选择上,既要充分考量中小股东权益保护,尽可能方便中小股东行使征集权,又要综合考量股东可能存在的滥用行为,及时设置必要的限制性要件,提前预防滥用行为的发生,充分实现征集制度在公司治理中的价值功用。

(二) 调整规范模式

1.引入章程自治模式

如前文所述,我国对征集人资格的规范采用严格的法定主义模式存有一定弊端。为克服这一弊端,可考虑充分发挥公司章程作用,适度引入征集人资格的章程自治模式,允许通过章程赋予某些主体以征集人资格。章程自治模式在我国具有一定的引入基础:

(1)《公司法》加大章程作用的发挥为章程自治模式提供了可能

《公司法》几次修改后,大幅增加了"章程有规定的除外"表述,尽管这一表述对上市公司来讲相对较少,但《公司法》试图通过章程作用的发挥,调动股东参与公司治理积极性的目的非常明显。事实上,允许公司章程对征集人资格作出一定程度的规范,可以更好调动中小股东关注征集人资格的设定,更好促进征集制度的落地。

(2)公司章程规范征集人资格已有一定的实践经验

如前所述,我国上市公司通过公司章程以及实施细则,对股东的持股比例和保有期间作出了一定程度的约定,法律并未否定其效力,社会各界也认可这一做法,应该说为章程自治模式引入提供了实践经验。

(3)《暂行规定》并未完全排除章程自治的空间

其实《暂行规定》中"上市公司、上市公司股东大会召集人不得在本规定之外,对征集人设置其他条件"的表述亦可换个角度理解,《暂行规定》禁止的是设置不利于行权的其他条件,但如果设置更有利于行权的条件,似乎没有禁止的必要,这样的理解下章程自治也存在一定空间。换言之,若按照有利于中小股东行使征集权的判断标准进行判断,则可以一定程度引入章程自治。这样一来,若召集人以公司章程未规定投资者保护机构征集人资格进而主张投资者保护机构无权代理征集,因其排除投资者保护机构征集人资格的行为不利于中小股东利益保护,不能获得支持。

2. 构建"章程自治+法定限制"综合规范模式

不过,考虑到我国证券市场的现实情况,股东参与公司治理的经验不足,积极性有待提高,完全转型为章程自治明显不现实。因此,征集人资格规范模式可以参考日本公司法的做法,在现有法定主义基础上引入章程自治,允许章程作出比法定限制更有利于中小股东行使征集权的规定,如持股比例可以进一步降低,保有期间可以少于法定期间,等等。"章程自治+法定限制"综合规范模式的资格规范更为灵活,使不同企业可以根据自身情况有针对性设计制度,促使公司治理更加有效。因此,在具体制度设计中,可以考虑在持股比例、持股时间、保有期间等规定中增加"章程规定低于此比例、此期间除外"的规定,在征集人类别的规定中,在法定主体之后增加"以及章程规定的主体",从而拓展征集人的范围,体现章程在征集人主体资格方面的自治性。

(三) 细化具体制度设计

1. 增加监事会为适合征集人

除现有法律规定的征集人范围外,有观点认为现有征集人范围可以适当扩大,比如将监事会纳入征集人范围。本书认为,监事会具有纳入征集人范围的合理性。根据《公司法》的规定,监事会不参与公司的治理,客观地对公司运行进行监督,赋予监事会征集主体的资格可以增强监事会的监督机能,防范管理层滥用自身权利,促进公司高效运行。同时,代理征集制度中包含了提案权征集,既然《公司法》允许监事会提出议案,那么自然应当允许监事会有权进行征集活动。一旦赋予监事会代理征集权,既可以实现法律体系的统一,还能增加股东会议中提案的通过几率,更好地反映中小投资者的意见。再者,在我国公司治理结构中,监事会和董事会分属监督机构和业务执行机构,二者处于同等地位,新《证券法》赋予董事会代理权征集的资格,为了防止董事会滥用自身的管理地位,加强对董事会的监督,也应该赋予监事会征集人的资格。

不过,在赋予监事会征集权的同时也需要限定监事会的征集范围。这是因为,同董事一样,监事对公司、股东负有信义义务,所以应同董事会一样,将信义义务作为监事会行使代理权征集的前置条件。然而,监事又不完全等同于董事,其主要职责在于监督、约束董事会、经理等管理人员,防止权力滥用进而损害公司和股东利益,其不参与公司运营管理及决策决议,故在很多事情上仅以"裁判者"的身份存在。在法律赋予"裁判者"提案权后,尝试赋予其征集权,掌握实权越多,"裁判者与运动员"集于一人的矛盾将会逐渐凸显,故其征集范围应仅限于提案权征集,如此才能保证监事会的中立监督作用。

2.明确股东征集人股权持有方式并增加持股时间要求

(1)明确"1%"持有方式并在适当时候放宽比例要求

第一,明确"1%"持有方式。应根据情况,通过立法或扩张性解释、限缩性解释,明确其为"单独或合计持有 1%以上表决权"或者"单独持有 1%以上表决权"。

首先,明确为"单独或合计持有 1%以上表决权"的扩张性解释能与其他制度保持协调性。股东征集权与股东大会召集主持权、提案权等同为股东共益权,法律赋予股东共益权目的在于监督大股东、管理层人员正确行使权力,从而达到保护中小股东权益、保护公司长期利益得以实现的目的。代理征集制度设立目的之一就是保护股东及公司合法权益、促进股东权利行使,新《证券法》不仅专章规定了中小投资者利益保护,还将投资者保护机构纳入股东权代理征集主体范围,这对股东权代理征集制度保护中小投资者提出了更高的要求。如此,征集权的权利性质与行使目的均与现有四大股东权利一致,因此在权利行使资格设置上也应保持相同或类似,设置为"单独或合计持有"。

但另一方面,考虑到上市公司中存在相当数量的银行、保险类金融机构,由于这类金融机构的运营涉及大量银行储户与被保险人利益,因此对征集人的持股比例应设置比普通公司更为严格的要求,同时可考虑对1%作限缩性解释,明确规定为"单独持有1%以上表决权",甚至还可以根据金融机构公司治理实践的需要适当提高这一比例。

此外,对"1%"持有方式作扩张性的解释还需要解决两个问题:一是股东持股数不足1%时,为了满足代理征集权的行权资格,是否可以征集表决权,也就是征集征集权。考虑到合计持有已经降低了行权难度,若再允许征集征集权,则会出现任意持股比例的股东为实现征集权反复在证券市场中征集征集权,一方面会导致证券市场代理征集激烈冲突,不利于市场稳定;另一方面也为滥用征集权谋取不法利益提供了机会。在我国代理征集制度发展早期,还是应秉承谨慎立法态度,暂不予以确定征集征集权的合法性,合计持有的股份数只能以非公开方式募集;在代理征集制度运行一段时间后再行评判征集征集权的条件是否具备。二是合计持有1%股份进行征集,也就是若干股东联合征集时,是所有股东整体作为征集人共同征集还是每个股东均作为征集人进行征集?授权委托的代理人是集体作为代理人还是任何其一征集人均可作为代理人?实务中曾发生的 * ST 新梅五个股东征集提案权,是以五个股东整体名义发布征集公告,但未明确代理人是整体还是每个征集人,尽管其提供的授权委托书模板要求委托人将公开征集人的姓名、身份证予以明确填写,然而其未作代理人人数限制,从理论上讲,委托人有可能填写一位征集人为代理人,也有可能填写两位以上征集人为代理人,甚至填写全体征集人为代理人。本书认为,集体名义征集共同发布公告有利于节约征集成本,也有利于召集人审核其是否满足征集资格,且有利于减少被征集人信息筛选的成本。但授权委托书中需要明确具体的代理人,以委托征集人中任意一位且仅限一位作为代理人,以满足委托代理合同的形式要求。

其次,在实现方式上可分步进行。考虑到新《证券法》刚颁布实施,通过修改《证券法》细化1%持有方式不具有现实性。因此,可考虑在未来制定《证券法实施条例》的时候将其细化,或者在《证券法实施条例》没有列入立法计划的情况下,也可考虑利用证监会制定《暂行规定》的方式进行细化。事实上,《暂行规定》中有不少征集人资格的相关规范,其作为规范性文件,与法律相比,时效性更短,修改快捷方便,因此,证监会通过修改《暂行规定》的形式将其明确的路径更具有可行性。

实践中,我国《公司法》对董监高任职资格及信义义务的规定,大都适用于董监高作为征集人的资格规范,《公司法》与《证券法》对征集主体的资格规范有异曲同工之妙,也可以考虑通过《公司法》修订这一渠道明确1%持有方式。

第二,适当时候放宽比例要求。尽管1%持有方式作扩张性解释已有放宽限制的效果,然而1%的比例仍然还是比较高的,更遑论与美国不作任何限制相比。同时,与《公司法》现有制度相比,这一比例限制也将使得代理征集制度的适用空间大幅压缩。如股东大会召集权、公司司法解散权规定的是10%的行权要求,则代理征集有9%的作用发挥空间;提案权的行权比例是3%,有2%的发挥空间,不过《公司法(修订草案)》拟将提案权的行权比例降至1%,若真的降至这一比例,则代理征集也就失去了作用空间;同样在股东派生诉讼、独立董事提名权、《公司法(修订草案)》拟新增1%的知情权行权比例要求下也无作用空间。尽管本书也认可制度建设初期谨慎探索的立法理念,但在严格限定征集征集权的约束下,需要考量未来适当时期适度降低这一比例,以使代理征集制度在公司治理方面有更多发挥作用的空间。另外,即便1%的持股比例不降低,也可以考虑增加持股数量作为放宽资格限制的可选项,如在持股比例之外增加"或持股＊＊股",具体的股份数可以参考我国上市公司最低发行股份数,取其1%作为这一持股标准的具体数量,同时考虑到金融机构在国民经济生活中的特殊性以及其庞大的总股份数,可将这一标准提高到5%甚至10%。

（2）增加持股时间要求

可考虑将持股时间设定为持续持股60日以上。新《证券法》仅对股东征集人做了持股比例的限制,为了提高中小股东长期投资的意向,减少部分符合条件的股东为了投机目的而发起恶意征集,除了持股比例限制外,对持股时间提出要求也非常有必要。与此同时,参考国内外立法中有关其他股东权利的行使要件,这一结论也能获得支持。

第一,当前我国股东相关权利均采取持股时间和持股比例相结合的规范方式。《公司法》及其司法解释(二)对部分股东权利行使条件规定见表2-5。可以看出,同代理征集权同样要求持股比例为1%的派生诉讼权,要求持股时间必须连续持股达到180日,股东大会召开提议权、召集主持权、提案权、公司司法解散权三项权利的行权比例均大于等于3%,其中持股比例要求较1%高得多的股东大会召集主持权,同时也要求了持股时间须为连续90日。派生诉讼权的持股比例要求虽最为宽松,但又作了严格的持股时间要求,这样"宽严相济"的资格限制,即使小股东持有的公司股份份额低,但长时间持有未将股份抛售,在面临重大决策时才会做出客观公正和理性的判断,故持股时间是验证股东对公司态度的重要试金石。

表 2-5　部分股东权利行使条件分布

股东权	公司法行权条件	公司法(修订草案)行权条件
股东大会召开提议权	单独或者合计持有公司百分之十以上股份	未变
股东大会召集主持权	连续九十日以上单独或者合计持有公司百分之十以上股份	未变
派生诉讼权	连续一百八十日以上单独或者合计持有公司百分之一以上股份	未变
公司司法解散权	公司全部股东表决权百分之十以上	未变
提案权	单独或者合计持有公司百分之三以上股份	单独或者合计持有公司百分之一以上
知情权	无规定	连续一百八十日以上单独或者合计持有公司百分之一以上可以查阅公司账簿、会计凭证
代理征集权	持有百分之一以上有表决权股份	证券法
提名权	单独或合并持有上市公司已发行股份1%以上的股东可以提出独立董事候选人	中国证监会《关于在上市公司建立独立董事制度的指导意见》的通知(证监发〔2001〕102 号)

第二,持股时间与持股比例相结合的规制方式已成为一种"国际标准"。关于股东提案权的行使,美国①和日本②同时对持股比例和持股时间进行了限制,英国③虽然仅有持股比例21%的要求,但该要求极为严苛。关于代表诉讼权利的行使,立法实践中分别进行不同程度的持股时间和持股比例限制,美国要求股东必须从侵害行为实施起至判决时持续拥有股票。总体下,不少国家或地区对前述共益权的行使都设置了必要的条件,几乎均在时间和持股比例上同时进行限制,即使未进行时间限制,也有着相当严苛的持股比例要求。将持股时间与持股比例相结合,不仅是权力制衡需要,更是一种隐形的国际标准。因持股时间的不同产生的差异主要体现在:投资人的付出、对公司客观概况了解以及对公司的发展诉求不同,长期持股人行使股东权利时,会更加考虑公司和多数股东权益,因此,法律应对征集人同时设置持股比例和持股时间限制。而在具体的持股时间选择上,或许可以确定为连续60日以上单独或合计1%以上有表决权股份的股东可以公开征集股东权,这样既能保证进行公开征集的股东对公司业务和相关事项有一定程度了解,又能减少任意股东因个人短期利益而滥用制度的现象出现。

同时,考虑到董事、监事的专业性要求以及维持公司经营方针的稳定性,董事、监事的频繁更迭可能带来公司经营的巨幅变动,不利于公司长远稳定发展,也为避免投机股东滥用董事监事选任议案谋取不当利益,可以区分不同事项设置不同的持股时间要求:选任董事、监事所涉及的股东权征集,设置更长的持股期限要求,如普通上市公司为六个月,金融公司更长,可以考虑为一年;其余的股东权征集则按照前文所述设置持股期限。一则持股时间长的股东更可能关注公司的长远发展而非谋取短期利益,与促进公司长远健康发展的目标保持一致;二则其有更多时间了解现有董事、监事是

---

① 美国《联邦证券交易法》第14条　连续1年以上持有1%发行在外股份,或持时价为1000美元股份的股东享有提案权。

② 日本《公司法》第303条　连续6个月以上持有已发行股份总数1%的股份或者300股以上的股东,可以在股东大会召开6周以前,以书面形式向董事请求将一定的事项作为股东大会的会议日程。

③ 英国《公司法》第146条　持有决议权21%的股东或平均每人持有100英镑金额以上股份的百名股东提出请求时,公司有义务将其议案告知其他股东。

否正常履职以及履职是否符合公司的长远发展,拟新选任的董事监事是否符合自己的利益诉求与公司的长远发展。

当然,保有期间非常有必要设置。为避免新梅股份类似事件的再次出现,有必要规定股东身份的征集人提出征集文件后的一段时间内必须保有股东资格,《暂行规定》明确要求从征集日至行权日期间应当符合积极资格和消极资格要求。但这一保有期间仍然不太清晰,存有漏洞:如仅要求保有资格,并未禁止其进行交易,则其在征集期间仍可进行交易,甚至仅保留最低比例的要求,这为滥用代理征集谋求不当利益留下了空间;征集目的内涵并不清晰,是提交征集文件之日,还是征集文件公告之日,亦或是征集文件确定的某一个开始收取委托书的日期?考虑到征集行为对证券市场产生影响是从征集文件公告之日开始,故此处的征集日理解为征集文件公告之日应当比较恰当。毕竟征集文件提交之日,此时的征集活动仅处于少数人知晓的范畴,且征集文件尚需股东大会召集人审查,若核查不通过,则征集文件不会对外披露,也就无法对市场产生影响。同时,应在资格保有基础上明确规定这一期间为征集人所持股份的锁定期,征集人所持股份不得交易,质言之,提交征集文件后,征集人需要一直保有代理征集股东权所需行权比例,中途不得中断,也不得进行交易。

3.优化非股东征集人的征集要求

(1)明确独立董事行权方式并限定独立董事征集事由

鉴于当前的普遍实践,本书认为,明确规定独立董事征集行为为集体行为,需要以集体决议的方式进行,但在决议的表决方式上,不宜授权公司章程作出过于严苛的规定,保持与《上市公司独立董事履职指引》规定的一致性即可,也就是经过全体独立董事过半数同意即可。

另外,考虑到独立董事不知情、不专业、不表态、不尽责的现象客观存在,独立董事不独立、不"挑事"的现状已经出现,如若不对其作为征集人的资格加以限制,其独立、不被限制的征集权将会在很大程度上被利用,当管理层(例如经理、监事会)欲进行表决权征集又苦于自己没有征集主体资格时,或大股东想要对某项提案进行征集但自身因某种行为丧失征集主体资格时,将目光瞄准独立董事的概率将大大增加。因此,立足于我国独立董事的监督现状,将信义义务作为独立董事行使征集权的前置条件非常有必要,法律赋予其对公司承担信义义务,在征集活动中,只有严格履行了该项义务才可以作为征集人。同时独立董事征集人资格的限制应更着眼于限定其股东权征集的事由,规定哪些事由下其不享有征集人资格,此为消极资格限制,后文将详细讨论。

（2）设置投资者保护机构征集目的要求

新《证券法》的颁布实施,使投资者保护机构突破持股比例限制,获得独立公开征集股东权利的"法定地位",这意味着"在缺乏建议性提案制度的中国公司法语境下,投保机构可通过公开征集提案权提出股东提案,并征集表决权使之通过,进而对公司产生法律约束力。"[①]由此,投资者保护机构对上市公司治理的潜在影响力和约束力得到实质性提升。可以说,除了通过收购股份获得上市公司控制权外,投资者保护机构几乎可采取境外积极主义机构投资者所能采取的所有行动,且更能对上市公司产生实质影响,[②]这种背景下,投资者保护机构的股东积极主义拓展应得到一定的约束。

在积极资格方面,明确征集目的即为约束之一。对投资者保护机构进行目的控制,满足一定目的才能进行股东权征集。在其提出申请后,是否能成功享有征集人资格进行股东权征集,还要结合拟征集事项的目的进行综合考量。在具体的目的考量上,应当根据投资者保护机构的设立目的进行取舍,鉴于投资者保护机构被定义为保护中小投资者利益的公益性机构,其行使征集权时也不应超出这一定义范围,即只有出于保护中小投资者的公益目的时,其才享有征集人资格。

（3）明确董事会行权方式

借鉴实务中通常的做法,引入董事会决议作为董事会征集行权的方式,以董事会决议设置的制衡机制防范个别董事滥用代理征集制度。可考虑在《暂行规定》中明确规定董事会征集须以董事会决议方式作出。董事会必

---

①　郭雳:《作为积极股东的投资者保护机构——以投服中心为例的分析》,《法学》2019 年第8 期。

②　Thad A. Davis,"A New Model of Securities Law Enforcement",*Cumberland Law Re-view*,Vol.30,（2001—2002）,p.69.

须将征集议案作为独立的议案进行讨论,集体作出决议,并按照董事会决议的要求进行信息披露。

4.强化消极资格制度建设力度

（1）提高立法层次

在我国征集人消极资格刚引入之初,采用部门规章的形式对消极资格进行规定无可厚非,但经过一段时间的实践总结出成熟经验后,还是需要采用法律方式对征集人消极资格进行规范才更为恰当。当然,如果考虑到制度的稳定性与协调性问题,单独制定征集人消极资格的必要性不大,事实上可以考虑优化《公司法》董监高的资格规定,进而将相关主体的证券市场行为规范纳入其中,如增加一款规定:股东大会召集请求权人、股东权代理征集人、提案权人在行权过程中出现前述情形的,所实施行为无效,并向因此行为遭受损失的其他主体承担赔偿责任。这样处理具有极大的益处:一则制度稳定性较强,在已有制度基础上适度调整,制度建设难度不大,也容易被社会各界接受;二则提高了制度建设的效力层次,并且明确提供了效力规则,易于解决可能存在的效力争议。

（2）加大借鉴力度

针对征集人资格问题,美国并未进行明文强制规定。美国长期奉行自由经济市场主义,对股东代理权征集一直采用较为宽松的资格限制模式,对征集主体的资格限制甚少,[1]征集主体只要具备完全民事行为能力即可。虽然对征集主体资格没有做出过多的干涉,准入门槛较低,但是各州公司法的规定和联邦证券法对征集行为却规定得细致入微,操作性极强,被称为"小证券法"的委托书规则堪称征集行为施行准则,[2]其中关于股东代理权征集的信息披露等问题,对我国消极资格规范具有十分重要的借鉴意义。Rule 14a-3 规定,征集者在征集前或征集时,必须按照要求给 SEC 和被代理股东提供书面委托说明书,否则禁止征集。14a-9 规定,若征集人就重大事实的信息披露内容虚假、有误导性或遗漏,其代理征集活动可被认定为违

---

① 朱羿锟:《公司控制权配置论——制度与效率分析》,经济管理出版社 2001 年版,第 206 页。

② Robert W. Hamilton,"The Law of Corporations",*West Group*,1996,p.474.

法行为。[1] 应 SEC 和相关证券交易所要求,征集者需披露包括身份背景、利益关系和重大金融交易信息,股东征集者还须披露征集目的。经营者作为征集者时,还必须向股东送交年度报告。[2] 这样尽可能周详的信息披露,不仅充分贯彻了公开原则,还大幅度减少有不当行为的征集人成功征集的可能性,无形中排除此类主体对股东权实施代理行为。

(3)征集人消极资格限制的制度设想

第一,可以考虑引入利害关系标准,将征集人与征集事项有利害关系的排除在外。这一规则具体到不同征集主体时的要求稍有差异,制度建设也略有不同。

首先,细化独立董事消极资格。独立董事征集人资格的限制应更多着眼于限定征集事由,规定哪些事由下其不享有征集人资格,禁止为了行使或增强自己的监督职权而实施股东权征集活动,一方面防止上述行为成为某些管理层人员规避征集主体资格限制的手段;另一方面防止独立董事将这种中立而特殊的地位作为筹码进行私下交易。

其次,排除投资者保护机构的关联征集。就投资者保护机构而言,作为一个公益性中介机构,有其自身成立的目的和价值:保护中小投资者合法权益。因而在其持股行权的过程中,要始终保持保护中小投资者合法权益的初心,只有当中小投资者合法权益受到侵害时,才能以保持中立的角色实施征集活动。禁止其与上市公司大股东、实际控制人、董事、监事等有任何利害关系,暗中勾结损害中小投资者合法权益。换言之,按照《中证中小投资者服务中心持股行权工作规则》规定,委托代理征集触发条件有二:情况非常复杂、性质非常敏感。情况是否复杂,性质是否敏感,具体的判断授权投保机构裁量,但因激励机制缺失与竞争不足,为确保投保机构充分行权,可在自由裁量基础上增加强制触发机制,如一定数量或一定比例的投资者提出要求后投保机构就需要对相关议案开展股东权征集。

---

[1]　Louis Loss & Joel Seligman,"Fundamentals of Securities Regulation 4ed",*Aspen Law & Business*,2001,p. 1347.

[2]　龚卿:《美国上市公司股东投票委托书征集制度研究》,复旦大学 2011 年硕士学位论文,第 12 页。

第二,引入能力和信用资格要求。基于代理的基础关系,本着对公司及全体股东负责的态度,将无民事或者限制民事行为能力的主体排除在征集人之外较为适宜,这也与《公司法》董监高资格规范保持一致。[①] 另外,所有征集人应遵守证券交易规则,遵守法律法规等相关规定,不存在失信被执行人、触碰法律红线、挑战证券交易规则等行为。

第二节　征集范围、征集对象

一、征集范围

(一) 征集范围立法概括

1. 投票权

哪些股东权利可以征集是股东权代理征集范围关注的话题。在新《证券法》施行之前,不同规范性文件使用的术语不完全相同,但主要集中在"投票权"上,如《关于在上市公司建立独立董事制度的指导意见》《上市公司治理准则2002》《操作指引》《关于加强社会公众股股东权益保护的若干规定》《上市公司章程指引(2006修订)》等等。质言之,这些文件规定的代理征集的股东权利是投票权。所谓投票权,英文为 right to vote,是指普通股东在股东大会上对公司决策进行投票的权利。投票权的大小完全根据股东所持股票数量而定。在代理征集研究中,学界也经常使用表决权进行讨论,这一术语更是法律术语。表决权又称股东议决权,是指股东基于股东地位享有的就股东会、股东大会的议案做出一定意思表示的权利,是股东的权利之一。究其本质,二者没有根本的区别,在公司法领域仅仅是翻译不同而已。

鉴于无论称作为投票权还是表决权,都仅仅指向同一项股东权利,且因为能够征集的股东权利仅有一项,故直接使用约定俗成的"投票权"表征代

[①] 刘扬:《股东委托书征集法律制度研究》,西南政法大学2015年硕士学位论文,第25页。

理征集范围。由此可知,在新《证券法》之前,诸多股东权中,能征集的只有投票权,其他股东权不能征集。

2. 股东权

使用"股东权"表征代理征集范围较早的文件可追溯到深圳证券交易所 2010 年发布的《深圳证券交易所主板上市公司规范运作指引》(以下简称:《规范运作指引》),其 2.2.4 规定,"上市公司股东可以向其他股东公开征集其合法享有的股东大会召集权、提案权、提名权、表决权等股东权利,但不得采取有偿或变相有偿方式进行征集。"在其表述中,由于可征集的权利较多,无法使用单个股东权利的名称进行替代,故使用"股东权利"这一上位概念涵摄所有纳入征集范围的股东权类型,并具体列举可以征集的股东权利有股东大会召集权、提案权、提名权、表决权等。深交所的这一尝试不仅仅关注到表决权争夺在公司治理中的积极作用,还关注到召集权、提案权、提名权等股东权利在中小股东权利保护中的特殊价值,极大拓展了代理征集的范围,对后续的制度建设和征集实践影响非同小可。不过,由于《规范运作指引》本身效力问题,随后的其他规范性文件基本未采用这一界定范围,依然维持在通常的"投票权"范围。

新《证券法》修订时,吸纳了这一思想,在其第 90 条规定,征集主体"可代为出席股东大会,并代为行使提案权、表决权等股东权利"。立法正式将代理征集范围调整为"股东权"。

(二) 征集范围的争点

1. 股东权的边界争议

从文义来看,新《证券法》第 90 条使用的是"股东权",并列举了"提案权、表决权等"具体的股东权利。即便如此,也带来新的问题,股东权利类型多样化,具体哪些股东权利可以征集? 除了列举的提案权、表决权外,其他股东权是否能够征集? 如能,哪些能够征集?

(1)"等"的理解

"等"在立法中有多重理解,其是等内还是等外? 那么此处的"等"作何种理解更符合立法原意? 本书认为,此处的"等"作等外理解更符合立法原意。

第一，如果此处的"等"是等内的意思，也就是代理征集的范围仅限于提案权、表决权的话，从立法技术角度看，则完全没有必要在两个权利之后加上"等股东权利"几个字，一则意思完全清晰，二则立法更为简练，三则不会引发歧义。

第二，从《规范运作指引》开始，规范性文件就试图拓展可以代理征集的股东权范围，不仅仅包括提案权、表决权，还包括召集权、提名权等其他股东权利。"等"做等外理解，列举未尽，也就是提案权、表决权仅仅是股东权的不完全列举更符合制度沿革。

第三，等外的理解也更符合工具主义的观点。传统表决权理论认为，表决权不能与股东权分离，必须股东亲自行使。然而，公司治理实践的快速发展，表决权与股份分离主义倾向越来越明显。若从亲自行使角度看，表决权代理就已经开始了分离，在表决权代理基础上新发展的代理权征集、表决权委托更是实现了分离。如果从表决权的意思控制角度看，表决权代理、代理权征集中，代理人需要按照委托股东的指示行使表决权，委托股东对表决事项拥有绝对的控制意志，行为的法律后果也由委托股东承受，故表决权和股份事实上并非分离。然而，从工具主义视角审视，表决权、提案权等股东权利确实出现了客体化倾向，成为被动的征集客体。原本股东权代理是为了补充股东个人的能力不足或扩张意思自治而确立的，而投票权、提案权代理征集则发展成为根据"代理人的目的"而被利用的制度，代理人已经不再是本人行为能力的延伸，而是自己利益与风险的独立承担者，原本处于委托人地位的股东已然处于"从属"地位，主体性权利被完全客体化了，成为可以为其他人征集的对象。① 质言之，既然具有第二性征的表决权可以与股份相分离，那么其他股东权也可以与股份相分离，凡是可以与股份相分离进而工具化作为公司治理手段的股东权，都可以成为代理征集的对象。

（2）股东权的具体范围

股东权包括财产权和非财产权，从目前列举的提案权、表决权来看，两个权利均属于非财产权，从这一角度揣测立法者的意图，似乎有将代理征集

---

① 梁上上：《股东表决权：公司所有与公司控制的连接点》，《中国法学》2005 年第 3 期。

的股东权限定在非财产权范畴的设想。同时,《征求意见稿起草说明》在
"四、需要说明的问题"部分第一点提及对征集范围即股东权利的把握,根
据新《证券法》第 90 条、《公司法》第 102 条的规定,《征求意见稿》主要将征
集范围划定为以股东大会召开为前提的表决权和提案权。也就是说,代理
征集的股东权一定要与召开股东大会相关,与此无关的股东权不在代理征
集制度的射程之内。按照这一理解,《规范运作指引》所列举的股东大会召
集权、提名权等股东权利自然符合这一标准,应当纳入代理征集的股东权范
畴;而建议权、质询权、知情权等股东权与股东大会召开无直接关系,自然无
法纳入这一征集范畴。

　　不过,前述理解仅仅在基于《征求意见稿》所设原则进行的讨论。然
而,诚如第一章所讨论那样,股东权代理征集制度秉承公平与效率并存成为
制度常态,保护中小股东利益是其无法回避的历史使命,将知情权等权利排
除在征集范围外,将有违其制度定位。事实上,正是意识到知情权、股东派
生诉讼权等共益权对中小股东利益保护的价值,《公司法》《公司法(修订草
案)》进一步增大了相关制度的供给,故股东权代理征集的范围确定应当立
足于中小股东利益保护视角,将定位于中小股东利益保护的非财产性股东
权均纳入其中,如除了提案权、表决权之外,知情权、股东派生诉讼权、召集
权、提名权、公司司法解散权等股东权均可纳入征集范围。

2. 提案权征集的争议与处理

（1）提案权征集的内涵界定

第一,提案权征集内涵的实践样态。提案权征集依照征集内容可以区
分为两种样态:一种是征集人已有明确的议题和主张,提案内容非常清晰,
但因不满足提案行权的持股比例条件,故先征集提案资格,满足提案行权条
件后再向上市公司提交征集公告中公告的提案,这种情况下征集人进行的
是"提案资格征集"。一种是征集人没有明确议题和主张,仅仅站在代理人
角度,向股东征集临时提案内容,由其汇总后统一向上市公司提交提案,故
称之为"提案内容征集"。

　　提案权征集实务也印证了这一区分。如 2016 年 4 月 20 日 ＊ST 新梅股
东在《每日经济新闻》发布的征集提案权申明提出四个公开征集事由:

　　a.公司第六届董事会董事、第六届监事会监事任期即将届满,拟提案改选公司董事会、监事会,维护广大中小股东合法权益;被公开征集人(委托的股东)可以向公开征集人提名董事、监事人选;

　　b.公司第六届董事会、监事会未能勤勉尽责,致使公司连续三年亏损,公司被暂停上市,董事、监事参与大股东之间股权争夺,损害广大中小股东利益,不适合继续担任公司董事、监事;

　　c.提案公开拍卖新梅大厦部分办公用房,实现本年度扭亏为盈并恢复上市;

　　d.被公开征集人可以提出其认为需要以股东名义提案的其他事项。①

分析这一征集行为,可以发现:

首先,征集申明公告了五位股东的持股数量133.65万股,但未注明持股比例,并不清楚是否满足提案权的行权比例要求。《证券时报》同年5月11日新闻报道:"截至4月28日,5名征集人及授权股东合计持有＊ST新梅3005.47万股股份提案权,占公司有表决权股份总数的6.73%。"②据此推算,五位征集人股东持股比例仅为0.3%,自然不满足提案权3%持股比例的行权要求,其存在提案资格征集的需要。四个事由中的b事项可以理解为征集人主张罢免现任董事监事,有明确的主张,c事项涉及公司经营方案,主张也比较明确,符合股东提案"属于股东大会职权范围、有明确议题、具体决议事项"③的要求。五位征集人的意图是准备就此两项议题向公司提交提案,但尚不满足提案权行权资格而需要征集提案资格,故此两项征集内容应当属于"提案资格征集"。

其次,五位征集人提出的另外两项事由:希望被公开征集人(委托的股

---

　　① 《关于公开征集上海新梅置业股份有限公司股东提案权的申明》,资料来源:https://finance.sina.com.cn/roll/2016-04-22/doc-ifxrprek2866005.shtml。

　　② 梅双:《中小股东"揭竿而起" ＊ST新梅话语权争夺战愈演愈乱》,《证券时报》2016年5月11日。

　　③ 梁上上等:《中日股东提案权的剖析与借鉴——一种精细化比较的尝试》,《清华法学》2019年第2期。

东)向公开征集人提名董事、监事人选,被公开征集人提出其认为需要以股东名义提案的其他事项。征集人对此两项事由没有明确的议题和主张,仅仅是向股东征集方案,也就是征集提案的内容,自然应当纳入"提案内容征集"范畴。

第二,提案权征集内涵的理论本源。那么,提案资格征集、提案内容征集是否符合提案权征集的立法本意呢?

首先,提案资格征集完全符合"征集提案权"的立法指向。提案资格征集的法律需求源自《公司法》的"合计持有 3% 以上股份的股东可以提交提案"规定,由于此提案权仅赋予股东享有,故提案资格征集蕴含的征集主体只能是公司股东,且也仅有持股不满 3% 的股东才有征集的现实需要。董事会、独立董事、投资者保护机构虽然作为法定征集主体享有征集权,但董事会不具有股东身份,独立董事、投资者保护机构不以股东身份而以法定身份行事时也不具有股东身份,自然无法成为提案权的征集主体。即便其实施提案权的代理征集活动,其也仅仅只能被确认为代理人身份,因不具有提案权身份,也就不存在提案资格征集的问题。同时,提案资格征集中有明确的议题,与投票权征集一样,其投票主张清晰,非常便于被征集人判断议题及投票主张是否符合自己的利益,进而作出是否委托的决定,其完全符合代理征集的本质内核,将其作为提案权征集的本质内容并无不当。立法也持这一观点,《暂行规定》第 20 条规定"应当在征集结果满足行使提案权的持股比例要求后方可行使提案权",第 22 条规定"征集结果不满足行使提案权持股比例要求的,该次征集结束"。两处规定所涉及到的征集结果仅仅是提案权的行权持股比例问题,指涉的是提案资格问题。

其次,提案内容征集不符合"征集提案权"的立法指向。从理论上讲,每类征集主体均可以代理人身份进行提案内容征集,但因为委托人所提供的提案内容直接提交给征集人,缺乏提案资格征集中提案内容的公开性而无法为其他委托人所知悉,仅能形成委托人单个的意思表示,无法发挥代理征集"号召志同道合之股东汇集足够之表决权于股东会中支持相关提案甚或自己支持的董监事人选,进而达成监督或掌控公司经营之目的"[1]的功

---

① 王文宇:《公司法论》,元照出版有限公司 2019 年版,第 404 页。

用。而从实践程序上看,征集的提案只有在委托人满足提案权行权要件时方能向公司提交。若委托人本身已满足提案权行权资格,在具有提交提案的意愿时通常会自行向公司提交提案,而不会委托其他人代为提交徒增诸多的法律手续和行使成本。若委托人不满足提案权行权资格,因征集人未提出明确的议题与投票主张,议题与投票主张的设定权转为委托人,诸多委托人提出不同议题、不同投票主张,此时如何处置也是需要明确的问题。是征集人必须整合收到的意见相同议案并判断是否达到提案权行权条件,若达到则必须向公司提交提案而不论提案内容自己赞同与否;还是由征集人自由裁量,从收集到的方案中找寻自己赞同的方案进行整合,达到提案权行权条件方才提交提案,目前不得而知。其实两种处置方式都存有不足,第一种方式下存在征集人接到意见相左的委托所带来的行权难题,毕竟意见相左委托与其目的不符,违背了理性人的行为逻辑,理性的征集人不愿也不会为意见相左的委托提供代理服务;第二种方式下存在征集人未采纳方案的后续处置问题,特别是需要考量未采纳方案背后的委托股东合法权益保护以及征集人滥用自由裁量权损害委托股东权益的问题。提案内容征集既不符合代理征集的制度本源,还会带来诸多处置难题,故而建议不将提案内容征集纳入"提案权征集"的内涵中。

(2)提案权征集与表决权征集的关系处理

以证券市场上的实际操作来看,征集人进行的提案征集活动并非全部属于提案权征集。如果征集人不满足提案行权条件,先征集提案资格,满足提案行权条件后再提出提案,从这个角度讲,征集人进行的是不涉及表决权征集的提案资格征集。如前述＊ST新梅股东征集申明中明确表示:"本次公开征集股东大会提案权,仅为根据法律法规发起提案权利,不涉及委托投票权利,公开征集提案成功后,股东大会的表决将视情况进行二次公开征集或者由股东自行投票。"①另一种情况是征集人在征集提案权的同时同步征集表决权或者提出提案后征集表决权,前者应当属于提案资格、表决权复合

---

① 《关于公开征集上海新梅置业股份有限公司股东提案权的申明》,资料来源:https://finance.sina.com.cn/roll/2016-04-22/doc-ifxrprek2866005.shtml。

征集,后者属于表决权征集,而非单纯提案资格征集。如 2022 年 6 月 23 日,持股 13.6% 的同济科技股东量鼎实业提出股东提案后向股东公开征集投票权。因此,在提案征集活动中可能存在两种性质完全不同的征集类型:提案资格征集、表决权征集。前者属于证券法所述的提案权征集,后者直接被表决权征集所涵盖。

按照前述提案征集活动的划分,提案权征集与表决权征集在实务中的组合关系存在三种样态:征集人明确仅征集提案权,征集人明确征集提案权和相应表决权,征集人笼统征集提案权。与此相对应的委托人的授权也存在三种样态:委托书明确仅授予提案权,委托书明确授予提案权和表决权,委托书笼统授予提案权。征集和授权的前两种样态的意思表示非常清晰,通常不会产生疑问,第三种样态下则可能存在征集人有无表决权的疑问。从征集人征集提案权的目的来看,其自然是希望满足提案权的行权资格向公司提交提案,并获得足够多的表决权支持以期提案能够获得通过,故征集提案权蕴含着征集表决权;同理,被征集人的股东只有基于对提案内容的认可、征集人的信赖,方可能做出授权决定,其作出的提案权授权委托不仅表明自己提交股东提案的意愿,还蕴含同意该提案的意思表示以及在股东大会投赞同票的投票意向,提案权委托同样蕴含着表决权委托。因此,在提案权授权委托书作出提案权代理授权后,不因无明确的表决权授权而轻易否认征集人的表决权代理权,除非有相反的证据证明,如征集人在征集公告中明确表明仅仅征集提案权,不征集表决权,或者被征集人的授权委托明确表示仅授权提案权代理,抑或被征集人书面撤销表决权代理或者亲自出席股东大会行使表决权,等等。

综上,股东权征集涉及两种情形:一是表决权征集。这是为达到法律或章程规定的公司意思形成所需必要股份数进而实现意思表达需要而进行的征集。二是股东权行权资格满足征集。这是为了满足公司法所规定的少数股东权所需的必要资格限制而进行的征集,如提案权需要满足单独或合计持有 3% 股份数。从这一观点延伸出去,可以得出这一结论:凡是公司法规定或允许的少数股东权,在行权人未达到必要资格限制而需要行使时均可开展公开征集。这样理解,应该符合《证券法》的立法宗旨和立法原意,也有利于中小股东利益保护。如现行《公司法》规定的股东大会召集权,"单独或者合计持有公司百分之十以上股份"的股东请求时可以提议召开临时股东大会,持股份额不足法定资格数的股东为召开临时股东大会,则有征集表决权而满足召集权行权资格的需要,此时虽然征集的还是表决权,但首要解决的问题不是提高股东大会议案通过率的问题,而是股东大会召集权资格满足问题。又如,《公司法(修订草案)》第113条拟引入的"连续一百八十日以上单独或合计持有公司百分之一以上股份"的股东委托专业机构协助的会计账簿、会计凭证查阅权,持股1%以下的股东若要实现合计持有1%的资格要求,要么私下寻求一致行动人,要么公开征集委托书,从有利于查阅权行使角度看,有必要允许股东公开征集委托书。

(3)代理征集授权争议与处置

考虑到前文所述的那样,提案权征集过程中存在两个行为:提案资格满足和提案提交股东大会的表决问题,在征集实务中是否需要分别就提案资格满足以及提案提交与表决进行授权?这在实务中发生了争议。2016年4月20日, * ST新梅股东姜鸣、戚梦捷、汪中国、罗保根、王谱康在《每日经济新闻》上公开征集提案权,引发若干争议:

第一,提案权能否征集的问题。表决权征集在当时没有问题,但提案权能否征集法律并未明确,故针对该次征集的法律意见书明确指出:"鉴于相关法律法规未就向股东公开征集股东大会提案权的行为做出明确规定,征集人向上海新梅全体股东征集股东大会提案权的行为不存在法律依据。"①公司董事会据此拒绝承认授权委托书效力并进而认为股东提案未满足股东行使临时股东大会提案权的合计持股比例要求,提案不符合提交公司股东大会审议的条件,因此不提交股东大会审议,也无需履行信息披露义务。②新《证券法》施行后,这一问题不复存在。

---

① 《关于姜鸣等征集人公开征集股东大会提案权事宜的法律意见》,资料来源:http://www.cninfo.com.cn/new/disclosure/detail? plate = sse&orgId = gssh0600732&stockCode = 600732&announcementId = 1202313277&announcementTime = 2016-05-10。

② 《上海新梅置业股份有限公司公告》(编号:临2016-038),资料来源:http://www.cninfo.com.cn/new/disclosure/detail? plate = sse&orgId = gssh0600732&stockCode = 600732&announcementId = 1202313276&announcementTime = 2016-05-10。

第二,征集公告发布渠道问题,在第一章中已有讨论,不再赘述。

第三,是否需要两次授权问题。＊ST新梅董事会同步发布了公告,对拒绝股东提案的理由进行了说明,其中指出:《关于公开征集上海新梅置业股份有限公司股东提案权的申明》与《上海新梅置业股份有限公司股东大会提案权授权委托书》"未明确委托内容以及委托权限,与征集股东最终向公司提交的临时提案中关于选举汪中国先生等六位为公司董事以及选举戚梦捷先生等两位为公司监事等内容无法对应。"①公司董事会的言外之意是,提案权征集中涉及两个代理,一个是代为提出股东提案,一个是代为行使表决权,因此在授权委托书中必须要有关于二者的明确授权,否则授权不明,无法确认是提案权的代理还是表决权的代理。对此问题,亦如前文分析那样,股东提出提案本身就包含着支持在股东大会上通过的意蕴,委托人支持提出该提案自然也就表明赞成该提案,其股东大会的表决意见非常清晰,一个理性的人不可能在支持提交提案的同时又在股东大会上对该提案投反对票,这也是不可理喻的事情,因此没有必要要求授权委托书分别进行授权委托。本书也赞成这一观点,其有助于减少征集人、委托人成本,便利代理征集活动,故在委托授权书仅有授权提交提案的情况下,只要表决权尚未被委托人撤销之前,视同委托人一并授权提案权代理、表决权代理。不过,在现行法律制度未作出调整之前,为减少实务中不必要的麻烦,征集人在设计授权委托书的时候,有必要分两个环节分别设计授权事项。

（4）提案签名的形式问题

提案资格征集后满足提案行权要求,征集人代为提交提案,此时从形式要件的要求来看,需要提案人在临时提案上签名,征集人仅签自己的姓名是否满足形式要求? 这在＊ST新梅征集中存在争议,董事会拒绝的另一理由是:《关于公开征集上海新梅置业股份有限公司股东提案权的申明》与《上海新梅置业股份有限公司股东大会提案权授权委托书》"征集股东提交的临时提案仅有5名征集股东的签名,不能体现所有委托股东对临时提案之

---

① 《上海新梅置业股份有限公司公告》(编号:临2016-038),资料来源:http://www.cninfo.com.cn/new/disclosure/detail? plate = sse&orgId = gssh0600732&stockCode = 600732&announcementId = 1202313276&announcementTime = 2016-05-10。

提交及其具体内容已经形成明确、真实的意思表示。"①解读这一拒绝理由，董事会认为仅有五位征集人股东签名的提案不合法，反向理解则是股东提案形式合法需要五位征集人股东以及授权委托股东签名，或者五位征集人股东以及授权委托股东的代理人签名才合法。很明显，这一要求不合理，一则提案权本身就是征集取得的，要求所有提出临时提案的股东在临时提案上签名于时空上无法实现；二则从商事代理惯例来看，授权委托书明确约定了代理人的情况下，代理人签名即具有法律效力。因此，提案权征集的情况下，征集人兼具多重身份，其本身是提交临时提案的股东，也是被征集人的代理人，因此其在临时提案上的签名既包含了自己作为股东的签名，也包含了作为代理人的签名，没必要在临时提案上签两次名以区分本人和代理人身份。故征集人仅签自己的名字应当理解为满足提案的形式要求。

（5）提案内容的双重披露问题

很明显，《证券法》领域对提案权的规范仅仅是提案权资格征集，而关于提案的内容范围等相关事项自然需要遵循《公司法》对临时提案的规定，尤其是征集足够的投票权满足了提案权行权要件后，向公司提交提案需要遵循《公司法》的相关规则。从征集实务的角度看，也涉及提案内容的两次披露问题。第一次披露发生在提案权征集公告中，征集人征集提案权，必然要在征集公告中告知提案的内容、理由、态度，否则被征集人对提案内容不了解，无法做出是否支持的决策，自然也就不可能信赖征集人并作出提案权委托。然而，＊ST新梅股东征集申明既涉及提案资格征集，又涉及提案内容征集，提案内容征集本身就无提案的具体内容和理由；提案资格征集事项中，内容和理由仅仅作了非常简略的说明，如 b 事项的内容为公司第六届董事会、监事会不适合继续担任公司董事、监事，理由在于未能勤勉尽责，致使公司连续三年亏损，公司被暂停上市，董事、监事参与大股东之间股权争夺，损害广大中小股东利益；c 事项的内容为公开拍卖新梅大厦部分办公用房，理由是实现本年度扭亏为盈并恢复上市。从投资决策的角度看，这些信息

---

① 《上海新梅置业股份有限公司公告》（编号：临 2016-038），资料来源：http://www.cninfo. com.cn/new/disclosure/detail? plate = sse&orgId = gssh0600732&stockCode = 600732&announceme-ntId＝1202313276 & announcementTime＝2016-05-10。

不足以为理性投资者决策提供全面支持,鉴于代理征集的公司治理价值以及对证券市场的影响,是否需要对提案权征集的提案内容披露做出明确规范成为争论点。有观点认为,既然提案内容的多寡影响被征集人的决策,征集人在征集时明知这一影响要素,为获得足够多的股东权委托,其自然会披露更多的信息,因此是否披露提案内容以及披露多少提案内容留待征集人自主决定,法律无需过多干涉。也有观点认为,提案权征集同属于股东权征集活动,需要与表决权征集一样纳入信息披露规范中,提案权的内容也需要达到理性投资者决策所需必要信息的程度。《暂行规定》采纳了第二种观点,其第 19 条规定,征集人征集提案权的,应当在征集公告中披露提案内容,以及为使股东对拟提案讨论的事项作出合理判断所需的资料或解释,提案事项有专项公告要求的,还应当同时披露专项公告。也就是提案权征集中,不仅要公告提案内容,还要公告对相关事项进行合理判断所需资料。

另一问题是,一旦征集成功满足了提案权的行权资格后,征集人向公司提交提案,按照《公司法》第 102 条的规定,股东提案需要进行公告。此时提案内容已经在代理征集中详细公告过一次,若再次进行公告,则存在重复公告同一内容而徒增公司成本的弊害。据此是否可以免除第二次提案内容的公告义务呢?本书认为,提案提交公司后的公告义务不能免除,第二次公告仍有必要,毕竟征集公告和提案公告解决的问题不同,前者是便利被征集人是否授权委托提案权的决策,后者指向股东有较为充裕时间思考公司的投资决策,两种情形下的决策主体关注重点不同,考量的要素自然有差异,因此仍有必要进行公告以确保全体股东知晓;且为满足《公司法》第 102 条第 3 款的规定,使得股东临时提案能够合法成为股东大会的议案,也必须进行公告,否则股东提案的表决因股东大会召开程序瑕疵而致效力存疑。不过,从降低成本多角度看,此时的公告可作简化技术处理,提案所涉的理由、态度等内容可不再重复公告。

二、征集对象

(一) 征集对象的共性规定

征集对象解决的是股东权代理征集向哪些主体征集股东权的问题,也就是被征集人的范围问题。通常来讲,按照之前对征集行为的界定,征集是面向全体股东无差别地进行,故被征集人的范围通常就是全体股东。如 ＊ST 凯瑞征集公告明确规定的征集对象为:"截至 2021 年 12 月 1 日下午交易结束后,在中国证券登记结算有限责任公司深圳分公司登记在册并办理了出席会议登记手续的公司全体股东。"又如,中证中小投资者服务中心有限责任公司 2021 年 6 月 17 日征集中国宝安股东表决权的征集对象为:"截至 2021 年 6 月 23 日下午证券交易结束后,在中国证券登记结算有限责任公司登记在册的除投服中心外的公司全体股东。"再如,先河环保股东深圳信天 2022 年 7 月 27 日的征集公告规定的征集对象为:"截至 2022 年 7 月 25 日在中国证券登记结算有限责任公司登记在册的公司全体股东。"

不过,也有公司在征集公告中排除部分股东,面向多数股东征集股东权。如南山控股 2016 年 7 月 9 日的董事会征集投票权报告书中的征集对象为:"截至股权登记日(即 2016 年 7 月 29 日)在中国证券登记结算有限责任公司深圳分公司登记在册的除中国南山集团、赤晓企业、上海南山地产以外的南山控股的全体股东。"查询中国南山集团、赤晓企业、上海南山地产三个股东与公司的关系,可以发现,中国南山集团是南山控股的第一大股东、控股股东,赤晓企业是中国南山集团的全资子公司,上海南山地产是中国南山集团的全资孙公司,三者是一致行动人,其意思已经通过控股转移为公司董事会决议,故董事会征集表决权时排不排除三者并不影响征集面向全体股东,其本质依然是面向全体股东征集。还存在中国宝安中投保机构征集排除自己、小天鹅 A 中董事会征集排除控股股东等情形,也因为不影响征集面向全体股东,本质没发生变化。

（二）征集对象的差异性

虽然股东权代理征集的共同对象是全体股东,然而,不同的股东权征集,实际所涉及的股东还是存有差异,这主要是与征集的权利性质、相关法律规定的行权要件相关。很明显,表决权征集只能面向有表决权的股东,在公司发行优先股等无表决权股或者公司持有库存股的情况下,相应股份因为不具有表决权,故表决权征集自然不会将其所对应的股东纳入征集对象范围。同样,公司司法解散权要求"公司全部股东表决权百分之十以上",若允许征集也只能向有表决权的股东征集。而股东大会召集权、提案权、股东派生诉讼权、独立董事提名权以及《公司法(修订草案)》拟引入的会计账簿、凭证查阅权对表决权本身并无要求,代理征集无需关注股东有无表决权,直接面向全体股东即可。

(三) 确权日

征集公告无一例外提到了征集确权日,且确权日与股东大会股权登记日保持一致。如＊ST 文化 2022 年 6 月 10 日的股东大会,其股权登记日为 6 月 6 日,股东嘉兴卓智股权投资合伙企业(有限合伙)的表决权征集方案确定的征集对象为:"截至 2022 年 6 月 6 日下午证券交易结束后,在中国证券登记结算有限责任公司登记在册的除嘉兴卓智外的公司全体股东。"从这一规定来看,确权日的目的与股权登记日的作用一样,用于确定股东的身份以及其对应的股东权。

确权日的日期通常晚于征集公告发布日期,早于股东大会召开日。但在先河环保 2022 年 7 月 27 日的征集中,确权日为 7 月 25 日,早于征集公告发布日。

第三节　征集方式

一、法理解读

股东权代理征集主要包括两项内容,股东代理权的取得即征集行为和股东权代理的行使即代理行为,二者"命运与共",其前后顺序决定了征集行为对代理行为的重大影响,即代理行为的规范仰赖征集行为的规制,代理结果的好坏也需依赖于征集过程的规范性,因此,征集行为与征集过程在股东权代理征集制度中拥有举足轻重的地位。就法律规制现状来说,《民法典》《公司法》和《证券法》等相关法律对于股东权的征集行为和代理行为已有相对全面、具体的规定。① 但对于征集方式而言,无论是新《证券法》还是以前的相关法规、规章,②对其都只有较少的粗略性的制度规定,映射出股东权代理征集的取得和过程问题并未引起立法者的足够重视。③

在此,需要明确征集行为和征集方式的关系,征集行为是指征集主体实施的以获取股东权代理为目的的活动,而征集方式是指在征集过程中征集主体言行所采用的方法和样式,是一系列行为的集合。因此,征集方式就是征集行为的表现样式,是具体方式。

(一) 征集方式的类型化

对适格主体在征集过程中采用的不同方法和样式做分门别类的处理有利于进一步的研究,考虑到不同标准下归类各不相同,本书结合法律法规等文件的现有规定以及实务界、学术界的现状,从征集主体、行为方式两个维度进行归类研究。当然,这种划分或许并不能穷尽所有的分类可能性,但其并不会妨碍征集方式研究的本质目的。

第一,以征集行为实现方式为标准,股东权代理征集可以区分为自行征集与委托征集。自行征集是由适格征集主体亲自实施的征集,而委托征集则是征集人委托代征集人,由代征集人面向被征集人进行的征集。自行征集与委托征集是新《证券法》中已明确的、相对应的两种征集方式,委托征集是新引入的征集方式,具有一定的特殊性。

第二,以征集是否向被征集人支付利益为标准,股东权代理征集可以区分为有偿征集与无偿征集。有偿征集是指征集人以向被征集人支付利益对价的形式进行征集,无偿征集是指在征集过程中,征集人不以支付对价的方式向其他股东征集股东权。现行法律规定所有的征集行为都应无偿进行,从某种角度来说,无偿征集不仅是一种方式,还是一种贯穿于征集行为始终

---

① 《民法典》第七章、《公司法》第 106 条和 2014 年《上市公司章程指引》第 59—63 条。
② 1993 年《股票发行与交易管理暂行规定》、2001 年《关于在上市公司建立独立董事制度的指导意见》、2002 年《上市公司治理准则》、2004 年《关于加强社会公众股东权益保护的若干规定》、2016 年修订版《上市公司股东大会规则》、2018 年修订版《上市公司治理准则》、2018 年修订版《上市公司股权激励管理办法》等规范性文件。
③ 刘素芝:《我国征集股东委托书法律制度的实证分析》,《法学评论》2007 年第 1 期。

的原则。

第三,以征集启动的意愿为标准,股东权代理征集可以区分为强制性征集与自发性征集。自发性指向没有外来因素干扰、由征集人根据自己意愿而实施行为这一属性,强制性则具有依据法律法规文件、必需贯彻执行某种行为的属性。因此,强制性征集是指符合条件的征集主体,在特定情形下必须主动向被征集人公开请求代为行使股东权利的征集行为。自发性征集是股东权代理征集制度中主要的、常用的方式,强制性征集则是次要的、鲜用的方式。并且,市场的决定性作用决定了两种征集方式存在的状态是"自发性征集为原则、强制性征集为例外",二者是原则和例外的关系,这是法律基于保护中小股东权益等考量而进行的设计。

第四,以征集行为的对抗性为标准,股东权代理征集可以区分为竞争性征集与单一性征集。竞争性征集是指多个征集人就同一事项同时向被征集人征集股东代理权,单一性征集是指只有一个征集人向被征集人征集股东权。现有法律文件中关于征集主体的规定多为"征集主体可以是谁、应该是谁",学术界的讨论也多局限于此,其对于征集主体数量的规定和讨论非常少,单一主体进行征集为各方默认。但值得注意的是,竞争性征集不仅存在于学术讨论中,还存在于实务操作中。因此,确有必要讨论两个及以上主体"同时"进行征集的法律问题,以明确法律下一步的规制方向。

综上所述,征集方式虽然有四大类别和八对概念,但本书将重点讨论委托征集、无偿征集、强制性征集和竞争性征集四种征集方式。此外,各种征集方式虽然各有不同的划分标准,但这并不意味着他们之间毫无关系,例如,自行征集和委托征集虽然是不相容关系中的矛盾关系,二者同时只能择其一,但它们与强制性征集、竞争性征集是可以一一搭配的关系,因为同一个征集行为可以从行为方式、启动方式、主体数量等不同的角度进行分析;无偿征集更是原则性的征集方式,无论是自行征集、委托征集还是强制性征集或竞争性征集,都必须以无偿的方式进行;当然,强制性征集和竞争性征集之间也存在交叉重合关系,一个征集行为既可归属于强制性征集,也可以属于竞争性征集。

（二）征集方式选择的基本原则

1. 成本合理控制原则

对于中小股东而言,除获取股利之外,其他股东权利的行使都是有成本的。正如表2-6所示,股东权代理征集制度运行中产生的成本费用涉猎广泛、科目众多,如复印费、邮寄费、律师费、会计费和委托费等等,而且,大多数都是必要的成本项目。从理论上来看,股东权代理制度主要是为了保护中小股东权益,聚焦权能以保障其能够制衡控股股东或现任经营管理层。因此,从效益的角度来说,其核心原则之一是成本控制(这里的成本尤指经济成本)。

表2-6 股东权代理征集可能涉及的成本

序号	成本项目名称
1	为表达观点而制作材料的费用(版面设计费、复印费等)
2	为分发征集文件材料而产生的费用(邮寄费等)
3	律师费
4	会计费
5	代征集人的委托费
6	刊登电视、发布广告等宣传费
7	为征集而产生的其他专项人事费用(成立征集项目小组等)
8	为纠正错误陈述等问题而产生的后续费用
……	……

书面纸质征集方式与电子化方式对成本的影响也是非常大的。为降低征集成本,《征求意见稿》第29条、《暂行规定》第28条鼓励征集主体进行电子化征集,征集活动尽可能地使用数据电文、电子签名等电子化形式开展。征集文件通过电子化方式发布,快速、低成本、覆盖面广,还能打破公司独占股东名册的局面。[1] 虽然电子化征集的优势明显,但立法并未对电子化征集方式进行详尽列举规定,特别是电子化授权委托的效力证明规则缺

---

[1] 王淑梅:《发达国家委托投票征集制度特点及启示》,《求索》2004年第4期。

失,导致实务中还是以书面纸质征集为主。

在不同的征集方式中,成本与效益之间的比例并不是一成不变的。首先,有偿征集的成本远大于无偿征集的成本,在掺杂报酬利益的情形下,其效益也无法得到保障。其次,在征集情形、征集事项等前提固定的基础下,由于委托费等特殊成本的存在,委托征集的成本基量更大,因此,在相同的效益下,委托征集比自行征集的成本更大。再次,在竞争性征集中,由于有多个征集主体和征集行为的存在,其征集成本的总量也比单一性征集高。最后,相较于强制性征集而言,自发性征集的"规定动作"更少、启动更自由,自发性征集的成本相对更小。

成本与效益之间动态变化的比例关系导致需要对不同的征集方式适用作出选择。例如,在有偿征集与无偿征集之间应当首推无偿征集,因为"羊毛出在羊身上",无论征集主体是公司现任管理层抑或股东,但凡通过有偿征集的方式取得公司实际控制权的,其最后都会通过各种手段将该成本分摊至公司乃至公众投资者身上。而在委托征集和自行征集中,应当首推自行征集,限制性地适用委托征集,这样才符合成本合理控制原则的内涵。①

2.权利滥用防止

凡事皆有两面性,任何没有边界的权利都将导致权利滥用。股东权代理征集制度在很大程度上提高了中小股东参与公司治理的积极性,保障了公司民主机制,但如果权利没有边界、不当运用,也会损害广大中小股东的利益。在股东权代理征集中,被征集人相对弱势的地位导致该制度的积极面(正面效应)与消极面(负面效应)具有不同的呈现。从现有研究来看,效益更多展现在理论层面,具有不确定性和难以量化性,而问题却可以从实践

---

① 在股东权代理征集方式的具体设计中同样存在类似的问题和选择。例如,就征集费用的承担问题而言,在 1992 年出台的 34-31326 号公告中,SEC 也对股东征集行为的成本进行了新的干预。在该公告之前,同样是开展征集行为,管理层可以利用公司资金进行代理权征集活动,而其他股东则只能通过花自己的钱进行征集活动,只有在赢得代理权争夺战之后,这些股东才可能得到成本补偿,这种对征集费用承担的"双标"的做法极大地削弱了股东们的积极性,因此,1992 年的公告中减少了许多资料备注及注册要求,以最大限度地降低股东的征集成本。

层面进行研究,具有确定性和可量性,①包括但不限于关系人财产交易损失、投资损益及处分转投资损益以及股东不当侵占行为等,②因此,需从立法上对其严格规制,以兼顾功能价值保障与权利滥用限制两个层面。

所有的征集方式都可能出现权利滥用,但不同的征集方式下出现滥用的情形并不相同。大致来说,在自行征集中,最常见的权利滥用在于"投机行为",因为征集人与被征集人之间的力量分布格局和权利诉求关系等存在矛盾与冲突,在主体身份没有限制、制度适用没有成本等情况下,该征集方式或会成为被征集人套用资金及"争权夺利"的利器,助长公司管理层的不负责任行为。此外,在委托征集和竞争性征集中,权利滥用表现主要在"串通行为"中,征集人和代征集人之间以及多个征集人之间基于利益的一致性或许会出现彼此达成一致协议的情形,损害公司及其他中小股东的利益。总而言之,这些权利滥用形式既是该征集方式被采用或不采用的原因之一,也是法律规制的重点所在。

从作用和效果上来看,股东大会是上市公司的最高权力机关,上市公司的董事等人事任免及投资方向等经营政策需经其批准或认可,股东权代理征集制度存在的价值之一就是保障股东大会对公司的最终控制权。③ 现代公司所有权与经营权的分离带来的主要问题之一是股东大会的"流会"风险,在此情况下,委托他人出席股东会成为常态,这导致的直接问题是,股东会开会期间的讨论事项和决议事项(如选举董事等)直接由会议场所转移至代理权征集过程中,股东会则演变成最后的形式流程。基于保护广大中小股东权益和保障股东民主的考量,英美等国家对股东权代理征集制度的运行方式进行严格限制,涉及征集人注册、格式要求和信息披露的方方面面。因此,出于股东权代理征集制度"双刃剑"的特性,结合不同征集方式的作用与特征,如何避免权利滥用需要重点关注。

---

① 陈明添、张学文:《股东投票代理权征集制度的效用》,《东南学术》2005 年第 2 期。

② 林惠芬等:《委托书之代理问题及制衡机制:对控制权偏离暨少数股东侵占行为之实证研究》,《会计评论》2012 年第 1 期。

③ Louis Loss, *Fundamentals of Securities Regulation*, 2nd ed., Boston and Toronto: Little, Brown and Compa-ny, 1988, p.450.

（三）征集方式的立法状况

1. 立法变迁

根据我国代理征集规制内容的发展变迁,征集方式的法律变迁大致经历了三个阶段:自行征集阶段(1993—2001);自行征集、无偿征集和强制性征集并行阶段(2001—2019);自行征集、委托征集、无偿征集和强制性征集并行阶段(2020 年至今)。

（1）自行征集阶段(1993—2001)

1993 年《股票发行与交易管理暂行条例》第 65 条的规定,虽然因证监会在后续并未出台相关落实文件而无法实施,但是其内容仍然可成为征集方式研究的基础。从"任何人在征集……时"这一表述中可以看出,最早的法律文件对股东权代理征集制度的规定具有高度概括性和原则性,并没有关于征集人资格限定、征集范围规定和征集方式等问题的规范,整体呈现概念不清晰、行为模糊的特征,征集主体自行征集似乎是"自然而然"的状态。

（2）自行征集、无偿征集和强制性征集并行阶段(2001—2019)

在整个证券市场中,率先对《股票发行与交易管理暂行条例》规定的代理征集制度进行落实的是深圳证券管理处。《操作指引》对股东权征集者的范围、股东权征集的方式等七个方面进行了细致规定,到今日为止,《操作指引》中某些条款内容仍然值得借鉴。在征集方式方面,《操作指引》第二部分"投票权征集的方式"明确规定,征集行为必须以公开方式进行,由征集主体制作特定格式的委托书,并需要在规定时间内完成信息披露等义务。从此规定可以看出,《操作指引》这一规范性文件依旧没有明确提出自行征集这一概念,不过,自行征集可以在征集主体从事征集行为的过程中稍见端倪。毕竟,在具体的操作中,征集主体需要亲自制作固定格式的委托书,并在指定的媒体平台上刊登征集公告,需要履行信息披露等义务。然而,该《操作指引》只是地方性指导文件而已,并不具有法律强制约束力,出台原因也只是基于规范、完善上级法律文件的考量,[①]今时再对其进行回

[①] 伏军:《公司投票代理权法律制度研究》,北京大学出版社 2005 年版,第 70 页。

顾,这一规范性文件的科学性和完备性仍有商榷之处。此后很长一段时间内,无论是 2001 年的《关于在上市公司建立独立董事制度的指导意见》,还是 2002 年的《上市公司治理准则》,抑或 2018 年修订版的《上市公司股权激励管理办法》,这些规范性文件虽然对股东权征集制度有所涉及和规制,但在具体的规范中都未明确自行征集的概念及行为,也未明确征集主体是否有其他可选择的征集方式。就原因分析来说,这或许不是立法者故意为之,应该是实践不成熟加上立法技术不先进等综合原因导致的,使征集主体具体的行为方式呈现空白状态,征集主体亲自完成征集流程是大家"心照不宣"的事实。当然,这也从侧面印证了自行征集方式作为主流征集方式的事实,只不过在法律层面是为大家所默认的状态。

无偿征集这一方式的规范始于 21 世纪初,反过来说,在 21 世纪初以前的时间里,法律层面关于无偿征集的概念以及实践中是否可以有偿征集都属于空白带。2002 年,证监会和国家经贸委联合发布的《上市公司治理准则》首次对股东权代理征集的无偿性有所涉及,这也是无偿征集的雏形。《上市公司治理准则》第 10 条规定,股东权代理征集的行为需要采用无偿的方式进行,可以说,这是我国首次对股东权征集是否可以有偿作出的明确回答。但美中不足的是,该规定的强制性并不强,对实践只具备指导性作用,也就是说,虽然此时提倡以无偿的方式进行征集行为,但如果征集主体在实践中采用有价支付的方式进行征集,且其与上市公司或其他利益主体就该对价支付发生争议时,对此持反对的一方不能仅以征集主体违反该《上市公司治理准则》第 10 条的规定为由要求法院认定向被征集人支付对价的征集行为是无效的。[1] 正因此,在实践中,以各种变相有偿或者直接给付价款方式征集股东代理权的现象还是客观存在的,甚至于,一些上市公司及投资人认为,有偿征集是股东权利益再分配的方式之一。[2] 这种情况直至 2016 年才有所缓解,因为 2016 年修订版的《上市公司股东大会规则》第 31 条第 4 款坚持了无偿征集方式,其还在立法表述上做了变动,将以无偿

---

① 邬民江:《有偿征集上市公司股东投票权的合法性研究》,《人民法院报》2007 年 8 月 2 日第 6 版。

② 伏军:《公司投票代理权法律制度研究》,北京大学出版社 2005 年版,第 142 页。

的方式改为禁止以有偿或者变相有偿的方式,这种表述似乎更为清晰。2018 年修订版的《上市公司治理准则》第 16 条第 2 款对无偿征集的规定则更为全面,不仅规定代理征集应当采取无偿征集的方式进行,同时还规定不得以有偿或者变相有偿的方式征集。可以看出,该规范性文件试图延续无偿征集这一征集方式,并通过从正反两面的规定强调股东权代理征集的无偿性。当然,在新《证券法》第 90 条第 3 款也承续了这种规定,不过它的法律层级更高,而且选择的立法表述是从反方向进行的,禁止以有偿或者变相有偿的方式公开征集股东权利。

从我国的立法历程中可以看出,无偿征集一直以来便是我国股东权代理征集实践中提倡遵循的方式,但是从立法层级的角度来说,无偿征集是在2020 年才正式进入法律层面的,从而具有真正的法律约束力和强制性。究其原因,是因为早期公众投资者对有偿征集的漠视,以及各方利益主体对此的争议。观察我国上市公司股权分布特征可以发现,在股权分置改革之前,寡头结构长期以来都是众多上市公司常见的形态,在这个时候,征集者主要征集的对象是这些主要持股人,有偿性在寡头市场里更有效,那些持股很少、只关注股利且又不参加股东大会的股东变得几乎不重要,因为当时的社会公众投资者基本不会成为有偿征集的对象,所以他们也不会关心有偿征集本身的意义。① 而且,对于持短线投机心理的中小股东来说,有偿征集或许是他们获得更多利益的途径。然而,无论是从股东权代理征集产生的渊源等理论意义出发,还是从公司良性发展等治理实际出发,有偿征集的存在都将有损于公司的利益和广大中小股东的权益,无偿征集才是发展方向。

强制性征集的规制则要晚于无偿征集方式。2004 年,证监会发布《关于规范境内上市公司所属企业到境外上市有关问题的通知》(证监发〔2004〕67 号)(以下简称:《境外上市通知》)首次提及上市公司需强制性征集股东权的情形。《境外上市通知》第三大点中提到,对于上市公司的所属企业拟安排持股计划的,独立董事应当作为征集主体,就该持股事项向广大流通股股东征集投票权,该事项需要在股东大会上表决通过,若该事项未获

---

① 伏军:《公司投票代理权法律制度研究》,北京大学出版社 2005 年版,第 144 页。

得出席股东大会股东所持表决权半数以上通过,该计划便不能施行。2005年,证监会颁布的《上市公司股权激励管理办法(试行)》(证监公司字〔2005〕151号)(以下简称:《试行》)中扩大了强制性征集的情形,《试行》第36条规定,独立董事应当作为征集主体,就上市公司所制定的股权激励计划向所有的股东征集委托投票权,激励计划需在股东大会上获出席会议股东所持表决权半数通过。2018年,证监会对《上市公司股权激励管理办法》进行修正,第40条延续了《试行》中有关上市公司独立董事需强制征集的情形,独立董事有义务就股东大会拟审议的股权激励向上市公司其他股东征集股东权。除上述两类情形外,上市公司股权分置改革事项也属于强制征集的范畴,其源自证监会2005年4月29日发布的《关于上市公司股权分置改革试点有关问题的通知》(证监发〔2005〕32号)(以下简称:《股权分置改革通知》)规定。在该规定中,独立董事仍是有责任义务的征集主体,其应当向上市公司流通股股东就股权分置改革方案征集股东权。

如表2-7所示,目前,我国上市公司股东权代理强制征集主体为独立董事,征集事项也主要在三个方面。此外,就立法层级来看,《境外上市通知》《上市公司股权激励管理办法》(2018)和《股权分置改革通知》都是由证监会发布的规范性文件,三者并非法律文件,因此,强制性征集相较于已进入新《证券法》的自行征集、委托征集和无偿征集来说,其法律约束力还有待提高。

表2-7 目前我国强制性征集启动事项与主体一览表

序号	强制性征集事项	强制性征集主体
1	上市公司所属企业分拆境外上市,且董事、高级管理人员在所属企业安排持股计划的,对此持股计划安排,独立董事应当向社会公众股东征集投票权	独立董事
2	上市公司实施股权激励事项,独立董事应当就该议案向所有股东征集投票权	独立董事
3	上市公司股权分置改革议案,独立董事应当向流通股股东征集投票权	独立董事

（3）自行征集、委托征集、无偿征集和强制性征集并行阶段（2020—）

2019 年 12 月 28 日,全国人大常委会对《证券法》进行修订,在股东权的征集方式上,新《证券法》除强调公开等传统类事项外,还明确规定适格征集主体既可以自行征集,也可以委托其他机构具体开展征集行为。至此,自行征集这种主流的征集方式正式在我国法律文件中露面。相应地,委托征集方式的正式露面也是在新《证券法》第 90 条第 1 款当中,因为法律明确提到,适格的征集主体除了可以自行征集外,还可以委托证券公司、证券服务机构这两类机构具体开展征集行为。也就是说,征集行为并不一定必须由征集主体亲自完成,适格征集主体也可以在法律的规定下委托其他的适格主体代为完成征集行为。

作为与自行征集相对应的概念,委托征集的立法目的非常明确。在某些情形下,适格征集人对征集行为的完成存在"心有余而力不足"的窘境,例如,征集人由于知识匮乏、能力不足和精力不济等原因而无法亲自行使征集权,当然,也存在征集人自己主观不愿或不想而致使不亲自完成征集行为的情形。对于这些情况,后商业时代的发展有力地弥补了征集人亲自参与征集行为的不足。在分工日益精细化的今天,市场上已经产生了一批具有专业知识的商事职业人,与一般主体比较而言,这些职业人对证券市场更熟悉,专业知识更扎实,实践能力更强,征集人和代征集人之间的委托代理关系也是起源此类"专业化"。① 也就是说,这些职业代理人更有能力和精力代适格征集人向广大中小股东征集相应的股东代理权。新《证券法》规定,有代征集人资格的仅为证券公司、证券服务机构两大类,只有它们可以作为被委托人而代适格征集人进行征集活动。鉴于证券公司和证券服务机构作为具有相关专业能力的第三人,其应该能够较好地承担起"臂膀的延伸"作用。

同时,《暂行规定》也设计了三个条文对委托征集进行规范,其中第 5 条规定了委托事项排除规则,第 6 条保密义务,第 7 条转委托禁止。并同步

---

① 郑和平:《马克思主义产权学说和委托代理理论的现实意义浅析》,《经济问题探索》2003 年第 3 期。

细化了征集人资格、信息披露、委托方式、征集审查、征集撤销、见证律师见证等制度。

2.简要评价

在股东权代理征集制度中,征集方式并不像征集主体资格、征集信息披露义务那么耳熟能详,甚至于相当一部分人无法准确理解征集方式的内涵,甚至于现行立法中也存在将征集方式等同于征集途径的问题。

纵观股东权代理征集制度的立法过程可以发现,直接提到"征集方式"这一概念的是《暂行规定》第12条,其明确提到征集公告中应当载明征集的方案,而方案中需包括拟征集股东权利的征集方式,这可谓是一大进步,因为在之前的《征求意见稿》中并没有关于征集方式的直接表述。但是,由于《暂行规定》没有界定"征集方式"的内涵,在征集实务中则存在多种理解。一种理解认为,征集方式是"无偿自愿"+"公告",如恒泰艾普集团股份有限公司股东北京硕晟科技信息咨询有限公司2021年5月25日发布的"公开征集投票权报告书"(以下简称:恒泰艾普5月征集)的征集方式表述为:"本次征集投票权为恒泰艾普股东硕晟科技以无偿自愿方式征集,征集人将采用公开发布公告方式进行。"解读其内容,征集方式涉及到自行征集、无偿征集、自发性征集以及公告进行等内容,符合前文所界定的征集主体采用的方法和样式这一本质内核。还有的界定则仅关注公开方式,其他方法并无提及,如＊ST凯瑞征集公告的征集方式表述为:"采用公开方式在中国证监会指定的信息披露媒体巨潮资讯网上发布公告进行委托投票权征集活动。"结合《暂行规定》的内容来看,此征集方式并不是征集股东权的具体方式,而是征集途径,其是为配合《暂行规定》第10条而进行的规定。①

不过,立法未提及"征集方式"而是直接使用具体的征集方式名称则较为普遍,最体现征集方式这一概念的或许是《上市公司治理准则2002》、新《证券法》和《暂行规定》等关于无偿征集的规定。在这些规定中,直接提及无偿征集方式,明确有偿征集及变相有偿征集这类征集方式的禁止性。此

---

① 《公开征集上市公司股东权利管理暂行规定》第10条:上市公司应当通过官方网站等渠道,公开其指定的邮箱、通信地址、联系电话或电子化系统等,接收公开征集相关文件,并确保畅通有效。

外,虽然新《证券法》和《暂行规定》也规定了自行征集和委托征集两种征集方式,但从法条的表述来看,重视程度明显弱于无偿征集。

据此,征集方式这一概念在股东权代理征集的立法历程中虽然并未得到应有的重视,甚至与征集途径相混淆。但从纵向来看,其也实现了从无到有的新突破;横向来看,自行征集、委托征集、无偿征集、强制性征集和竞争性征集的立法也详略不同,彼此不均衡。

二、委托征集

(一) 委托征集法律规范及实务样态

委托征集是与自行征集相对应的一种征集方式,其首次露面于新《证券法》第 90 条。如图 2-1 所示,委托征集中最特殊的环节在于征集人对代征集人的委托行为。统计代理征集实践案例可以发现,虽然委托征集与自行征集是一一相对应的征集方式,但从二者间的比例分析可看出,自行征集才是最常见和最常用的方式,委托征集实际处于补充的地位。不过,怠于时间、精力的有限性,至今为止,尚未在"巨潮资讯网"及上交所、深交所的官网找到新《证券法》施行后出现的委托征集实例。

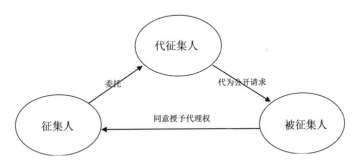

图 2-1　委托征集流程示意图

虽然委托征集在我国立法中面世不过短短 3 年时间,但它在实践中出现的时间却早于制度供给,远远不止 3 年。2001 年五粮液公司中小股东委托君之创公司征集投票权是早期典型的委托征集实践,极具参考价值。这种由上市公司股东、董事等以外的主体担任代征集人,对上市公司进行股东权代理征集在我国证券市场尚属首次。2001年,五粮液公司贴出告示,在利润分配方案中称利润将用于公司业务拓展等事项,故不进行利润分配。不出所料的是,此分配方案引得中小股东一片哗然。为表达自己的反对之声,部分股东直接委托并不拥有五粮液公司股份的君之创公司代为出席即将于2月20日举行的股东大会,并授权其代行表决权。① 其实,君之创公司最开始因为自身并不是五粮液公司股东的原因而不愿接受股东们的委托,②但基于各种利益考量,2月14日,君之创公司主动站出来,呼吁广大中小股东重视和行使自己的权利,深入分析五粮液公司是否应有分配利润的能力,其直接通过媒体公开发表意见,对五粮液公司股东大会提出自己的看法,并公开表示接受各地股东的委托,后经确认,君之创公司在此次活动中共征得五粮液公司近35万股股权。

除委托外部第三方主体外,实践中还存在某些适格征集人委托其他适格征集人代为征集股东权的情形,这种情形最常见于独立董事之间。例如,云南云天化股份有限公司(以下简称:云天化)于2018年发出公告,称独立董事李红斌受其他独立董事的委托作为征集人,向公司全体股东征集投票权。③ 这种委托在实践中并不少见,南京迪威尔高端制造股份有限公司(以下简称:迪威尔)于2022年也对外披露公告,称独立董事王宜峻受本上市公司其他独立董事的委托,拟作为征集人就公司相关的股权激励议案向公司全体股东征集投票权。总的来说,在证券市场中,这类独立董事受其他独立董事委托进行征集的公告屡见不鲜,但这种委托效力问题却值得细细探究,因为在法律没有规定的情况下,行为常见并不等于结果正确。

一个制度的完备可靠需要从理论、逻辑上的自洽性和实践层面的可操

---

① 植万禄:《五粮液:铁公鸡激怒小股东》,资料来源: http://money. 163. com/editor/010219/010219_36090.html。

② 君之创常务副总经理曾表示,君之创起先并未考虑接受委托,但是感到作为证券从业机构,其有责任和义务呼唤重视和保护中小投资者的利益,于是在接到委托人请求后便向五粮液中小股东发出保护其权益的倡议。

③ 《云南云天化股份有限公司独立董事公开征集投票权的公告》(临2018-108),资料来源: http://www.cninfo.com.cn/new/disclosure/detail? stockCode = 600096&announcementId = 1205629277 & orgId = gssh0600096&announcementTime = 2018-11-24。

作性进行衡量。新《证券法》明确规定,征集人可以委托证券公司、证券服务机构,从而确定了委托征集这种具体的征集方式,并将代征集主体的范围限定为证券公司和证券服务机构两类。考虑到委托征集的重点与核心是委托主体即征集人和代征集人以及二者之间的委托关系,因此,此部分后续的讨论将限定在征集人与代征集人之间,从委托关系入手,探讨该问题在这一征集方式中的特殊表现。

（二）委托征集法律规范的理论反思

1. 代征集人资格规范需要进一步明确

（1）代征集人积极资格有待扩张

如前所述,新《证券法》授权证券公司、证券服务机构作为代征集人,赋予了积极资格。证券服务机构是依法设立的专门从事证券服务的机构。2014 版《证券法》在第八章证券服务机构中列举的分别为投资咨询机构、财务顾问机构、资信评级机构、资产评估机构、会计师事务所、证券业协会。不过,新《证券法》对此进行了调整,证券业协会从证券服务机构中独立出来单列一章,第十章证券服务机构中列举的分别为:会计师事务所、律师事务所、证券投资咨询机构、资产评估机构、资信评级机构、财务顾问机构、信息技术系统服务机构。客观来讲,我国立法第一次明确委托征集方式,并一次性赋予证券公司、证券服务机构代征集人资格,这是立法的一大进步,值得肯定。尤其在我国委托征集实践尚不充分、制度探索深度不够的情况下,谨慎引入试验尝试积累经验的意味较为明显。然而,从域外经验来看,这一范围是否合适有待商榷。实践中有立法明确规定,信托事业机构可以接受代理征集委托服务;"委托书规则"2004 年增加了股务代理机构的代征集人资格。股务代理机构英文为 agent for stock affairs,也翻译为股票事务代理,包含银行、信托公司在内。相较之下,新《证券法》将银行、信托公司排除在了代征集人之外,代征集人范围相对较窄,不利于征集人多元选择专业代理人从事代理征集活动。

（2）代征集人消极资格尚需明确

如前所述,新《证券法》授权证券公司、证券服务机构作为代征集人,赋予了积极资格,但《暂行规定》并未对其消极资格进行规范。实践中由于代征集人"其人员之专业程度良莠不齐,故纷争不断,"①"委托书规则"第5条第2款增加规定,代征集人及其负责人适用与征集人同样的消极资格限定。是否借鉴这一做法也明确规定其消极资格,证券监管部门的意见尚不明朗,至少在《暂行规定》中未见相关制度设计。

2.委托费用分担机制缺失

与自行征集不同的是,委托费用是委托征集中特有的费用。从费用性质来说,按照 Michael 和 William 给出的定义,委托代理费用是根据当事人之间的协议,委托人在指定雇用一个或多个行为主体为自己提供服务时,根据行为人提供服务的数量和质量而支付相应报酬的相关费用。② 据此,委托征集中的委托费用其实就是征集人支付给代征集人的服务费用。

(1)现有法律并未明确委托费用的性质

委托费用是否属于征集过程中的成本负担,是否具有一定的特殊性?这需要细致讨论。相较于自行征集而言,有偿地委托代征集人代自己进行征集活动,一方面可以节省征集人的时间、精力成本;另一方面,由于相关知识的局限性,在专业人员的建议和帮助下,也有利于征集人及时、高效地作出相关判断。此外,从效用上来看,委托征集这种征集方式也有利于整合资源。在社会分工精细化的今日,委托专业机构作为代征集人开展征集活动,可以更大限度地发挥其具有的信息、知识和渠道等优势,有利于代理权征集的成功运行,也更有利于保护投资者权益。③ 但从本质与特征来看,征集人与代征集人之间的委托关系仅是普通的委托代理关系,适用民事代理活动的相关制度。因此,既然该代理只是征集人与代征集人之间的双向活动,委托代理费用并不必然属于股东权代理征集制度的成本负担。何况,虽然委托征集具有许多正向作用,但将委托费用认定为常规的征集成本会带来两

---

① 刘连煜:《证券交易法:第一讲——股东会委托书之规范》,《月旦法学教室》2006 年 8 月总第 46 号。

② Michael C.Jensen & William H. Meckling,"Theory of the firm: Managerial behavior, agency costs and ownership structure",*Corporate Governance*,Gower,(2019),pp.77-132.

③ 董新义:《论上市公司股东代理权征集滥用的规制——以新〈证券法〉第 90 条为对象》,《财经法学》2020 年第 3 期。

个问题:成本控制问题、对自行征集主要征集方式地位的冲击问题。细言之,相较于自行征集来说,委托费用本身就是一笔额外的开支,整个代理征集的成本相对更高;若该费用属于一般的征集成本而无任何特殊性,那么更多的征集人都会选择这一征集方式,因为委托征集既专业又便捷,征集人不用付出更多金钱成本反而节约时间、精力的前提下,其自然成为理性征集人的更优选择,自行征集将被征集人弃用,这既不利于代理征集成本的控制,也极大冲击了自行征集的主要征集方式定位,与我国立法目的不相吻合。

（2）委托费用的承担机制尚未得以明确

股东权代理征集是一个复杂的过程,费用之多,流程之复杂,在委托征集中,这些问题表现得更明显。若委托费用归属于一般的征集成本,则应纳入征集费用分担机制中,但存在合理性的疑虑。若不纳入征集成本,则委托费用属于征集人自己委托事务的代价,需要由征集人承担。然而,征集人承担之后,又以征集事务是公司的事务或者全体股东的事务为由提出追偿请求,要求公司或股东分担这一成本,是否支持其主张不得而知。

3. 委托行为无效的后果缺失

委托征集中的委托行为涉及到两个方面的讨论:外部委托——适格征集人委托法定代征集人征集;内部委托——适格征集人委托其他适格征集人征集。

征集人委托代征集人(证券公司、证券服务机构)代为行使征集权的行为属于前一种委托征集,此时,适格征集人委托行为的有效性尤为重要,因为这直接涉及到委托效力及后续征集行为效力问题。立法明确赋予证券公司和证券服务机构作为代征集人的法律地位,从专业性和监管便利性的角度来说,这一规定具有正当性。然而,这个资格限定是否是除权性限定,征集人超越代理征集的资格范围委托代征集人的行为是否无效,这从新《证券法》第90条无法得出结论。即便从征集人资格法定主义的角度来看,新《证券法》第90条对代征集人使用的是"可委托"这一授权性术语,并未对委托其他主体作为代征集人的效力作出规定,进而留下了争论的余地。

对于后一种委托征集,现行法律并未明确。对于这类适格征集人委托其他适格征集人进行征集的行为,严格来说,它与前文所述的外部委托征集完全不同,是适格征集人之间的内部委托行为,行为能力延伸的意义并不强。这种内部委托多出现在强制性征集过程中,例如,前文中云化天和迪威尔委托征集的实践考察便是如此,它们既是委托征集,也是强制性征集。从法律规定来看,法定的强制征集主体是独立董事,而上市公司的独立董事人数为多数,此时,独立董事强制征集是集体征集还是个体征集,意即这是集体职责还是个人职责的划定并不明确,因此实务中出现独立董事受其他独立董事委托征集的行为,是禁止还是允许,可能需要解释论或其他方法进行阐释,其效力与后果问题同样值得探讨和分析。

简而言之,无论是外部委托还是内部委托,从时间序列上来说,委托行为是后续征集系列行为的源头。如果因为代征集人不适格等原因而导致委托行为被认定为无效,从结果效应来看,需要处理的是如何认定违反规则的征集行为(即代征集人代为作出的征集行为),如何处理征集人使用该征集来的股东代理权行为,如果征集的是投票权,还涉及如何处理股东大会据此作出决议的效力甚至如何将生效的决议事项恢复原状等等问题。① 因此,对于征集人与代征集人之间的委托代理协议来说,在现有立法尚未提及或没有明确规制的情况下,如何认定无效委托导致的法律后果是一个值得深思的问题。

4. 委托事项排除规则存有争点

《暂行规定》第5条使用两款规定对委托事项进行排除:一是非法征集的排除,明确规定征集人不符合积极资格和消极资格、征集不符合公司整体利益、有偿或变相有偿征集,不得提供服务;二是利害关系排除,代征集人与征集人、征集事项存在利害关系,不得接受委托。从规定的表述来看,两种情形的处置有一定的差异:

一方面,非法征集排除情形中,使用的是不得提供服务,应当理解为不得提供征集服务,代征集人与征集人之间还是可以存在委托关系。也就是说,代征集人接受了征集人的委托后,在征集文件提交之前,其存在对征集

---

① Louis Loss, *Fundamentals of Securities Regulition*, 2nd *ed.*, Boston and Toronto: Little, Brown and Compa-ny, 1988, pp.493-494.

人征集行为合法性审查的义务,若不存在列举的几种情形,则可以提供征集服务;若存在排除情形,则不能提供服务。此时存在的疑问是:双方之间签订了委托代理合同,现代征集人根据《暂行规定》第 5 条的规则不能提供服务,也就是无法履行合同义务,此时的委托代理合同如何处理? 其是否无效? 是否需要对征集人承担违约责任?《暂行规定》第 5 条是效力性规定还是管理性规定? 是否属于《民法典》第 153 条规定的"法律、行政法规的强制性规定"从而致使委托代理合同无效? 这些问题需要进一步明确。

另一方面,在利害关系排除中规定的则是存有利害关系的不得接受委托。《暂行规定》引入利害关系排除规则有其合理性,站在代理征集滥用防范的视角,有观点认为,"证券专业机构作为征集人的受托人,与股东大会议案所涉事项存在利害关系,那么其很有可能会与征集人恶意串通损害其他股东利益,或者滥用自己的受托人地位,损害征集人的利益,因此需要对其加以规制。"①如何判断代征集人与征集人、征集事项存在利害关系也成为实务中容易引发争议的问题点。

(三) 委托征集法律规范的优化径路

1.细化代征集人资格规范

鉴于商业银行、信托公司的专业性及其社会公众认可度不亚于现有列举的证券服务机构,可以考虑赋予商业银行、信托公司代征集人资格,便利征集人特别是中小股东征集人多元选择代理人。同时,考虑到代征集人的代理行为也属于证券市场的活动,对证券市场影响甚大,也容易引发权利滥用损害投资者利益的弊端,故应将其置于与征集人同样地位,科以同样的消极资格要求。另外,考虑到现行的代征集人均为机构,其行为最终由法定代理人具体实施,为进一步强化对代征集人的规范约束,也有必要将其法定代理人(负责人)纳入消极资格规范的范畴。

2.明确征集费用的性质及承担机制

对于委托费用这一特殊费用,本书认为它并不是常规的征集费用,不应

---

① 董新义:《论上市公司股东代理权征集滥用的规制——以新〈证券法〉第 90 条为对象》,《财经法学》2020 年第 3 期。

将其纳入常规的成本负担机制中。因为从主次来说,委托征集是对自行征集的补充,属于次要的征集方式,要想使其站位准确就必须有限制机制,增加成本负担就是一个很好的制约机制。而且,从被征集人的角度来说,该委托协议与委托费用的意义更多集中在征集人与代征集人二者之间,无论是征集人还是代征集人进行征集活动,对其的影响并没有多大的差别。事实上,若征集人亲自征集,自然要承担相应的时间、精力支出等成本,现支付给代征集人的委托费用事实上是这一成本的替代,征集人亲自征集发生的时间、精力支出等成本无法纳入征集成本,则委托费用自然也无法纳入常规的成本负担之中。同时,实践中,为强化征求事务相关契约之合理性,也有立法增加规定:"受征求人委托代为处理征求事务者,应于委任契约中订明报酬。"这一举措一方面肯定了民事委托中代理人报酬的合法性;另一方面也明确了其性质,是提供民事代理服务而获得的报酬,非征集活动本身发生的成本,自然应由委托人也就是征集人承担。不过,为避免征集人承担委托费用后向公司或其他股东追偿而引发成本费用争议,也可以借鉴美国 SEC 规则的做法,要求征集人在征集文件中承诺该委托费用未来不会向公司、其他股东追偿,以尽力避免征集之后可能引发的费用纷争。

同时,我国明确规定禁止有偿或变相有偿征集,实践中征集人为规避这一规则,则可能与代征集人签订高额代理费的委托代理合同,由代征集人向被征集人提供利益进而取得代理权授权。这一行为实质是借委托征集之名行有偿征集之实,为防范这一规避行为,除将代征集人的行为纳入征集人范畴进行规范,对纪念品等利益给付予以严格限定之外,还有必要对征集人与代征集人之间的委托代理合同费用进行一定程度的管控,明确规定征集人支付给代征集人的合理费用作为有偿征集的例外处理。质言之,征集人支付给代征集人的委托代理费用过高,不符合实务常理,征集人必须证明其支付费用的合理性,否则即应当纳入有偿征集范围进行规制。这一规则将代理费用的合理性证明责任配置给征集人,有助于压缩征集人规避法律的空间,降低监管部门的监管难度。

3. 明确委托无效的法律后果

在委托代理中,尽管适格征集人与法定代征集人之间的"外部委托代理协议"以及征集人与其他适格征集人征集的"内部委托代理协议"具有明显的不同之处,但若是从征集行为的法律后果来看,其委托无效时的法律后果却有相同之处,即征集所得的股东权效力如何以及依靠该股东权所通过的议案效力如何等等。

(1)外部委托协议效力处置

在外部委托协议的处理上,将代征集人范围限定采严格法定主义,明确超越法定范围的委托行为无效,可考虑增加效力性规定:征集人不得委托除前款规定以外的主体征集股东权。或者在《暂行规定》中将超越法定范围的委托征集纳入非法征集范围,召集人根据《暂行规定》第11条规定审查征集文件时可以以此为由予以排除。一方面召集人有能力发现代征集人是否超越法定代征集人范围,毕竟代征集人是否属于《证券法》规定的代征集人范围从形式外观上即可加以判断;另一方面考虑到征集事项往往与召集人提议的议案存有冲突,若允许召集人以此为由予以排除的话,召集人有动力发现并予以排除,这可以发挥召集人提前识别、阻却非法征集行为发生的功用,减少非法征集行为对证券投资决策的不利影响。即便召集人审查未予以排除,则增加行权时的处置规则,并不直接针对委托代理行为的效力进行处理,而是将其征集的股东权在相关权利行使时不予计算、不予认可。其余情况下征集人与被征集人之间的代理行为效力应当回归通常的商事活动判断规则上,对内按照民事代理行为效力认定规则处理,对外效力上应当按照商事外观主义原则进行判断,以维护善意第三人的合法利益以及证券投资活动的稳定性。同理,这一处理思路也可拓展至代征集人违反委托事项排除规则的效力处理。

(2)内部委托协议效力处置

在内部委托代理协议的处理上,一方面应对适格征集人委托其他适格征集人征集的行为持宽容的态度,既然法律允许征集人之外的其他主体可以担任代征集人,适格征集人在维护股东利益、证券市场交易秩序方面与之相比更具优势,自然可以担任代征集人;另一方面,明确独立董事强制征集时的征集规则为集体征集,由于法律规定的仅仅是独立董事强制征集,考虑到独立董事并不像董事会、监事会那样可以形成会议决议,从便利行权的角度看,任意一个独立董事强制征集,抑或全体独立董事征集,都能达至强制征集的立法目的。故法律规定的强制性征集是立足于整体观进行的规范,关注的是独立董事的整体职能发挥,而不论是独立董事全体征集还是个别征集。尽管《关于在上市公司建立独立董事制度的指导意见》明确规定独立董事行使投票权征集等职权"应当取得全体独立董事的二分之一以上同意"。但这是关于独立董事职权行使的内部程序性规定,就其代理征集的行为外观并不影响立法目的的实现。因此,实务中出现独立董事代理征集,其明确披露受其他独立董事委托,则表明独立董事的征集行为得到其他独立董事同意,征集行为既是自己作为独立董事的职权行使,也包含其他委托的独立董事职权行使,整个征集行为符合现行规则的要求,自无疑问;征集公告未披露是否受其他独立董事委托,甚至独立董事明确表示是自己独立征集,如＊ST凯瑞的独立董事范晓亮、王世喜同一天分别发布同样内容的征集公告,但因符合前述整体观的规制理念,都不影响其征集行为的对外效力。若独立董事违反《关于在上市公司建立独立董事制度的指导意见》规定,未征得其他独立董事同意即行使职权,则行为性质属于违反独立董事管理规范的行为,与代理行为分属两个不同法律关系,应当按照独立董事的管理规范进行处理。

三、无偿征集

(一) 无偿征集法律规范及实务样态

按照股东权代理征集的实务样态,无偿征集可以区分为两个问题进行讨论:第一个问题是征集人无偿征集,其指向的是征集人在征集过程中可否收费、可否取得报酬的问题。[①] 有观点认为,若征集主体不作任何限制的话,专业人员、专业机构就可以作为征集人开展征集活动,为股东提供服务并获得一定报酬,以更好实现股东权代理征集。然而,允许征集人有偿征

---

① 需要强调的是,此处讨论的是征集人因实施征集行为可否获得报酬的问题,不同于代征集人代为征集的报酬,也不同于征集行为发生的费用分担问题,代征集人的报酬问题在委托征集中已有讨论,征集行为发生的费用分担在下一章再行讨论。

集,其带来新的问题是:谁支付这一报酬? 目前证券法中的股东、董事会、独立董事以及投资者保护机构都是免费无偿征集,若公司承担这一费用,则实践中这些主体在成本收益考量下的最优选择是不实施征集行为,第三人则踊跃征集,且可能出现为了获得报酬而征集,导致制度滥用,最终造成公司利益受损。不过,在现行法律明确限定征集主体资格的情况下,这一状况自然没有发生的可能。鉴于现行的四类征集主体中董事会征集、独立董事征集、投资者保护机构征集是职权行为,股东征集亦以维护自身利益为主,故代理征集行为继续维持现有免费无偿征集自无不妥。第二个问题是征集过程中无偿征集,指向的是能否向被征集人支付对价的问题。这是通常意义上讨论的无偿征集,也是此处重点讨论的问题。

前文的制度沿革中可以看出,我国一直秉承无偿征集原则并严厉禁止有偿、变相有偿征集。然而,证券市场实务违反无偿征集的现象并不少见。例如,有学者就曾发现,在股权分置改革的过程中,一些上市公司的大股东为了能尽快通过股权分置改革的相关方案,会采取由自己或通过委派他人对其他流通股股东或持股的基金公司进行游说,同时承诺给予对方经济报酬的形式,诱使他们支持方案的通过,[1]也就是说,以各种变相有偿甚至直接有偿方式征集股东权的现象是客观存在的。[2] 怠于时间、精力的有限性,本书仅就查找收集到的部分资料进行分析。

在实践中,以变相有偿的方式获取股东权的情形更为常见。北京捷成世纪科技股份有限公司(以下简称:捷成股份)2021 年 9 月 2 日贴出公告宣布控制权转让事项,该实例虽然属于主动委托而非征集授权,但其仍值得借鉴和思考。该公告写道,原实际控制人徐子泉已将自己名下股票的权利"不可撤销地"委托给府相数科产业发展(北京)有限公司(以下简称:府相数科)行使,也就是说,对于自己所享有的股东权利,徐子泉已尽数对外委托,尤其是表决权这种具有共益权性质的权利。因此,截至 2021 年 9 月 2 日,捷成股份控制权方向已发生重要变动,在公司股权分布方面,虽然徐子

---

① 邬民江:《有偿征集上市公司股东投票权的合法性研究》,《人民法院报》2007 年 8 月 2 日第 6 版。

② 韩焱:《论我国表决代理权征集制度的完善》,吉林大学 2007 年硕士学位论文,第 23 页。

泉还在公司股权层面存在,甚至持股量巨大,但此时实际控制人变更为府相数科的周楠。最耐人寻味的是,公告显示本次表决权委托事项所涉及的权益变动不触及并购事项,但委托协议生效后,府相数科一方将为徐子泉一方提供不低于 7 亿元的资金支持。或许,这 7 亿元的资金才是此次捷成股份股东徐子泉转让控制权的根本目的,毕竟这些资金的来去之间较为隐晦,外界无从得知。① 换言之,这一表决权委托协议本质是上市公司控制权的变相有偿转让,因为此时的徐子泉虽然名义上是大股东甚至是控股股东,但在其将相关的股东权委托给他人的前提下,在重要人事变动和重大经营政策上,其无从行使股东权,再也无法对上市公司产生实质性影响。从权利本身来说,永久的、不可撤销的权利委托本身就存有问题。

违反无偿征集而进行有偿及变相有偿征集的类似情况也经常出现在公司并购当中。虽然法律都禁止有偿征集,但在实践中违反无偿征集而进行有偿和变相有偿征集的行为仍屡禁不止,在规定股东会纪念品的例外情形下更为突出。股东权代理征集关乎稳固权位、夺取股东大会控制权及实际控制公司等重要问题,尤其在代理权征集大战无法避免的情况下,如何保证竞争优势便是争夺双方的主要思考点,支付对价是有效手段之一,虽然这一手段目前为法律所禁止,但这并不意味着不存在任何问题。

(二) 无偿征集法律规范的理论反思

1.无偿征集核心概念界定缺失

从立法的演进过程可以发现,无偿征集的概念及内核并不明确,甚至于在具体表述上也前后不一。

第一,在概念界定上,法律只规定了行为模式,即规定征集方式应以无偿的方式进行并禁止以有偿或变相有偿的方式征集,并没有从无偿、有偿和变相有偿的含义上进行界定。概念对于行为识别来说极为重要,因为概念可以简明扼要地说出事物的内在机制,使社会主体一目了然、直截了当地认

---

① 熊锦秋:《应禁止任何形式的表决权有偿委托》,资料来源:http://opinion.hexun.com/2021-09-07/204312108.html。

知和认识复杂的客观事物,展现制度的本质特征、规律特性及实现方式。无偿意味着没有代价、没有报酬,相应地,无偿征集的定义似乎可以理解为:征集人在征集过程中不能通过给付"报酬"的方式进行。当然,也可以从禁止使被征集人从征集中"获利"的角度理解。但关键问题在于,"报酬"和"获利"如何认定呢? 这是无偿征集的本质所在。因为从实践考察来看,股东权代理征集中不仅有以金钱劝诱的,还有以价值不菲的"纪念品"吸引的,以及给予职位、增加薪水报酬、免费旅游、信用支持等事后利益承诺行为。

第二,在行为模式上,从立法过程中可以发现,立法者在"征集应当采取无偿的方式进行"和"禁止以有偿的方式征集"两种具体表述上进行选择与组合。"无偿征集"是否等同于"禁止有偿征集",目前来看,立法对此的考虑似乎也不是很清楚,因为其不仅对二者进行过取舍,还将二者做并列处理。此外,立法上还有"禁止以变相有偿的方式征集"的行为模式,同样的问题是,何为"变相有偿"? 实践中价值不菲的纪念品属于变相有偿征集么? 征集人不征集股东的委托书,而是通过签订表决权拘束协议,直接购买股东的表决权,股东无需交付委托书,仅需按照协议支持征集人赞成的议案,此也发生与征集委托书相同的效果,其是否是变相有偿征集呢? 这些问题暂时不得而知。

无偿征集方式并非从最开始就为市场所认定,到底是采用有偿征集还是无偿征集抑或二者兼之,这在法理上曾存在较大的争议,立法实践中也存在不同的选择。主张有偿征集的观点认为,即使是禁止有偿征集,使经济能力强的征集人不能借由股东权代理征集而成功选任董监事,但是这种禁止也不能保障贤能者会成功当选公司经营管理层。有偿征集在实践中已成为企业文化的一部分,立法禁止或许会使其转为地下交易,更难以规制。[①] 何况,公司治理的重点在于公开原则,若各股东充分了解公司和候选人的资讯,那么有偿与否便不会干扰股东的判断,若候选人成功当选后存在权利滥用等问题,这便应当由《公司法》等法律进行规制。价购不宜视为必然发生

---

① 王文宇:《新公司法与企业法》,中国政法大学出版社 2003 年版,第 163 页。

掏空,是否会图谋私利与取得委托书时是否有偿无绝对关联,不管有偿无偿,会掏空公司的就是会掏空公司,主管机关应该努力的方向是建立一个无论有偿或无偿取得委托书者,取得经营权后,均不会掏空公司的法制环境。但反对有偿征集、主张无偿征集的观点也明确指出,如果允许通过支付对价的方式取得代理权委托书,这将在结果意义上使经济能力强的人当选为公司经营管理层,在经营权与所有权分离的现代公司里,其将导致以能力专长选任董监事机制的失衡。而且,最重要的是,用金钱劝诱会极大地干扰股东尤其是中小股东的正确判断,向金钱对价看齐有时候可能会颠覆公司运行。其异化了征集制度的立法价值,同时还会带来规避分红规制、违背股东平等原则等问题。

从制度目的与起源进行研究可以发现,股东权代理征集制度的目的是使股东更有效地参与公司治理,提高参与积极性,以促进公司良好治理机制的运行和监督机制的完善,而无偿征集便是该制度目的达成的保障方式之一。该制度针对的对象是中小股东,从其特征来看,这些散户本身就不是很关注公司治理这一价值层面,大多数散户购入股票的目的主要在于获取股价差价而已,从顺序上来说,获取股息的目的都需排在获取股价差价之后,如果允许有偿征集代理委托书,用金钱刺激签署授权委托书,这势必有悖于股东权代理征集制度的设计初衷,这或许就是理解与明确无偿征集核心本质的基点。

2. 无偿征集的例外情形缺失

在无偿征集已蔚然成风且被写入正式法律文件的前提下,股东权代理征集的重点便聚焦在无偿征集的例外情形上,如股东大会纪念品等。从法律层面来说,在法律未明确禁止的前提下,这种例外似乎有一定的存在空间,毕竟新《证券法》和《暂行规定》仅对无偿征集进行原则性规定,操作性并不强。鉴于纪念品具有一定的特殊性,其价值层面的解释或许会成为规避法律的由头,因为现行法律制度中没有规定股东大会纪念品的种类,遑论其金钱价值界限。鉴于实践考察,当现实中存在征集人通过发放股东大会纪念品进行征集且各方主体就此发生争议的情形时,若法律对此无规定,其或许会给实践留下不小的难题。因此,法律需要解决如下问题:发放股东大会纪念品是否是无偿征集的例外？如果是,它的发放形式、价值认定应如何规范？如果不是,它能否会被认定为变相有偿征集？

在此,需要对股东大会纪念品成为无偿征集例外的缘由进行探讨。顾名思义,纪念品是纪念某个人或者某件事的物品,通常是以固体实物的形式而存在的,能长时间保存,可起到增进感情、加深印象的作用,其规格也很有讲究,小到成本无几的扇子、购物袋,大到价值不菲的高端、定制礼品等等。在中国,除本身的意义外,纪念品发放对吸引人群的重要性也不言而喻。因此,从纪念意义来说,股东大会纪念品是对广大中小股东积极参与公司经营的肯定和赞与,也能在一定程度上提高其积极性;从实用和经济的角度来说,一些纪念品也具有实用性和价值性,在征集活动中更能吸引和劝诱股东。然而,需要注意的是,股东大会纪念品的作用仅为纪念,如其的取得与股东出席股东大会或者授权委托书出具相挂钩,则存有较强的交换意蕴而具有价购投票权之嫌疑。

另外还有一个问题需要引起关注,一如前述捷成股份那样,投票权委托在当下我国证券市场成为一个热点话题,其法律效力引发各界争论。学术界讨论投票权价购的效力问题时认为一刀切地否定投票权价购、投票权信托以及投票权协议并不妥当,当投票权价购是为了实现公司即全体股东的最佳利益而不存在欺诈等情形时没有任何理由加以否定。[1] 投票权委托协议的效力同样也因为投票权的共益权属性限制、缺乏法律明确规定而备受争议[2]。不过,这一争议所指向的表决权安排主要发生在少数股东之间,并未发生在数量不确定的股东代理征集中。质言之,即便个别股东和股东之间做出有偿或变相有偿的表决权委托安排具有合理性需要肯定其效力,也不能当然得出股东权代理有偿征集的合理性。若依循这一观点,实务中可能出现两种态度截然不同的有偿委托:股东权代理征集因面向不确定的多数股东,不得有偿取得代理权;表决权委托因是股东与股东单个之间的协议,可以有偿获取代理权。这就为部分试图以有偿征集取得代理权谋取不

---

①　楼秋然:《试论公司法中的投票权价购》,《法大研究生》2015 年第 1 辑。

②　伍坚、李晓露:《上市公司协议转让控制权中表决权委托问题研究》,《经济与管理》2020 年第 6 期。

当利益的股东提供了操作空间：控股股东利用掌握股东名册机会，以提供一定利益为代价与股东签订表决权委托协议，并以代理人身份行使表决权，其在获得投票权的同时既豁免了信息披露，又为部分股东提供了利益。此以表决权委托规避代理征集规则的做法，不仅使得代理征集规则规范征集行为的立法目的落空，也使得保护中小股东利益的目的无法实现。出现这一问题的原因在于表决权代理制度与股东权代理征集制度之间协调度不够，存在规制空白。一个可行的解决办法是，可以考虑在严格规制股东权代理征集的同时，也对表决权代理进行限定，如规定代理人不得接受三个以上表决权委托。

3.违反无偿征集的后果及法律责任缺失

从无偿征集的立法考察来看，我国立法历程只有关于征集过程中应当采用无偿征集这一行为模式的法律规定，缺失违反该行为模式的法律后果，即如果征集主体采用有偿或者变相有偿的方式征集股东权，征集行为的效力及相关主体应当承担的法律责任并不明确，因为在此前的部门规章及其他规范性文件中，找不到相应的效力规定及责任规范。在责任承担方面，新《证券法》已有所涉及，明确规定违反新《证券法》第 90 条有关代理征集规则的征集行为将承担警告、罚款等行政处罚责任。这是一个进步，但仍存有不足。例如，在法律禁止的前提下，有偿或变相有偿征集而来的股东权代理委托书如何认定、代理权本身的瑕疵是否会必然影响代理行为的有效性等问题，现行法律都未曾涉及。

（三）无偿征集法律规范的优化径路

1.明确界定无偿征集的核心概念

立法应引入无偿征集的概念，明确行为模式规范。使用对价干预中小股东的股东权委托选择易导致股东大会及决议内容在实际上被金钱操纵，引发一系列道德风险。也正因如此，股东权委托书的有偿征集被普遍禁止。以较小的经济代价获得较多的控制力，这可能会增加决策的风险性，也就是说，一旦失败，征集人只需要付出有限的经济代价，一旦成功则会获得高额收益,但这更易危害股东民主。① 因此,明确无偿征集的本质非常重要。

笔者认为,无偿的本质在于使被征集人无法从征集活动获取"经济利益",而不是一般意义的"对价"。对价的概念范围比经济利益更广,对价的内涵是一方为换取另一方某种承诺而向另一方支付的金钱以得到该种承诺的代价。在征集活动中,被征集人对是否授予股东代理权必然有自己的利益考量,或为短期价值衡量,或为长期投资回报,因此,用对价进行限制并不准确,而用经济利益限制的好处在于简洁且一目了然,也能有效制止将股东权作为商品进行交易的行为。同时,购买认购权证作为取得委托书的条件,虽然没有直接因征集缘故向被征集人支付金钱,但购买认购权证本身也能给认购权证发行人(也即被征集人)带来其他经济利益,故而也应纳入有偿的范畴。

2.明确无偿征集的例外情形之股东会纪念品

鉴于我国特殊的国情,在无偿征集的例外规定上可以考虑保留股东会纪念品这一特殊例外。当然,法律需要对此进行规制以防止纪念品异化为变相的有偿征集。

现有立法实践通常规定,代为发放股东会纪念品不属于有偿征集,并规定纪念品由公司统一准备,上市公司即将就召开的股东大会发放纪念品时,必须统一纪念品的样式,以一种为限,当现有纪念品不足时,可以以价值相当之物进行替代。需要特别留意的是,为防止征集人利用纪念品发放的契机而行有偿征集之实,往往对代理征集过程中纪念品的发放持严格限制的态度,征集人仅有代为转交纪念品的权利,不得自行以等值的其他商品代替股东大会纪念品交付给被征集人。同时,由于允许上门拜访客户征集委托书,若拜访客户的目的仅为获取委托书,则除了转交股东会纪念品之外,不得再加赠其他商品。因此,在明确无偿征集的概念基础上,本着吸引股东注意、提高公司治理参与积极性的初心,未来《证券法》修订时可以允许股东权代理征集中股东会纪念品的存在。但需要注意细化制度规范:

第一,就股东会纪念品价值来说,应当限定某一上限值以防止该纪念品

---

① 刘素芝:《我国征集股东委托书法律制度的实证分析》,《法学评论》2007 年第 1 期。

价值过高造成变相有偿,当然,也可以通过规定纪念品价值不超过(特定时间上)股票价值的几倍等阈值范围加以控制。

第二,就公平公正来说,股东会纪念品应当由上市公司决定是否准备,具体的发放主体可以是征集人,且征集人仅仅处于代为发放的地位。

第三,股东会纪念品应以同一实物为原则,不宜做差别化处理。

当然,为使股东会纪念品更具实操性,法律可以作原则性的规定,具体处理权力下放至公司,由公司章程自行规定。

不过,即便如此,股东会纪念品也可能在表决权争夺战中被董事会滥用。公司高管为维护自身利益,以董事会名义征集表决权,同时董事会决定给所有股东发放纪念品,其本意蕴含着利用利益给付方式吸引更多股东对公司议案投赞成票的动机。这是其他征集人所不具有的独有优势,有着名为纪念品实为价购之嫌疑。甚至有观点认为,"董事使用公司财产影响表决权行使,违反了公司的基本制度,"[1]"也会产生浪费公司财产的风险。"[2]因此,在表决权争夺战中,为减少不必要的争议,还是控制纪念品比较稳妥。但在公司提供纪念品引发争议后,如何判断公司提供的纪念品是纯粹的谢礼还是表决权征集的滥用则成为重要的问题。日本学术界认为,应当从三个正当性进行判断[3]:一是目的正当性,其是基于不影响股东权利行使的正当目的提供的;二是金额正当性,纪念品的价值在社会公众观念允许的范围内,也就是符合常理常情常识,在社会性礼仪所认可的范围内[4];三是总额正当性,置办纪念品的总支出不影响公司的财产基础。这是从东京地方法院 2007 年 12 月 6 日判决的莫利特克斯案反向推导出来的判断标准。在该案中,董事会和股东争夺经营权,公司对赞同公司提案的股东行权发放价值

---

① 中村直人「上場会社の委任状勧誘規制について」,资料来源:https://www.tosyodai.co.jp/topics/nakamura/036/index.html。

② 末永敏和「委任状の勧誘—モリテックス事件を素材に—」永井和之＝中島弘雅＝南保勝美編『会社法学の省察』228 頁(中央経済社、2012)。

③ 葛巻瑞貴「委任状に関する規制」,资料来源:http://www.katsuramaki-law.jp/blog/2018/03/post-24-580139.html,2018 年 3 月 20 日。

④ 大阪株懇法規研究分科会資料「株主総会に関する法的諸問題(コロナウイルス感染症対応関連)」,www.kabukon.net/pic/study_2020_05.pdf。

500 日元的纪念卡,对此,法院认为,这一赠送金额虽然符合社会公众通常观念的范围,也很难说影响到了公司的财产基础,但其赠送的目的不是促进表决权行使本身,而是为了获得股东支持公司提案的表决权,故而违反了公司法禁止利益提供的规定。[①]

3.明确违反无偿征集时的法律后果

对于违反无偿征集的行为,英美判例法认为,委托书的买卖违反了"公共政策",而且导致了利益失衡,因此有偿征集所得的委托书无效;德国公司法学者认为,委托书的买卖违反了"会员权不可分"原则,因此委托书无效;日本商法第 493 条及第 457 条也明文禁止委托书的有偿征集。在 2020 年之前,我国关于无偿征集的规定集中于《上市公司治理准则》《上市公司章程指引》《上市公司股东大会规则》等指引类规范性文件,彼时的《公司法》及其相关司法解释以及其他法律、行政法规都未对此作出禁止性的规定,因此有观点指出,通过有偿征集而获得的股东权的合法性不可一概而论,应根据不同的情况,分别作出有效或者无效的认定。[②]

不过,新《证券法》第 90 条第 3 款明确规定:"禁止以有偿或者变相有偿的方式公开征集股东权利。"由于该款为强制性规范,若征集人征集行为被认定为有偿或变相有偿征集,则根据《民法典》第 153 条"违反法律、行政法规的强制性规定的民事法律行为无效"的规定,其征集行为因违反法律的强制性规范而无效。为进一步明确这一效力,可以考虑在《暂行规定》中明确将违反无偿征集要求的行为纳入非法征集范畴,与委托代理超越法定范围委托做同样处理:赋予召集人审查时的排除权,并明确征集的相关权利不予计算、不予认可。

四、强制性征集

(一) 强制性征集法律规范及实务样态

作为与自发性征集相对应的征集方式,从市场规律的角度来说,自发性

---

① モリテックス事件。東京地判平成 19 年 12 月 6 日判夕 1258 号 69 頁。

② 邬民江:《有偿征集上市公司股东投票权的合法性研究》,《人民法院报》2007 年 8 月 2 日第 6 版。

征集占据主要地位,强制性征集占次要地位。但有学者曾分析 2004—2017 年间上海证券交易所网站发布的共计 415 个股东权代理征集实例,14 年间的自发性征集稳定在平均每年 1.8 例,总体并无明显的上升趋势,[①]其余征集实例全为强制性征集。

此外,从巨潮资讯网粗略统计后发现,从 2018 年证监会修正《上市公司股权激励管理办法》以来,在 2019 年到 2021 年 12 月的 3 年时间里,A 股市场上公开征集股东表决权 99% 以上为强制性征集事项(即限制性股票计划和股票期权激励计划),也就是独立董事进行的征集。据有关统计显示,上市公司独立董事就股票、期权激励计划进行的委托投票权征集行为呈独占鳌头的特征,如图 2-2 所示。虽然新《证券法》对强制性征集并无明确的立法规定,但从数据统计来看,强制性征集在实践层面中确实由"例外"变成了"原则",成为最常见的征集方式。

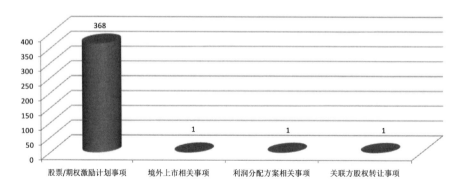

图 2-2　强制性征集事项分布统计图[②]

与强制性征集已成为证券市场中使用频率最高的征集方式的现实不相匹配的是,强制性征集制度建设相对滞后。换言之,强制性征集目的是为"中小股东提供行使投票权的途径"[③],给予"散户"更多的发声渠道,以更好地保护中小股东的利益,故相关立法将股东权代理征集作为一个必经的

---

① 张钦昱:《我国公开征集投票权规范性研究》,《投资者》2018 年第 3 期。

② 数据来源于证法笔记:《公开征集上市公司股东表决权相关问题分析》,数据统计时间为 2019 年 1 月 1 日至 2019 年 9 月 25 日。

③ 闻丽英:《我国股东投票权征集制度探析》,《西安财经学院学报》2014 年第 1 期。

程序予以规定。然而,从现实结果反馈来说,强制性征集似乎真的就变成了一个"流程",并没有发挥出真正的价值功用。查阅已公告的独立董事征集法律意见书,可以发现,绝大多数独立董事都未能征集到股东授权。这不得不让人反思独立董事强制性征集制度的效用问题。

（二）强制性征集法律规范的理论反思

1. 强制性征集制度供给不足

第一,从立法现状来看,强制性征集在我国没有明确的立法,新《证券法》并未正式引入强制性征集这一征集方式,它只出现在其他规范性文件的规定之中,[①]制度供给的权威性不足。

第二,从衔接性来说,虽然新《证券法》扩大了征集主体的范围,对征集主体的资格条件进行一定程度的明确,并新增了委托征集这一征集方式,《暂行规定》也对征集资格要件、信息披露、代理权行使、撤销、律师见证、监管体制等提供了相关制度,但并未针对强制性征集的特殊性提供相关规范。

2. 强制性征集主体范围过窄

强制性征集是对自发性征集的补充,也是法律对市场行为的强制介入,因此需慎之又慎。总的来说,法定的特殊主体需就关乎上市公司特殊的事项进行强制性征集。从征集主体来看,我国现行立法安排独立董事进行征集的意向非常明显,立法期望独立董事能够关注这些议案下中小股东合法权益的保护问题,能认真履行职责、维护公司整体利益。独立董事制度作为上市公司中一种独立的监督制度,本身强调的就是与公司无利益纠葛的第三方担任监督者时的专业性和客观性,从而形成新的制衡,以推动公司更好地发展。从制度初衷来看,独立董事制度完全有可能达成保护中小股东和上市公司利益的目标,因为它是独立于控股股东、实际控制人之外的第三方主体,它的任务是对整个职业经理层进行监督,工作性质并不存在重合,也没有利益冲突的可能性。从这个角度而言,它有助于公司健康发展,整体利

---

① 《关于规范境内上市公司所属企业到境外上市有关问题的通知》《上市公司股权分置改革管理办法》和《上市公司股权激励管理办法》。

益可以惠及全体各个股东。①

强制性征集作为独立董事的责任范畴之一,其核心在于借助独立董事的监督机制,解决上市公司大股东与中小股东之间的利益不平衡问题,让更多中小股东有发声的机会,参与公司决策经营。应然层面上,独立董事可以胜任该职责,但在实然层面中却并不一定。从立法设定强制性征集的目的角度进行分析可以发现,强制性征集的主体仅仅限定在独立董事这一范围内是不够的,在出现独立董事被"收买"或与征集事项有利益纠葛等情况时,独立董事集体"失声"也是极有可能的,②此时强制性征集的目的便无法顺利实现。

3.强制性征集事项范围不宽

强制性征集的核心本质决定其立法价值在于维护公司及中小股东的权益。目前,我国上市公司股东权代理强制征集主要适用于三个方面,一是针对境内企业分拆境外上市且董事、高管持股的,独立董事应当向社会公众股股东征集投票权;二是上市公司实施股权激励,独立董事应当向所有股东征集投票权;三是上市公司进行股权分置改革,独立董事应当向流通股股东就表决股份分置改革方案征集投票权。从三类事由来看,存在大股东和中小股东利益不一致甚至矛盾冲突的可能,具体而言,分拆上市的决策对公司的董监高以及大股东可能非常有利但不一定对中小股东有利;股权激励方案本身就仅针对董监高,通常与中小股东无缘,大股东同时兼任董监高时股权激励方案存在"自肥"③可能,沦为控股股东攫取中小股东利益的"隧道"④;股权分置改革需要解决的问题本身就是大股东与中小股东利益不一致的问

---

① 方流芳:《独立董事在中国:假设和现实》,《政法论坛》2008 年第 5 期。

② 曾洋:《重构上市公司独董制度》,《清华法学》2021 年第 4 期。

③ 自肥是日本公司法学界使用的一个术语,相当于英美法上所言的肥猫,意指公司的董事、高管自定薪酬的行为。

④ 股权激励方案其实也是薪酬方案之一。过高的薪酬通常被认为是控股股东利益输送的形式之一。所谓利益输送(Tunneling)是 Johson、La porta、Lopez-de-Silames 和 Shleifer(JLLS)在 2000 年提出的一个概念,原意指通过地下通道转移资产行为。在这里,JLLS 把它理解为企业的控制者从企业转移资产和利润到自己手中的各种合法的或者非法的行为,这种行为通常是对中小股东利益的侵犯。详见罗党论:《大股东利益输送与投资者保护研究述评》,《首都经济贸易大学学报》2006 年第 2 期。

题,股权分置方案也是大股东与中小股东利益博弈的结果。换言之,这些事项本身存在非常明显的利益冲突交易,引入强制性征集的目的试图发挥"遏制公司制企业的各方利益相关者从事那些减少公司价值的机会主义行为"①的作用,进而保护处于弱势一方的中小股东利益。然而,当出现上述三类事由之外的利益冲突交易事项,若上市公司股权结构较为分散且相关大股东需回避表决,经营管理层内部各方利益主体又僵持不下时,若无强制公开征集的相关法律规定,上市公司及中小股东的权益极有可能受到损害。

(三) 强制性征集法律规范的优化径路

1. 加大强制性征集的制度供给

有必要在更高层次的法律规范中构建强制性征集制度。考虑到强制性征集已然成为主要方式,一个相对比较可行的路径是,认真总结独立董事强制征集的效用以及可行的制度安排,在《暂行规定》中对强制征集事项、征集主体范围、征集主体的责任等事项进行规范,并及时总结制度运行绩效,修改完善相关规则,为未来《证券法》再次修订时将其法律化做好前期储备。制度构建过程中,特别注意调研实务中对强制性征集的需要,适度拓展强制征集事项,扩大强制征集主体范围,使其能更好发挥补充作用。因为,在事实上极有可能存在这一状况:某待决事项对上市公司非常重要,需要足够表决权才能通过决议,而现有的表决由于各种原因而无法实现该目标。

2. 扩大强制征集的责任主体

为更好保护中小股东的权利,应将投资者保护机构纳入强制征集的主体范围。目前,能启动强制性征集的主体只有独立董事一类,从保护中小股东权益的角度来说,这是远远不够的。因为若只允许独立董事进行征集,在成本控制和利益失衡的情况下,该机制会出现游离于中小股东之外的情况,以保护中小股东权利为重心的制度会流于形式。此时,若由注重中小股东利益保护的第三方机构来进行股东权征集,其被利益左右的可能性相对较

① 克拉克曼等:《公司法剖析:比较与功能的视角》,刘俊海等译,北京大学出版社2007年版,第2页。

小。因此,将投资者保护机构纳入强制征集的主体范围,也是股东积极主义的一种表现形式。与代征集人的定位不同,投资者保护机构作为代理征集的适格征集人之一,其主动性更强,正因此,需要充分发挥它的积极作用,不仅要发挥其自发性征集的作用,更要用好其在强制性征集方面对独立董事的特殊补充作用,前文所建议的投资者保护机构强制触发机制事实上就是强制性征集的范畴。

3.扩大强制征集事项范围

应扩大强制征集的范围,立法作兜底性规定,具体事项则由公司章程自行规定。从上文中的征集实践来看,征集人开启股东权代理征集的情形多为:当公司发生重大人事变动时,征集人试图支持与自己具有一致利益的董事、监事候选人,或反对与自己并非统一战线的董事、监事候选人;当公司经营出现僵局或经营政策出现新方向时;等等。从征集原因来看,其也可以被分为:内部经营理念发生分歧;非善意第三人争取经营权;新经营者想要加入经营(即董事、监事的角逐);现任董事、监事持股过低等等。① 目前,强制性征集涉及的事项只有境外上市事宜和股权激励计划两种,②无论是理论还是实践层面,这都过于狭窄,不利于全面保护中小股东的权益。从设计理念来看,强制性征集旨在就特殊的事项强行启动股东权代理征集制度,通过本制度将其他中小股东的表决权等股东权集合起来,提出或者通过对广大中小股东有益的议案,并形成与大股东相抗衡的力量,改变中小股东人微言轻的局面。

因此,从征集情形来说,强制性征集或许可以定位为"股东大会没有改选的议案,为召开股东会的目的或为公司经营政策而征集",这样才能避免权利滥用;从征集原因来看,强制性征集不应为争取经营权、董事角逐等事项征集,其应是"股权激励"等利益冲突交易可能有损中小股东权益的事项,凡是可能存在大股东与中小股东"利益冲突"的议案,均应纳入强制性征集的范畴。然而,何为利益冲突交易本身很难界定,为减少制度适用中的

---

① 方元沂:《从股东权益保障检讨征求委托书制度》,《财产法暨经济法》2020 年第 6 期。
② A 股主板的股权分置改革早已完成,强制征集的必要性已然不存在。

争议,可考虑详细列举+兜底式立法技术。详细列举的事项可以考虑以下事由:分拆上市方案、股权激励方案、重大资产转让方案。前两个事由是现行制度中的事由,后一个事由因涉及到中小股东投资预期的重大改变,应当充分听取中小股东意见。同时规定"法律法规规定的或中国证监会确定的其他情形"这一兜底式条文,为制度灵活适用留下空间。不过,强制性征集范围也不宜过于扩大,其范围的确定可考虑法律规定外加章程自治的方式,除法律规定的具体事项外,授权上市公司章程另行规定具体事项,从而实现法律强制性规定与公司自治的灵活性拓展的有机结合,满足公司治理多元化的需要。

五、竞争性征集

(一) 竞争性征集法律规范及实务样态

竞争性征集在国外证券市场中非常常见,在 2006 年这一年内,美国公众公司(publicly hold corporation)先后共发生约四十起竞争性征集的案例。我国竞争性征集的出现时间大约是在 21 世纪初。[①] 最典型的例子是电广传媒的股东权代理征集案。2004 年 8 月,为了解决资金侵占的积弊,电广传媒的经营管理团队制定了"股份回购抵债"的方案,试图将回购应付价款与控股股东侵占上市公司资金所形成的负债相抵消。2004 年 8 月,为了确保"以股抵债"方案的顺利通过,该公司四位独立董事作为征集主体对外披露征集公告,正式向电广传媒的全体流通股股东征集股东表决权,以增加成功预期值。但是,电广传媒的中小股东周某、张某等人则对此方案表示不予赞同,他们对该问题提出了不同的解决方案即"以股返本"方案。[②] 同样地,为扩大议案的支持率,周某、张某等人也公开向电广传媒的全体流通股股东征集表决权,至此,电广传媒股东代理权争夺战正式拉开序幕。不过,由于

---

① 伏军:《公司投票代理权法律制度研究》,北京大学出版社 2005 年版,第 8 页。

② 《张卫星提出"以股返本"上报证监会和国资委》,资料来源:http://finance.sina.com. cn/roll/20040811/081515529t.shtml? domain=finance.sina.com.cn。即流通股股东以初始价格作为基准,冲减其持有的上市公司股份。

周某、张某等人在争夺战中出现沟通成本过高、信息无法及时传递等问题，该争夺战最终还是由独立董事获得了胜利。

有学术文献使用"对抗性征集"与"非对抗性征集"来描述代理征集的两种样态，非对抗性征集主要代指征集人对对外担保、股东提供担保、合并分立、对外投资等事项征集表决权以阻止相关决议通过的行为，而对抗性征集主要代指公司控制权争夺下的代理征集。本书借用这两个术语，用以代指实务中竞争性征集的两种状况：一种状况是两个以上的征集人就同一议案征集股东权，其权利主张相同，被征集人将股东权授权委托给任意一个征集人并不影响股东权行使的结果，征集人之间不存在非此即彼的竞争对抗关系，故将其称作为非对抗性竞争征集。另一种状况是两个以上的征集人就同一议案征集股东权，但存在截然相反的权利主张，被征集人将股东权授权委托给一方就意味着另一方支持减少，征集人双方是非此即彼、你死我生的竞争对抗关系，故将其称作为对抗性竞争征集。前者如前文提到的 ∗ST凯瑞两个独立董事分别征集表决权，主张相同，虽有竞争，但无对抗性。后者如电广传媒 2004 年的征集，中小股东周某、张某与独立董事之间的主张截然相反，中小股东获得被征集人支持，就意味着独立董事失去相应的支持；独立董事获得授权，则意味着中小股东相应授权份额的流失，彼此间对抗性非常强。

竞争性征集在我国证券市场里并不缺乏实践，然而我国的制度供给中尚无踪迹，在未来法律层面的完善中，应思考对竞争性征集持何种态度，以及如何构建一个相对公平、有序的竞争秩序，与一般的征集程序有何不同等问题。

（二）竞争性征集法律规范的理论反思

1.现行立法遗漏竞争性征集

纵观我国关于股东权代理征集方式的立法可以发现，竞争性征集这一具体的征集方式一直处于被遗漏的状态。实践中激烈的竞争性征集并未得到法律制度的正式支持，不仅缺少引导有序竞争、公平竞争的规则，同时还缺失对竞争性征集行为的监督机制。如果法律对竞争性征集一直秉持漠视的态度,那么这种竞争极有可能走偏方向,出现权利滥用的情形。实务样态的发展要求制度供给亟需跟进。

2.管理层优势地位为竞争性征集带来障碍

有观点指出,董事会对公司的既有控制权是中小股东竞争性征集面临的一个主要障碍,[1]因为相较于持异议的中小股东而言,董事会这一现任管理层在竞争性征集中具有天然的优势地位。[2] 在现代上市公司股权分散的前提下,董事会实际上成为公司的掌权人。从我国《公司法》第46条第2项的规定可以看出董事会对公司议案的掌控度,董事会可以提出议案,还可以通过股东权代理征集等方式在短时间内获取更多的表决权以增持胜算,也是顺利通过的议案的具体执行者,[3]因此其在上市公司治理结构中处于核心地位。管理层可通过设定股东大会的召开日期、支配提案和表决的议程、掌控股东名册等等,都为竞争性征集的实施人为制造障碍。

3.竞争性征集滥用的预防机制缺失

竞争性征集是夺取公司控制权的形式之一,其以"低成本高效益"闻名。相较于敌意收购,竞争性征集发起的事项多集中于特定公司政策和董事选任,并不会直接导致公司股权的重大变化。实证表明,无论竞争性征集的结果为何,该上市公司的股价基本上呈上涨态势,[4]故竞争各方当事人都有可能成为滥用这一方式的主体。对现任管理层来说,董事会的成员在未能实现股权价值最大化的情况下,为了保有职权,多会利用职位优势和信息偏差遏制其他异议股东;[5]对异议股东来说,为了高价抛出股票和敲诈现任管理层及公司,以发起或继续竞争性征集为手段,以达到扰乱股市或迫使董

---

① 周冰:《上市公司表决代理权征集的制度探析与法律规制》,《证券法苑》2020年第2期。

② FranklinA,"Proxy Contests",*California Law Review*,Vol. 78,(1990),p.1071.

③ 李红润、王利娟:《上市公司表决代理权征集主体的董事会中心主义》,《河南教育学院学报(哲学社会科学版)》2020年第1期。

④ P.Dodd & J.B. Warner,"On corporate governance:A study of proxy contests",*Journal of financial Economics*,Vol.11,No.1-4,(1983),pp.401-438;Pound,J.,"Proxy contests and the efficiency of shareholder oversight",*Journal of financial economics*,Vol.20,(1988),pp.237-265.

⑤ 罗伯塔·罗曼诺:《公司法基础》,罗培新译,北京大学出版社2013年版,第513页。

事会答应自己的条件①的目的。所以,为了防止竞争各方权利滥用,我国还应在诸如竞争程序、信息披露和费用承担等具体制度的构建上进一步强化透明、公平的竞争机制。②

(三) 竞争性征集法律规范的优化径路

1.明确并鼓励竞争性征集

在立法态度上,法律不应禁止竞争性征集,应当明确确认此类征集方式,甚至可以对此持鼓励态度,通过法律规则的设计进行规制。有观点认为,使公司和股东成为最终受益者是市场竞争下优胜劣汰的理想状态,明确并对竞争性征集进行规制的价值意义在于使竞争各方的权利与义务达到一个相对平衡的状态,③尤其当管理层、经营者与小股东同为征集主体或者大股东、实际控制人与小股东同为征集主体时,彼此因经营理念、公司运作等问题发生争议而出现竞争性征集,作为小股东的征集主体往往处于劣势地位,因此制度设计需要突出考量便利中小股东参与竞争性征集活动。

2.减少中小股东发起竞争性征集的障碍

竞争性征集的核心本质在于确保竞争的公平性和有效性,鼓励中小股东积极行使权利,倒逼公司管理层进行综合利益考量,促进公司的发展与进步,这也是其制度构建的出发点。虽然竞争性征集和单一性征集的基本程序没有显著的区别,但对二者的法律规制却遵循着截然不同的逻辑。虽然董事会对公司的控制权是既成事实,但也可通过制度设计弥补中小股东的弱势地位,消除其发起竞争性征集的障碍,这可以从成本负担规制、股东名册的获取和区别化的信息披露义务角度入手。

(1)减少中小股东的成本负担规则

美国关于征集成本负担的通行做法是,持异议的中小股东只有在董事

---

① L.A.Bebchuk & M. Kahan,"Framework for Analyzing Legal Policy towards Proxy Contests, A.",*California Law Review*, Vol. 78,(1990),p.1071.

② 王淑梅:《发达国家委托投票征集制度特点及启示》,《求索》2004 年第 4 期。

③ 当有多个征集主体时,制度设计偏重是不同的,这种偏重主要存在于大股东和小股东之间、经营层和小股东之间。

会或者股东大会过半数表决通过其提交的方案后,中小股东的支出成本才能转为公司财政负担,也就是说,异议股东必须先在竞争性征集中取得成功才有可能让上市公司负担征集成本。① 这种做法无疑加重了异议股东的成本负担,本书认为,为正确发挥竞争性征集的正向作用,减少异议股东发起竞争性征集的障碍,立法不应将征集的成功与成本补偿相关联,异议股东的成本支出应当由公司财政无条件地负担。② 但是,无条件补偿征集成本可能带来的另一个问题是,异议者可能会动辄发起竞争性征集,无意义的竞争性征集数量将无限扩大。此时,或许可以借鉴美国"比例补偿"的方案,③该方案的运作机制在于将异议股东的受偿额与有效征得的股东代理权相关联,以有效遏制滥用竞争机制的行为。

(2)股东名册的获取问题

在股东名册的问题上,日韩国家规定,上市公司的股东和债权人等利益相关者可以查阅或抄录公司股东名册,不受其他限制。也有立法例对此持谨慎态度,股东和债权人仅能就利害证明文件对上市公司的股东名册进行查阅,股东尚且不能仅以股东权代理征集为由,尤其是为争得公司董事、监事席位时,向公司申请查阅或者抄录股东名册。④ 一般来说,面对异议股东获取股东名册的申请,董事会都会尽可能拒绝,尽管异议股东有诉讼获取的选择,但这并不是最佳的路径。为了防止董事会在股东信息上设置障碍,美国 SEC 规则规定,当管理层面对股东名册的获取请求时,要么迅速提供股东名单和地址,要么自己代行,以提出要求的股东名义寄送相关的资料。⑤

(3)区别化的信息披露义务

一般来说,股东权代理征集中披露的文件应当至少包括授权委托书和征集公告两个文件,在竞争性征集中,这两个文件的披露要求更具特殊性。

---

① StephenM.Bainbridge,*Corporation Law*,*3rd ed.*,New York:Foundation Press,2015,p.283.

② 周冰:《上市公司表决代理权征集的制度探析与法律规制》,《证券法苑》2020 年第 2 期。

③ Frank D.Emerson & FranklinC.Latcham,*Proxy Contests:A Study in Shareholder Sovereignty*,California Law Review,Vol.41,No.3,(1953),pp.393-438.

④ 吴志光:《股东不得因征求委托书而抄录股东名簿》,《理律法律杂志》2005 年 5 月号。

⑤ 梁上上:《论股东表决权——以公司控制权争夺为中心展开》,法律出版社 2005 年版,第227 页。

征集公告是股东权征集信息披露中的基本书件,一般应当要求全面、具体地对征集行为的各个方面进行详细披露。但在竞争性征集中,针对不同的征集主体和征集事项,宜制定区别化的披露规则,尤其是在大股东和中小股东竞争征集时或在管理层、经营层与中小股东竞争征集时,此时的信息披露制度设计需要有一定的偏差。例如,美国投票权征集规则就针对不同的征集主体如内部股东(当权者)与外部股东(在野者)规定了不同的披露事项。① 授权委托书是征集主体获得股东授权的基础文件,一般应当要求其披露征集目的和征集事项等核心内容,以防止出现恶意征集,扰乱股市,损害中小股东的权益。

区块链技术的引入也有利于落实差异化信息披露义务,减少大股东或管理层与小股东竞争时的沟通成本。其实沟通成本问题一直存在于非管理层或内部实际控制人的征集过程中,只是在竞争性征集中表现得更明显而已。为了构建一个更公平的竞争秩序,有必要在立法上做一定的倾斜设计。例如,在湖南电广传媒投票权征集案中,据报道,作为征集主体的中小股东只征集到不足 40 万股的投票权,很大部分的原因是"持异议的中小股东无法像公司另外的竞争者(独立董事)那样刊登公告来征集投票权(因为需要高昂的广告费和媒体费)"和"有投资者想委托持异议的中小股东投反对票,却无法获知他的联系方式(因为信息传递的困扰)。"显而易见地,类似于信息传媒宣传问题带来的成本极大地妨碍了竞争性征集的效果,而区块链技术在公司治理中的应用则为股东主动行使知情权提供了技术上的支持。此外,针对上市公司的管理层、经营层及大股东等联合信息造假的问题,区块链信息不可篡改的特性恰好能够解决信息真实问题。

3. 提高信息披露的标准

(1)强化竞争性征集公告的内容对比

当两个征集程序并不是同时进行时,为防止董事会利用信息优势"棋高一着",可考虑规定后发布的征集公告同步披露与之前竞争性征集公告的内容对比,或者规定公告内容必须包括提示股东注意之前的竞争性征集

---

① 张钦昱:《我国公开征集投票权规范性研究》,《投资者》2018 年第 3 期。

公告,以此消减竞争性征集主体之间的信息偏差。毕竟在竞争性征集中,竞争双方都需要单独准备征集材料,通过上市公司进行公告披露,劝诱股东授予自己股东代理权,以最终实现对董事会组成或公司政策的控制。[①] 而现任董事会又极有可能是股东大会的召集人,对征集事项和流程更为熟悉。不过,美国 SEC 在 2021 年 11 月 17 日修改通过的新委托书规则,要求在有竞争的董事选举中使用单一的"通用"的委托书卡("universal" proxy card),将竞争双方所有提名的董事候选人名单和信息"混搭"一体呈现。通用委托书卡的出现,改变了原有竞争性征集中被征集人不能在两个竞争名单中"混搭"人选的弊端,有望使股东更容易地依其意愿在竞争董事名单中分配他们的选票。[②] 应该说,美国 SEC 在董事竞争征集中的做法更为激进,但出发点均相同,都是试图通过统一的信息披露为股东提供更为全面的对比信息,便利股东决策选择。

(2)突出竞争性征集中的特殊内容披露

从域外立法经验和国内实践来看,这是规范竞争行为、引导有序竞争秩序的良方。胜利股份一案就是典型的两大股东之间关于控制权的竞争,尽管胜邦在该案中并没有通过征集股东权的方式进行竞争,但该案仍有许多可以思考的地方,因为征集主体和上市公司在信息披露的表现并不好。第一,在征集目的上,作为征集人的通百惠公司并未披露争夺控制权的真实目的,而是以网络经济、生物产业作为公司发展方向为噱头,试图引起中小股东的青睐。第二,在竞争过程中,胜利股份原董事会实际是以胜邦所持有的股份来作为对付通百惠的武器,因为胜邦公司与胜利股份之间本身是具有关联关系的两个公司,而对于这一关键点,广大的中小股东并不知情。第三,胜利股份于 3 月 7 日方才详细披露其前几大股东间复杂的关联关系,以及公司董事长的双重身份(董事长徐建国本人当时既是胜邦的法人代表,

---

① 斯蒂芬·M·贝恩布里奇:《理论与实践中的新公司治理模式》,赵渊译,法律出版社 2012 年版,第 182 页。

② 刘连煜:《征求委托书战争的新改革》,资料来源:https://www.chinatimes.com/cn/newspapers/20220419000152-260209? chdtv。

也是胜利股份董事长）。① 质言之，在信息披露内容上，关于竞争双方与征集事项、公司之间利害关系、征集目的等内容需要突出强化。

在竞争性征集中，被征集人需要根据披露的相关信息进行判断和抉择，慎重地选择授权的对象，强化信息披露有利于减少其逆向选择和异议者的道德风险。虽然新《证券法》第90条第2款对征集文件披露及上市公司的配合义务做了强制性规定，《暂行规定》第17条对征集人应当配合提供相关信息及材料进行了明确，②但在披露要求和标准上两份文件并未做出明确规定。当然，除征集目的之外，各方征集人还必须就持股现状、与其他征集人的利害关系、与公司的利害关系以及是否出任公司职务即与公司的关联交易等情况进行披露。在美国 Berkman.v Rust Craft Greeting Card, Inc.一案中，由于上市公司董事会未能披露候选董事和公司存在的利益冲突，因而被法院认为征集书本身存在误导，该董事会违反了禁止虚假陈述的义务。③正如前文所分析的，这种情况在实务中并不少见，许多征集人都将公司政策与人事变动相交织以混淆视听。例如在广西康达投票代理权征集案中，征集报告历数现任管理层的失败，认为对方是造成经营困难的重要原因，自己的征集行为旨在改善公司管理结构、调整产业结构等，实际上，征集人的直接目的在于更换公司董事成员，加入公司管理层。

---

① 周俊生：《胜利股份：一场别开生面的股权之争》，《改革先声》2000年6月30日。

② 《公开征集上市公司股东权利管理暂行规定》第17条：征集人出席股东大会并代为行使表决权的，上市公司应当在公告中披露以下信息，征集人应当配合提供相关信息及材料：（一）征集获得授权的股东人数、合计持股数量及持股比例；（二）征集人是否按照已披露的表决意见和股东授权委托书中的指示内容代为行使股东权利；（三）征集事项相关提案的表决结果；（四）其他应当说明的事项。

③ Berkman v. Rust Craft Greeting Cards, Inc., 454 F. Supp. 787(S.D.N.Y. 1978).

第三章 我国股东权代理征集制度事中规范及完善

第一节 信息披露

一、法理解读

（一）缘起

信息披露制度来自 1844 年的《英国合资公司法》。信息披露制度与公司资讯的揭露和取得息息相关,具有执行效力和通知公众的功能,充分的信息公开可以平衡股东与董事在委托书征集中的地位,并为几乎不参加股东会的股东带来了解议案内容的机会。

学界围绕信息披露的必要性展开激烈讨论,形成了股东真实意思表现说、股东利益保护说、信义义务理论三派观点。

1. 股东真实意思表现说

股东真实意思表现说认为,信息披露制度能够最大程度上克服信息不对称的问题,能够尽量保障投资者获得准确完整的信息,进而做出投资决策;也为广大投资者公平地分享信息提供了保障,因而成为证券法的基石。市场研究采用"经济人"假设,认为任何主体均可以自己利益最大化方式行事,若无法律规制,则当个人利益与他人利益相冲突时,必然无视他人利益。股东关系亦然。公司经营者与公司或股东之间、大股东与中小股东之间存在差异性利益,征集人和股东也会出现目标不一致的问题。如果征集人滥用代理权征集,作出欺诈、误导等恶意征集行为,被征集股东就容易作出意思表述不真实的授权委托。[①]

2. 股东利益保护说

股东利益保护说认为,代理权征集天然存在信息不对称,不同征集主体对信息披露有不同需求,中小股东由于缺少对公司的控制管理能力,若不主动披露则会导致潜在的被征集者无从知悉;其他如控股股东、董事会等当权者则拥有巨大的信息优势,需要主动信息披露,避免有所隐瞒或披露虚假信息损害中小股东的利益。为避免被征集股东在不知情或被误导的情况下作出与其利益相悖的授权,加强征集人的强制信息披露义务就成为规制征集活动的重要制度。信息披露能改变反对派股东在委托书争夺中事实上的不利地位,平衡争夺双方的权利与义务。一方面能够矫制公平竞争,对反对派股东作为征集人的资格加以必要限制,以防止少数投机分子制造题材在二级市场上进行炒作,干扰上市公司的正常经营。另一方面则是继续强调对上市公司管理层的制约,即对于反对派股东在委托书争夺中的合法权利和要求,不得拒绝或加以阻挠。

3. 信义义务理论

信义义务理论也可用于解释股东权代理征集滥用的规制。在公司法和证券法领域,普遍存在信义义务。法律为了保护受益人或委托人的利益,防止受信人滥用权利,以确保双方的信任,则要求受信人对受益人或委托人负有信义义务。在代理征集实务中,通过公开征集,被征集人信赖征集人,将自己的提案权、投票权委托给征集人,作为被征集人的股东处于相对弱势地位,征集人处于相对强势地位,二者之间的法律关系符合信义关系,因此征集人应当对被征集人承担信义义务。强制征集人充分披露征集目的等相关信息,通过使被征集人充分知悉征集人是否履行忠实义务和注意义务的信息,来加强对代理权征集滥用的规制。[②]

---

① 苏虎超:《我国上市公司委托书征集立法研究》,《政法论坛》2001 年第 6 期。
② 董新义:《论上市公司股东代理权征集滥用的规制——以新〈证券法〉第 90 条为对象》,《财经法学》2020 年第 3 期。

（二）独特价值

征集人之所以能够促使被征集人产生明确的意思表示,关键在于征集人与被征集人之间存在着显著的信息不对称,征集人通过信息的提供、解释和说明等方式将信息传递给被征集人。[①] 在这个过程中,被征集者处于相对弱势的地位,其判断受征集人行为的影响,其决定基于征集人所披露的信息。

美国的表决权征集制度已经形成了较复杂的一套体系,在信息披露上也是如此。例如,1964 年,美国修订了《证券交易法》,在关于公司义务履行之处增加了公司的责任,其规定上市公司应在日常经营过程中定时向 SEC及公司股东寄送相关资料,包括但不限于公司业务经营状况、人事关系等,上市公司必须保证这些日常、定时寄送的材料与其在进行征集行为时向股东披露的相关信息保持实质一致。总的来说,该款修订的目的在于贯彻信息披露原则,确保股东能定期知悉公司的有关情况。[②] 在该原则上,美国试图达到的目标是,通过对披露要求的设计,确定征集主体的披露义务,使股东的判断能力接近真正参加股东大会时的标准,从而使其遵从内心进行抉择,以达到平衡征集者与其他股东的权利义务的目的。[③] 当然,从公司治理的角度来说,无论股东权代理征集规则设计的方式如何,公司管理的治本之道都是公开原则,只有将信息充分披露原则实际落实,才能为广大公众投资者提供正确的信息资讯,这也有利于设计出更公平的股东权代理征集制度规则。

因此,股东权代理征集制度的核心原则之一是信息充分披露原则。这一原则也与一般的信息披露基本原则没有区别。原因在于,股东权代理征集同样属于证券交易活动,自然应统摄于《证券法》规定的信息披露原则之

---

① 张彬:《股东表决权征集规则的功能定位与制度构建——以上市公司中小股东保护为中心》,《商法界论集》2020 年第 6 卷。

② 该款增订前,现任经营者如果能够掌握足够的股权或者出席股东能满足法定人数时,便可规避该规则的适用,使得股东于开会前无法得知公司的真实情况及提案的内容。

③ 谈樨华:《初论委托书征集的法律规则——以美国法为研究中心》,厦门大学 2006 年硕士学位论文,第 11 页。

下。不过,代理征集信息披露与一般的信息披露相较有其特质性,呈现出特殊的制度要求。股东权代理征集信息披露与一般信息披露存有明显的差异:[①]第一,主体不同。一般的信息披露中,发行人、控股股东等上市公司的"当权者"是信息披露义务人,而在股东权代理征集中按"谁征集、谁披露"的原则确定信息披露义务人。第二,功能不同。一般的信息披露是为了保障监管部门及中小投资者及时获悉与上市公司股价具有较大相关性的信息,以便迅速作出相应的监管及投资决策。但代理权征集中信息披露除上述功能之外,还可帮助征集人劝导、说服潜在的被征集人委托其行使股东权利。第三,关注重点不同。一般的信息披露是以"投资者决定是否进行投资时需要知悉的信息"为关注点,代理征集的信息披露以"投资者决定是否授权行使股东大会召集权、提案权、投票权等股东权所需要知悉的信息"为核心,各国证券立法监管代理征集行为的主导精神是"保证被征集人在获取所有可能影响其作出投资决定的重要信息(充分知情)的基础上来做出投票决定或选择"[②]。因此代理征集信息披露的重大性不在于其自身能否直接影响公司的财务状况、是否具备财务上的重大性,而在于其能够影响股东"是否委托征集者代为行使股东权"的决策。[③] 第四,及时性要求不同。新《证券法》设专章规定了一般的信息披露义务规则,其中多次强调了对信息披露的及时性要求,而与之相对,代理征集的发起是基于征集人的意愿,法律层面对代理征集信息披露及时性要求虽有强调,但迫切性并不太强。

二、立法评价

(一)立法现状

1. 我国股东权代理征集信息披露制度立法现状

股东权代理征集信息披露规则散见于部门规章、证监会制订的规范性

---

① 龚乾厅:《上市公司代理权征集制度中信息披露规则的完善》,《重庆文理学院学报(社会科学版)》2022年第3期。

② 苏虎超:《我国上市公司委托书征集立法研究》,《政法论坛》2001年第6期。

③ 范黎红:《投资者保护机构公开征集股东权利的法律规制》,《证券市场导报》2022年第7期。

文件中,立法中第一次出现是在《股票发行与交易管理暂行条例》第 65 条,该条规定,"股票持有人可以授权他人代理行使其同意权或投票权,但是,任何人在征集二十五人以上的同意权或者投票权时,应当遵守证监会有关信息披露和做出报告的规定。"这也是我国关于征集股东委托书行为信息披露的最早法律规定。此时,代理征集的信息披露并未单独设置,而是与公司其他重大事项共同适用上市公司信息披露的规则。

2002 年 1 月《上市公司治理准则》第 10 条规定:"上市公司董事会、独立董事和符合有关条件的股东可向上市公司股东征集其在股东大会上的投票权。投票权征集应采取无偿的方式进行,并应向被征集人充分披露信息。"这一条款明确了征集股东委托书信息披露的基本要求是"充分披露"。

同年出台的《操作指引》主要参考美国现行投票代理权制度的内容,首次对信息披露设置了四个方面的制度:第一,关于信息披露的门槛。《操作指引》第 2 条规定,任何通过非公开方式取得的投票委托书不得超过十份,否则即应遵守本操作指引有关信息披露的要求,通过公开征集投票权的方式取得。第二,委托书的内容。《操作指引》第 3 条规定,投票权委托书应包括征集者身份、持股情况、股东大会的时间地点等 11 项内容。第三,备案程序。《操作指引》第 5 条规定,征集人应当将投票权委托书等材料在向股东发送前 10 天向监管部门报送。第四,禁止事项。《操作指引》第 6 条明确罗列了有偿征集、虚假陈述、重大遗漏等八类行为。总体来说,该指引在信息披露规则的建设方面具有一定的开创性意义。

2016 年修订的《上市公司章程指引》第 78 条规定:"公司董事会、独立董事和符合相关规定条件的股东可以公开征集股东投票权。征集股东投票权应当向被征集人充分披露具体投票意向等信息。"相比之下,在充分要求之下列举了具体投票意向等需要披露的内容。

我国《证券法》在修改中,多次涉及"征集投票权制度",最终在新通过的《证券法》中对信息披露问题进行了较为原则性的规定,第 90 条第 2 款规定,"征集人在进行代理权征集行为的时候应当进行信息披露,上市公司应当予以配合。"这一条明确了代理征集的信息披露义务人以及通过上市公司披露的要求、上市公司信息披露的配合义务等内容,但仍未涉及征集目的、征集内容、征集方式及程序等规定,违法披露责任不明,内容缺乏完整性。一项针对机构投资者的调查显示,征集的信息披露与征集操作流程、提升征集便利度、完善违法征集的法律责任成为我国股东权代理征集制度需要完善的四个重点。① 基于此,《暂行规定》对信息披露进行了较大力度的制度建设,亦如《暂行规定起草说明》所述那样,规定了征集人、上市公司、召集人的信息披露义务,明确征集公告、授权委托书、行权结果公告、法律意见书等重要信息披露文件的必备内容以及披露时限、渠道要求等。② 相较于之前的规定,《暂行规定》为股东权代理征集信息披露规则提供了基本框架,在立法上做出了实质突破,较好为代理征集信息披露提供了制度支撑。

2.现行制度基本内容

(1)信息披露的基本原则

《暂行规定》第9条明确提出如下信息披露的基本原则:

第一,真实披露。披露的信息应当真实、准确、完整,简明清晰、通俗易懂,符合相关信息披露要求或格式指引,不得有虚假记载、误导性陈述或者重大遗漏。这是证券信息披露的基本要求。

第二,依法披露。严格依照《证券法》信息披露有关规定、《暂行规定》有关信息披露的要求进行披露。

第三,充分披露。《暂行规定》要求披露"股东作出授权委托所必需的信息",凡是与股东作出授权委托决策所"必需"的信息都是需要披露的信息。

第四,多渠道披露。《暂行规定》设置了规定渠道和其他渠道两个渠道,并对两个渠道的信息披露关系进行了明确。具体详见第一章的分析。

(2)不同主体的信息披露义务配置及披露内容

第一,征集人披露义务。信息披露是证券市场活动不可或缺的要求,也是保证股东权代理征集有序进行的核心规则。股东权代理征集过程中,征

---

① 张子学:《机构投资者:上市公司治理的看客?——国内机构投资者参与治理的意愿、难点与建议》,《董事会》2022年第1期。

② 《〈公开征集上市公司股东权利管理暂行规定〉起草说明》,资料来源:http://www.csrc.gov.cn/csrc/c101954/c1605915/content.shtml。

集的信息涉及三方主体,分别是上市公司、征集主体、被征集人(股东),只有征集主体充分进行信息披露,中小股东才能清晰地了解征集事项,明白待决事项与自身利益的关系,才能真正作出符合自己需求的授权委托。征集主体充分的信息披露对公司而言,便于股东充分讨论、知晓待决事项,利于决议的推进。为避免征集主体可能出现的道德风险,信息披露的内容是征集事项、征集程序等相关内容,信息披露的义务主体应是征集主体。[1]《暂行规定》也是如此进行的配置,第9条直接明确信息披露义务人就是征集人。其需要披露的内容包括:第11条、第12条规定的征集公告,第19条、第20条的提案权征集披露,第21条的提案权征集结果公告,第23条的见证律师见证意见公告,第24条的撤销征集公告。

第二,召集人披露义务。召集人在代理征集活动中的信息披露义务主要发生在以下几个环节:一是事后发现征集人不符合征集条件。《暂行规定》第11条规定,"召集人配合征集人披露征集公告后方取得证据证明征集人不符合条件的,应当披露征集人不符合条件的公告和律师出具的法律意见。"二是征集人征集过程中失格。《暂行规定》第12条规定,"征集公告披露后,征集人出现不符合本规定第三条规定情形的,应当及时通知召集人披露并取消本次公开征集活动。"此时召集人是信息披露义务人。三是股东征集的提案不提交审议。《暂行规定》第22条规定,"召集人未按前述要求将提案提交最近一期股东大会审议的,应当披露未提交原因、依据和律师的法律意见。"

第三,公司信息披露义务。这是《暂行规定》配置给公司的代理征集行权结束后的信息披露义务。《暂行规定》第17条规定,"征集人出席股东大会并代为行使表决权的,上市公司应当在公告中披露以下信息,征集人应当配合提供相关信息及材料:(一)征集获得授权的股东人数、合计持股数量及持股比例;(二)征集人是否按照已披露的表决意见和股东授权委托书中的指示内容代为行使股东权利;(三)征集事项相关提案的表决结果;(四)其他应当说明的事项。"根据此条的规定,股东权征集的行权情况的信息披

---

① 裴维焕:《我国委托书征集制度的反思与完善》,《吉林工商学院学报》2019年第5期。

露义务人为公司,征集人负有相关资料提供配合义务。

(二) 存在问题

1. 代理征集重要信息强制披露缺失

股东权代理征集能够发挥优化公司决策、降低代理成本和重新分配市场议价权的作用,从而实现对中小投资者的保护。[①] 而特殊事项的披露更能够增强上市公司的透明度,征集人若能给潜在的被征集人提供完整、真实、准确的信息,从而保证股东在充分知情的情况下行使委托权,那么股东只需考虑由征集人代为行使表决权的问题,这将对强化公司治理产生积极与关键的作用。正如一个硬币的正反两面,如果信息披露内容不周全,疏于规范和监管重大事项的披露,可能会造成对征集活动不利的局面:潜在被征集股东因对征集事项不了解而放弃授予代理权,其意愿被忽视,征集活动形同虚设,也增加了证券市场交易的隐形成本。

《暂行规定》通过规定征集公告应当载明的内容规范了代理征集需要披露的重要内容,包括征集人符合资格的声明、征集事由及拟征集的股东权利、征集人基本信息及持股情况、征集人与相关主体的关联关系、征集人与征集事项的直接利害关系、征集主张及效果、征集方案、股东的委托授权方式及期限、股东撤销委托的方式、期限九项内容。这种概括立法以提取公因式的方式,将代理征集中的重大事项加以总结、概括,精简成为法定披露,适用于所有征集书,目的在于保障法条的简明性并突出立法重点,防止频繁披露征集活动中的无用信息。不过,这一规定仍存在需要厘清的问题:

一是这一规定披露的重要内容是强制性披露内容还是自愿性披露内容并不明确,征集人可否选择性披露其中部分内容也不清楚。例如,征集目的是发起代理征集活动的原因,是所有事件的起点,对委托人的决策至关重要,详细披露是应然之意,故应成为信息披露中最重要的内容。《暂行规定》也明确要求披露征集主张及详细理由,并说明征集事项可能对上市公司利益产生的影响。然而,由于详细的标准不明,导致实践中的征集公告不

[①] 周冰:《上市公司表决代理权征集的制度探析与法律规制》,《证券法苑》2020 年第 2 期。

提供详细理由或者仅仅简单列举理由。如＊ST 凯瑞征集公告中,征集人对征集事项的投票意向明确表述为:

> 征集人作为本公司独立董事,基于全体股东利益及公司未来长远发展考虑,对公司 2021 年 12 月 6 日召开的出资人组会议中审议的《凯瑞德控股股份有限公司重整计划(草案)之出资人权益调整方案》投赞成票。征集人可以接受不认同其投票意向的股东的委托。

在此公告中,征集人披露的征集理由仅有"基于全体股东利益及公司未来长远发展考虑",似乎并未达到"详细"的标准。此时征集人的信息披露义务履行情况如何判定成为问题,如何判定征集人未披露的信息是信息本身不存在无需披露还是征集人故意不披露,是否构成《证券法》上规定的"未按规定进行信息披露",不得而知。另外,征集人并未披露"可能对上市公司利益带来的影响",其是因为征集主张对公司的利益不会带来任何影响,所以无需披露,还是征集人明知这一征集可能会给公司利益带来不利影响而故意不披露,无从判断。

二是这一规定内容仅为被征集人决策所需主要内容,即为征集人作出"是否委托征集者代为行使股东权"所需的必要信息。被征集人可以通过征集人披露的该信息来评估征集目的,并决定是否参与征集活动。征集人按照《暂行规定》的信息披露标准发布信息能够有助于其他股东对征集活动的了解,达到征集股东权的目的,实现征集活动的作用和征集人对公司治理的目的。征集目的、征集人与征集目标事项是否有利害关系、征集人的基本情况等信息,都是潜在的被征集者在决定是否委托他人行使股东权利时需考虑的重要因素。[①] 然而,考察《暂行规定》设定的征集人、召集人、公司三类信息披露义务人的目的,若征集人的征集公告是满足被征集人作出"是否委托征集者代为行使股东权"所需,则召集人的披露义务是为满足被

---

① 龚乾厅:《上市公司代理权征集制度中信息披露规则的完善》,《重庆文理学院学报(社会科学版)》2022 年第 3 期。

征集人了解征集人征集行为合法性所需,公司的披露义务是为解决征集人与被征集人之间存在的"信息黑箱"问题、满足被征集人了解征集人征集行权情况进而监督征集人的目的而设置。因此,征集公告的主要内容规定并不适合召集人、公司的披露活动,需要另行设计披露的重点内容。不过,考虑到征集人的征集活动是主要的行为,则后文主要关注征集人的信息披露问题。

2.披露内容缺乏类别信息无法适应不同决策判断需要

前述代理征集信息披露重点内容的规定着眼于代理征集的共识性披露需要,只能满足信息披露项目的最低要求,还可能牺牲披露信息的丰富性和精确性,特殊问题披露规则仍然缺位。不同类型的议案需要披露怎样的内容,达到哪种程度才能达到信息披露的目的,如是否需要披露具体的财产清单、财产取得人和出让人的利害关系、本次交易的其他重要项目情况等,可能在不同的披露阶段、不同的征集人以及不同的征集事项,都会产生迥然不同的效用。分析沪深两市信息披露公告可以发现,我国股东权代理征集的实践,主要围绕董事会选举、公司修改章程和公司重大资产变动三个内容展开。从《暂行规定》的披露内容来看,仅有一般意义上的信息披露,无法满足被征集人决策的需要。考虑到董事会是公司的最重要的决策和管理机构,对上市公司治理有着至关重要的作用,缺乏董事、监事选任时有关候选人员的经营管理能力和履行忠实勤勉义务等相关资料披露;同理,公司修改章程属于重大事件,缺乏修改公司章程的目的、效果等内容披露;公司重大资产变动是信息披露不可忽略的一环,但缺少公司资产变动的缘由、价格确定依据、资产变动效果等内容的披露。相关信息对被征集人做出决策判断至关重要,是"关键信息",其的缺失很难使被征集人作出是否支持议案的决策,进而无法作出是否授权委托的决策。

3.法定渠道外超期限、超内容披露效力缺失

如第一章征集行为界定中的"公开方式"所述那样,《暂行规定》明确规定在其他渠道发布相关信息,发布内容、时间不得超过规定媒体上所披露的范围和时间。然而,实务中出现早于规定渠道披露信息,超出规定渠道披露内容范围披露更多信息,此时征集行为的效力如何? 法律并未提供明确的规则。如深圳市信天精密技术有限公司(以下简称:深圳信天)作为股东,2022 年 7 月 26 日下午现场提交征集文件,董事会一次性提出需要补正的资料清单,26 日晚深圳信天补正完成。征集人认为董事会应该在 27 日公告,结果没有看到公告,于是自行 28 日上午在《证券日报》发布征集公告。董事会则于 28 日晚 8 时在深圳交易所网站披露征集公告,此时距离 8 月 1 日的临时股东大会尚有 3 天时间(包含 2 个休息日)。8 月 1 日发布的"股东深圳市信天精密技术有限公司(深圳信天)公开征集表决权相关事项之法律意见书"指出,"征集人提前在其他媒体上发布信息,程序上存有瑕疵,但理由可原。"在本案中需要注意的是,征集人自行披露的渠道是证监会规定的媒体,只不过是自己披露的,不是公司披露的,而且还在召集人的审查期间就进行了披露。这一事件带来的争议是,征集人可否在审查期间自行披露信息,若允许的话,则审查制度有被架空的现实危险,审查制度的立法目的无法实现。故为维护审查制度的立法目的,还是有必要规定征集人即便自行披露,也不得早于召集人审查结论作出之时披露,否则应当作为《证券法》上的不当信息披露处理。

4. 信息披露充分性与简明性之间稍有失衡

《暂行规定》明确提出信息披露的充分原则,并以重大信息披露标准为中心,努力规定信息披露的重点信息。这一举措有助于防止信息过量披露,实现有限度的披露,对被征集人利益保护至关重要。一方面,可以防止过载的披露信息对股东造成袭击,尤其大公司的征集人不会吝啬信息披露文件的篇幅,被征集人可能在长篇幅披露文件中失去耐心,无法作出合理判断;另一方面,披露信息遵从"重大性"标准,有效避免了信息披露的高昂成本。然而,分析"巨潮资讯网"的信息披露文件可以发现,征集人进行信息披露时存在过度依赖"重大性"标准之嫌,表现为:披露文件普遍存在篇幅短、内容简单的现象;信息披露文件趋于格式化,几乎没有征集人进行"自治性"披露,增加主动、自我披露的内容。这存在两种潜在风险。第一,重大性标准会导致信息生产的不足,潜在的被征集股东可能无法通过披露文件了解到征集人的真实目的,重大性遗漏会导致征集人损害股东的知情权,更易发生征集欺诈行为,还可能妨碍召集人实施监督管理和股东的事后救济。第二,重大性标准会致使征集活动被架空。

另外,《暂行规定》也顺应《证券法》信息披露的简明性原则,明确要求"简明清晰、通俗易懂",以此作为防范过量信息披露给被征集人带来的困扰。然而,《暂行规定》也仅仅只是规定了这八个字,并未进一步探索这八个字的详细判断规则。这不得不说也是一个遗憾。

三、未来径路

(一) 明确代理征集重要信息的强制披露

依循《证券法》区分强制性和自愿性信息披露制度设计的理念,将代理征集披露信息进行区分设计。鉴于征集人、征集范围、征集方案、委托方式、期限属于征集事项本身应当具有的内容,缺少相关内容,代理征集行为无法开展,即便不作强制性规定,征集人自然也会披露,故无明文规定的必要,作为指引性规定、自愿性规定加以规范就可。然而,征集人资格、征集主张及对公司利益的影响效果、征集人的相关关联关系与利害关系,这些内容有助于增加被征集人对征集人、征集事项的了解,帮助判断征集人是否值得信赖,征集事项对自己、对公司是否有利,进而作出取舍是否愿意委托征集人代理自己行使相应权利。故"有助于被征集人作出授权委托决策"的信息属于必须予以披露的信息,否则被征集人无法作出恰当的决策。

而在强制的实现方式上,也可有两种径路:一种是直接规定征集人资格、征集主张及对公司利益的影响效果、征集人的相关关联关系与利害关系等有助于被征集人作出授权委托决策的信息必须披露,否则征集公告无效。一种是借鉴域外"遵守或说明"规则,由当事人自由选择,要么遵守相关规则披露相关内容,若不披露列举的相关内容,则需要说明未进行披露的理由。

(二) 制定出台代理征集信息披露分类专项指引

各国立法普遍要求有关公司经营发展和治理的重大事项必须在股东大会上决定,这是不可逾越的法律要求,这些重大事项往往也是发起代理征集活动的成因。故而日本专门针对股东权代理征集制定《上市公司股票表决权代理行使征集内阁府令》(部门规章),安排 43 个条文对信息披露的内容进行规范。第 1 条为通常意义上的信息披露内容项目,除去其他必须披露的内容外,根据征集主体的不同,需要披露的内容项目也有差异。征集人是公司或公司职员时,需要披露四个事项:表明征集人自身是公司征集或公司职员征集,议案,理由,按照公司法规定需要向股东大会报告的调查结果概要。征集人是前述主体以外的其他主体时,需要披露两个事项:征集人姓名与住所、议案。在第 1 条规定通常意义上的信息披露内容项目基础上,根据上市公司决议的事项,区分 42 个类别具体规定信息披露的特殊要求。如董事选任议案征集需要特殊披露候选人的信息、未获得董事就任承诺的信息,候选人与公司缔结或拟缔结公司法第 427 条第 1 款合同的内容概要、候选人与公司之间缔结或拟缔结补偿协议的内容概要、缔结或拟缔结候选人作为被保险人的董事责任保险合同规定内容概要、候选人持有公司股份数、候选人担任公司董事期间的重要兼职情况、候选人与公司之间的特别利害关系、候选人在公司担任职务情况。再如,董事报酬议案征集需要特殊披露如下内容:公司法第 361 条第 1 款各项事项(董事薪酬数额、董事薪酬具体计算方法、非货币报酬的具体内容)的计算基准、议案变更前述三项事项的理由、议案所涉董事的具体人数、议案所涉退休抚恤金的各个董事的简历、审计委员会在股东大会陈述的审计意见概要;若议案是委托董事、监事、第三方按照一定标准决定退休抚恤金金额的,需要披露这一标准;若公司存有独立董事时,计算基准、变更理由、董事具体人数三项内容需要区分独立董事和非独立董事分别进行披露。又如,批准公司重大资产转让议案的征集需要披露如下内容:重大资产转让的理由、重大资产转让协议的内容概要、确定公司接受对价或支付给合同相对方对价的合理事项概要。

此外,还有立法实践不仅要求征集文件披露议案的意见、与议案的利害关系、反对理由、征集人详细信息,还单独列出董事或监察人选举议案需要增加披露的信息:征集目的、拟支持的被选举人名称、股东账户、持有公司股份情况、目前担任职位、最近三年内之主要经历与公司之业务往来内容。另外,还曾要求披露被选举人学历、董事被选举人经营理念以及持有该公司股份之设质情况、信用交易融资交易情况等。为避免经营理念记载过于冗长，前述经营理念记载以二百字为限，超过二百字或未载明前述应载明事项者，公司对征集人的征集资料不予受理。①

事实上，我国信息披露也在进行分类设计披露项目。信息披露规则中既区分不同业务类型制定不同公告指引规范，也区分行业对信息披露做出特别安排。只是这些尝试针对的是一般意义上的信息披露，并未直接针对代理征集决策所需特殊情形作出制度安排。考虑到我国代理征集实践时间较短，证券市场监管制度需要根据实践快速调整，直接像日本那样将代理征集的规范上升到部门规章层面不具可行性，反而因指引等软法方式进行规范更能适应治理实践的需要，故可继续沿行信息披露指引的做法，借鉴日本区分公司治理事项分别进行披露项目设定的方式，针对不同的征集主体和征集事项制定区别化的披露规则。② 在征集主体分类上，可考量按照现行四类征集主体分别进行细化，也可按照征集目的区分的"利己型""共益型""利他型"③分别设计，毕竟不同目的带来的征集行为有明显差异，有必要根据行为差异设计不同的披露内容项目。在征集事项分类上，先期可根据当前公司代理征集关注的董事会选举、公司修改章程、公司重大资产变动三个类别，分别细化特殊披露内容，后期再根据治理实践的需要细化其他类别的特殊披露内容。

（三） 强化信息披露充分性与简明性之间的协调

为克服过量信息的困扰，有学者建议引入美国的"重大性"标准，并且以"简明"为出发点，对概要性文件字数进行规定，以此衡平"重大性"与"简明性"。④ 这一建议具有一定的合理性，特别是概要性文件字数的限制有助

---

① 刘连煜：《证券交易法：第一讲——股东会委托书之规范》，《月旦法学教室》2006年8月总第46号。

② 郭锋等：《中华人民共和国证券法制度精义与条文评注》，中国法制出版社2020年版，第502页。

③ 杨朝越：《上市公司表决权征集制度研究》，西南政法大学2021年博士学位论文，第13页。

④ 李俊琪：《股东权利征集制度研究：基于非对抗与对抗性语境的阐释》，《清华金融法律评论》2022年第6辑。

于减少无关信息的干扰。不过,不同事项涉及的信息不同,若简单进行字数限制,可能无法满足部分事项披露关键、重点信息的要求,反而不利于被征集人知晓决策所需信息,且限定多少字数比较合理,在立法技术上也是很难解决的问题。故可考虑强化信息披露的技术处理以增强简明性,如将强制性重要信息披露与自愿性信息披露予以分隔,先披露强制性信息,后披露自愿性信息,或者将强制性信息以非常明显的方式予以提醒。

同时,在前述强制性重要信息披露基础上,秉承简明性的理念增加征集人自愿性信息披露的指引,规范信息披露的格式,以解决充分性信息披露下对被征集人的信息干扰。也可借鉴日本等的做法,使用表格形式非常直观地对重要信息予以确定和提示。

第二节　征集委托书

一、性质与立法

(一) 征集委托书的性质

征集委托书,是征集公告与股东出具的授权委托书的统称。股东权代理关系中,从代理的外部关系出发,应原则上肯定授权行为的无因性。但在股东与征集主体的内部关系上,为充分保障股东意思,应采取授权行为有因说①,即授权行为虽是单方法律行为,但通常是基于基础法律关系而发生,当基础法律关系被撤销或无效时,授权行为应消灭。② 股东权代理征集的基础法律关系就是委托代理关系,征集主体发出的征集公告可视为委托合同成立过程中征集主体发出的"要约",征集对象(股东)的授权行为(股东作出授权的意思表示)可视为促使委托合同成立的"承诺"。授权委托书,

---

① 王利明:《论民法典代理制度中的授权行为》,《甘肃政法大学学报》2020 年第 5 期。
② 授权行为是委托人(股东)作出的单方法律行为,授权的意思表示可向受托人或者第三人为之。委托代理关系是基础的法律关系,授权委托书是在此基础上的单方法律行为,合同约束的是双方当事人,授权委托书的主要作用是对外公示。

即"委托书""代理证书",是由股东出具的证明征集主体具有代理权并载明代理范围和权限的书面法律文件,是权利凭证。

(二) 征集委托书的立法概括

新《证券法》第90条并未直接规定征集公告与授权委托书相关内容,仅要求进行信息披露。《暂行规定》则对征集公告、授权委托书所涉及的内容进行了较多规范。对征集公告所涉内容,第11条规定,征集人开展征集活动,需要将征集公告及相关备查文件提交召集人;第12条则详细列举了征集公告的内容构成,第7条规定了全额委托方式,第8条规定禁止转委托,第15条规定部分委托处理规则、意见相左委托规则;第11条规定了征集文件的审查主体、审查期限。对授权委托书则集中在第13条,一并明确授权委托书应载明授权委托的权限、期限、事项以及股东信息,并规定了授权委托书的形式要求与证明材料提交规则;第24条、第25条规定征集权撤销事宜,第26条规定重复委托的处理规则,第28条规定电子化征集规则。

二、征集公告

《暂行规定》第11条提到了征集公告这一术语,但未对其进行界定,也未明确其法律性质。同时,第12条规定征集公告必须载明以下九项信息:征集人声明、征集事由、征集人情况、关联关系(征集人与相关主体的关联关系)、利害关系(征集人与征集事项之间的利害关系)、征集主张、征集方案、空白授权委托书、其他事项。代征集人还需要记载授权委托情况、代征集人情况以及利害关系情况。由于征集公告所涉文件由征集人提供,授权委托书的样式、委托人委托方式等原本由委托人自主选择决定的事项转由代理人控制,这很可能对委托人权益维护不利,故本部分选择征集公告的法律性质、授权委托书样式、委托方式选择、征集人声明进行讨论。

(一) 征集公告法律性质

讨论征集公告法律性质的一个前提问题:征集行为何时开始具有法律效力? 也就是征集人实施的行为,从何时开始具有法律意义上的征集行为效力,需要受法律约束。从《暂行规定》第 11 条规定的代理征集基本程序来看,征集人开展征集活动,需要向召集人提交征集公告和备查文件,召集人审核后公告,按照公告中的征集方式进行征集。这一程序中涉及几个关键时间节点:征集人签署征集文件、提交征集文件、征集文件审查、征集文件公告。那么,哪个时间节点是征集行为具有法律效力的节点呢? 是征集人签署征集文件开始,还是从提交征集文件开始,亦或是征集文件审查通过乃至征集文件公告之日开始? 从代理征集公开的特性来看,征集公告发布后方才满足"公开"本质,故以征集公告发布为界,征集公告发布之前,是征集人与召集人之间发生的为征集公告发布开展的程序性事务处理阶段,法律规范的是代理征集的合法性问题。如从行为的角度看,征集人一旦向召集人提交征集文件,即要受到法律规范的约束,故而征集行为的发生是从提交征集文件开始。征集公告发布后,为征集人与被征集人围绕形成委托代理关系展开系列行为的阶段,也是双方之间关于委托代理意思表示达成一致的阶段。征集公告是征集人向被征集人发出的期待对方与自己形成委托代理关系的意思表示,其与合同缔结中的要约有相似之处。也即一旦公布(到达)即生效,征集公告发生法律效力,征集人受其约束,自然会产生后续的撤回、撤销问题。

（二）委托书样式要求

《暂行规定》第 12 条规定,征集公告内容包括空白授权委托书,第 13 条同步规定了授权委托书应当包含的六项内容。实务中授权委托书也以征集公告附件方式提供格式文本进行公告,供委托人下载、复印。然而,由于上市公司众多,征集主体多元,实务中各类征集主体关注的内容不同,各个征集主体自行设计的授权委托书内容、格式不完全相同,被征集人面对不同征集主体的征集公告,需要花费大量时间详细研读每一个授权委托书的授权内容,股东识别成本大增,极为不便。考察我国上市公司的征集实务,也可以看到几种不同的授权委托书模板,这些模板估计是征集人设计授权委托书时相互借鉴而自发形成的。一个明显的证据是授权委托书中的内容约定与征集公告中的内容约定截然相反,如多选、漏选项的处置规则以及部分征集情况下未征集部分事项的处置规则出现前后矛盾的约定,估计是借鉴他人模板时忽略了相关内容的前后对应。多样的授权委托书样式引发思考:授权委托书是否需要与征集公告一体纳入法律规范的范畴,由相关部门提供统一的模板或格式指引,或者由上市公司提供统一文本,以尽可能保证授权委托书格式上的统一。故有观点建议,委托书的格式由证券交易所统一制定,由征集人按统一的格式来制作。[①] 客观上讲,授权委托书样式进行统一规范有其必要性,授权委托书格式和主要内容的要求,可以较好预防征集人利用格式文本供给机会损害被征集人的利益;通过样式的要求基本能够为征集活动提供相对统一的模板,减少被征集人信息了解成本的同时有助于股东正确表达自己真实意愿。前述建议有一定的合理性。

同时,被征集人可否修改征集公告中授权委托书的部分内容?若修改部分内容,其效力如何?如何确保征集文件提供的文本格式内容与法律规定相一致?若有不一致或者有违法约定,其效力如何?对此问题,新《证券法》《暂行规定》均未做出明确。有立法例规定授权委托书只能由公司提供固定格式的文本,股东得于每次股东会,出具公司印发之委托书,载明授权范围,委托代理人,出席股东会。公开发行公司出席股东会使用委托书之用纸,以公司印发者为限。委托书用纸非为公司印发,其代理之表决权不予计算。不过,这一公司印发委托书要求被认为"并非强制规定,因此,公司虽未印发,股东仍可自行书写此项委托书,委托他人代理出席"[②]。日本《金融商品交易法》第 36 条规定,"委托书的用纸由内阁府令规定。"《上市公司股票表决权代理行使征集内阁府令》第 43 条规定了委托书用纸的格式:"委托书用纸中必须分别设计赞成、反对栏记载被征集人对每一个议案的意见,也不妨碍设计弃权栏。"同样,虽然立法对授权委托书格式有一定要求,但司法界对授权委托书的形式要求持宽容态度。

我国立法也对授权委托书样式持宽容态度,并未作出过多强制性规范。实务界的态度亦同,富春股份 2022 年 8 月 16 日"独立董事公开征集委托投

---

① 董新义:《论上市公司股东代理权征集滥用的规制——以新〈证券〉第 90 条为对象》,《财经法学》2020 年第 3 期。

② 刘连煜:《新证券交易法实例研习》,元照出版有限公司 2006 年版,第 162 页。

票权报告书"中明确约定:"授权委托书剪报、复印或按以上格式自制均有效。"未来,授权委托书样式是否统一以及由谁设计提供,也可授权章程作出规范。同时,站在统一样式减少被征集人信息了解成本的立场,证监会或者证券交易所可以出台授权委托书样式指引或模板供征集人、上市公司参考引用。即便设计的授权委托书缺省了法律法规所要求的事项,只要不影响被征集人正确真实表达意愿,则不能轻易否认其效力。

另外,也应当允许被征集人修改征集公告中授权委托书的部分内容。被征集人修改内容可能存在几种情形:

一是对征集事项的修改,可能减少、增加征集事项,或者变更征集事项的内容。这涉及的仅是股东权行使意向,也就是征集事项的表决意见。被征集人有删减征集事项视同为部分委托,不影响授权委托书的效力,被删减的征集事项作未授权委托处置。增加的征集事项是被征集人的主动委托,征集人可以拒绝也可以接受,但无论征集人如何处置,不影响其他事项的委托,即授权委托书有效,增加事项在征集人拒绝时委托代理关系不成立;同时,征集人在行权时尚需注明其主动委托的属性。若征集公告视为合同缔结中的要约,则变更征集事项的内容可以理解为要约变更,征集人可以拒绝,委托代理关系不成立。此处的变更、增加征集事项处理规则与要约变更稍有差异,征集人接到授权委托书默示地按照授权委托关系成立处理,仅在征集人明示拒绝时代理关系不成立,这一考量主要是便利股东的权利行使。不过,有观点认为,考虑到允许变更征集事项会增加征集人核对征集事项内容的工作量,为衡平征集人与股东之间的利益,立法应当禁止授权委托书变更征集事项内容。然而,这一做法似乎不太符合"尽可能做有效处置"的理念,是否禁止委托人变更征集事项内容、征集人是否承认变更后的征集事项的授权效力,应当交由当事人自行判断和处置。从衡平征集人的利益来看,征集人可以在征集公告中事先约定"不接受与征集人意见不一致的委托"作为征集事项变更的防御。司法和理论界需要确认的是这一事先约定对授权委托书效力的影响,并对这一约定做扩张性解释:与征集人意见不一致包含两种情况,一种是征集事项内容相同但投票意愿选择不同,一种是投票意愿选择相同但征集事项内容修改。前一情况的处置详见后文讨论。后一种情况下,虽然投票意愿选择在形式上相同,然而征集事项内容进行修改,导致其实质性意思表示与征集人事先期待的结果相去甚远,自然与征集人意见不一致。一旦征集人做出这一约定,征集人即便对被征集人的变更未作任何表示,双方之间的委托代理关系也不成立。

二是对授权委托书关于委托授权内容的修改。此内容与征集事项行权意见无关,仅涉及委托人、代理人之间的权利义务约定。此部分内容的删减、增加、变更影响的是授权约定内容的多寡,仅涉及双方之间关于委托代理意思是否一致问题,故按照要约承诺的处理规则处理。

(三) 委托方式选择

1.现行立法选择的方式

(1)全额委托

《暂行规定》第 7 条规定,上市公司股东接受公开征集,将表决权、提案权等股东权利委托征集人代为行使的,应当将其所拥有权益的全部股份对应的该项权利的份额委托同一征集人代为行使。这一规定明确了我国代理征集采用的全额委托方式。立法之所以规定全额委托,主要基于三点考量:一是公开征集主要针对的以自然人为主的中小投资者,一个理性投资者通常不会对自己的全部表决权利做出互斥的意思表示;二是目前我国的交易所投票系统不具备拆分股权份额表决的功能;三是有利于避免重复委托、重复表决情况,保障征集效率。① 也有立法例规定,一股东以出具一委托并以委托一人为限,其目的在于避免表决权之计算滋生困扰。

不过,实务中的授权委托书通常未明示这一意思表示,如＊ST 凯瑞征集的征集文件附件中仅仅标注了股东所持股份数。当然,股东既然签署授权委托书,即便没有明示全部委托,也能默示认为其将所有份额进行了委托,因此也就没有必要再单独作出说明。

另外,为防止公司管理层通过接受对公司经营不感兴趣股东的全权委

---

① 《〈公开征集上市公司股东权利管理暂行规定〉起草说明》,资料来源:http://www.csrc. gov.cn/csrc/c101954/c1605915/content.shtml。

托进而长期控制公司经营,①部分立法实践对概括性委托、自由裁量式委
托、空白委托等特殊委托方式持禁止态度,如将没有填具委托人信息、事项
的空白委托书作为不合格件处理。美国《证券交易法》明确规定,委托投票
书不得笼统地要求股东将投票权交给投票代理人,让代理人自行决定如何
行使投票权。② 不过,韩国大法院认为,在股份公司委托行使股东权利时,
并无确切的依据规定必须是针对具体或个别事项,一揽子委托也是允许
的。③ 日本东京地方法院 2007 年 12 月 6 日的判决④有条件认可了缺少赞
成与否内容的空白委托书效力,法院认为:

> 在公司、股东两方开展经营权争夺、两方议案对立情况下,支持股
> 东议案自然可以推导出委托人反对公司议案的意思,即便没有明确记
> 载赞成与否,但也可以得出其赞成股东议案、反对公司议案的结论,股
> 东意思非常明确,空白委托也不违反代理征集法律规制宗旨,能确保公
> 司和股东之间的公平性,自然也就不会影响代理权征集的效力。

对此,有观点认为,该案空白委托书有效的范围是否仅限于能够明确判
别股东意思的场合,若是这样理解的话,实务中多数空白委托授权征集人自
由处置而无法明确判断股东意思,事实上并未确认空白委托书的效力。⑤
也有观点认为,股东没有填写任何内容就提交委托书,可以认为股东将对该
议案赞成与否的判断委托给了征集人,因此这种委托本身是有效的,实务中
为了确认这一点,通常会在委托书中注明"赞成或反对不明时作空白委托

---

① 中村真二「株主総会における委任状の取り扱いについて」,资料来源:https://
lawyer-nakamura.jp/cases/18066/。
② 胡果威:《美国公司法》,法律出版社 1999 年版,第 219 页。
③ 金建植等:《公司法判例研习:以韩国公司法为视角》,张珍宝等译,法律出版社 2021 年
版,第 76—77 页。
④ 東京地決平成 19 年 12 月 6 日判夕1258 号 69 页。
⑤ 加藤貴仁「委任状勧誘規制の課題」,资料来源:https://www.jpx.co.jp/corporate/
research-study/research-group/detail/tvdivq00000093xt-att/ktgj_20091204_00.pdf。

处置"。①

新《证券法》《暂行规定》对此并未直接明确,不过《暂行规定》第16条规定征集人应当"严格按照股东授权委托书中的指示内容代为行使表决权"。换言之,授权委托书必须对代理征集事项作出明确的指示,这一要求间接排除了概括性委托、自由裁量式委托、空白委托等方式的适用空间。故针对这一理解,征集人应当在设计授权委托书时,就征集的每一事项详细设计意见征集选项,供委托人准确做出赞成、反对、弃权的表决意见。

然而,由于契约的不完备性,无论征集人如何努力设计授权委托合同,依然可能存在约定之外的事项需要处置,如临时动议、股东大会会议议程等事项。许多征集公告通常在征集文件中设计兜底条款,如双美公司2019年度股东大会委托书征集公告对各项议案的意见约定:(八)其他议案及临时动议:全权委托。日本将临时动议区分为两类:一类是有关股东大会正常召开的程序性动议,如会期休息、停止提问等内容;一类是股东议案内容的修正,属于实体性动议。由于日本《公司法》第304条允许股东在股东大会会议期间提出临时提案,故实体性动议需要提交股东大会表决。对两类临时动议,日本进行了分类处理,程序性动议因未出席股东事先并未获得相关动议决策的资料,其与授权委托书无关,对授权委托书所对应的股份均按照"缺席"处理(也就是不计入出席数和表决权数)。而若实体性动议也按照缺席处理的话,可能存在实际出席股东会的股东利用临时动议以极少数份额即通过公司决议进而损害公司及其他股东利益的滥用风险,故需要将授权委托书未作出明确授权事项所对应的股份数计入出席股东会表决权中,但不包含在赞成票中,而是作弃权处理。这是因为赞成是积极的意思表示,没有授权或者授权不明只能推导出不赞成的意思,故与反对票作同等处理。② 对此,我国《公司法》第102条第3款规定,股东大会不得对前两款通知中未列明的事项作出决议,即股东大会只能就股东大会召集公告、股东提

---

① 三谷革司「委任状勧誘規制の概要」,资料来源:https://www.businesslawyers.jp/practices/168。

② 戸部素尚「総会の出席票・委任状・議決権行使書(2/2)」,资料来源:https://officetb.com/415。

案公告中的事项作出决议。质言之,即使股东大会提出了临时议案,但因为不能作出决议,提出议案本身也就失去了意义,在这个意义上讲,可以说我国法律并不允许或者并不支持在股东大会上增加临时议案,故没有实体性动议这一兜底约定的需求,也排除了日本弃权处理的可能性;股东大会的所有议案都需要委托人做出明确指示,也就排除了其他议案全权委托的可能。而股东大会会期休息等程序性事项则可借鉴日本的做法,对授权委托书对应的股权作缺席处理。

前述分析是建立在代理权限定说基础上。关于授权委托书代理权范围的讨论,日本学界有代理权非限定说和代理权限定说两种观点。前者认为,授权委托书上赞成与否等内容的记载仅仅是代理的内部关系上的指示,授权委托书一旦授权,就概括性赋予征集人行使股东大会表决权。若征集人仅能按照授权委托书的指示行使表决权,则其就不是代理而仅仅是使者(消极代理中的代理人角色),况且法律区分设置表决权代理制度、委托书征集制度,若代理人仅仅是使者的话,则委托书征集制度保障未出席股东大会股东对每个议案真实正确行使表决权的机会这一宗旨就失去了意义,故应当确认表决权的代理行使而非使者的代理行使。在书面投票尚未获得公司法认可之前,严格限制代理权导致最终的实质是认可了书面投票制度,缺乏正当性。从实务情况来看,股东返回的授权委托书中相当数量未明确投票意向,采用代理权限定说则可能会影响股东大会决议的顺利通过,若理解为"未作明确指示的则授权代理人自行判断",股东大会决议顺利通过的概率增大。后者认为,授权委托书对每个议案都设计了相应的意思表示栏目,征集人只能按照授权委托书的指示行事,其代理权严格限定在授权委托的详细记载中。这是因为,此代理行为与民法上的代理行为不同,必须要考量第三方,民法上的代理行为是征集人与单个个体之间发生的个体性关系,即便无代理权,也可以按照表见代理进行处置,但股东大会表决权行使的效力问题并不属于一般意义上的交易安全保障讨论范畴,其相对方是作为股东社团的公司,应当从组织性、集团性角度看待处理这一问题。只有征集人按照授权委托书中明确的投票意见行使表决权,公司才能准确把握,与授权委托相反的意见做无效处理,否则可能因公司决议方法存有瑕疵而导致决议被撤销。①

应该说,两种观点各有优劣,代理权非限制说有助于解决实务中授权委托不明的效力问题,也有助于解决授权委托后情况发生根本变化,严格按照原有投票意见将严重有损委托人利益,在重新委托又无法完成的情况下,征集人按照诚信义务作出有利于委托人利益的投票决策的效力争议,不过这对代理人提出了更高的道德约束理性要求,也为解决争议的机构人员提出更高的能力要求。代理权限制说有助于防止代理人权利滥用,增强公司决议效力的稳定性,但灵活性不够。在证券市场投机风险、理性不足的当下,代理权限制说更有助于滥用风险的防范,利于公司治理的良性发展和中小股东权益维护,故下文将在代理权限制说观念下进行讨论和分析。

(2)部分委托

部分委托包含多重情形,如仅仅委托部分股份对应的权利份额而非全部股份份额,仅仅委托股东大会决议事项的部分事项,等等。对此,《暂行规定》第15条规定,"征集人征集表决权的,应当提出明确的表决意见,不接受与其表决意见不一致的委托,但中国证监会另有规定的除外。征集人仅对股东大会部分提案提出表决意见的,应当征求股东对于其他提案的表决意见,并按其意见代为表决。"根据前文全额委托的分析以及第15条的规定来看,现行立法对两种部分委托的态度不一,第一种情形因不符合全额委托的要求而无存在空间,对于第二种情形的处理则灵活得多。具体分析如下:

第一种情形:仅仅委托部分股权对应的权利份额而非全部股份份额的情形。按照《暂行规定》的表述,"所拥有权益的全部股份对应的该项权利的份额"使用的是全部股份,排除了部分股份对应的份额。也就是说,被征集人的股东拥有表决权的所有份额,在授权委托的时候只能全部委托给征集人行使,而不能分拆给若干个征集人或代理人行使。且委托给征集人的表决权的投票意向也不能分拆,如对同一征集事项,部分股份持赞成意见,

① 山本爲三郎「委任状勧誘規制の法的意義」法学研究:法律・政治・社会82巻12号143頁以下(2009)。

部分股份持反对意见。这一规范的理念大抵借鉴了表决权不统一行使的规范理念。学界对于表决权能否不统一行使存有争议。一种观点认为,《公司法》规定的是一个股份享有一个表决权,数个股份则享有数个表决权,没理由要求数个表决权必须统一行使;根据民事主体意思自治的一般原则,股东应当享有不统一行使表决权的权利;法律未对表决权不统一行使作出否定性的规定,只要其不损害公司和其他股东利益,就不宜对这一做法强行禁止。日本《公司法》第 313 条为因应公司灵活治理的需要也有条件承认了表决权不统一行使,要求股东在股东大会召开三日前通知公司其表决权不统一行使的决定及理由,公司可以拒绝表决权不统一行使(股东持有他人股份除外,公司不得拒绝,这为股东权代理征集留下了空间)。另一派观点则反对这一立场,认为每一股东享有的表决权是一个整体,持股数额的多少只决定表决权的影响力,不能允许表决权不统一行使;无限制地允许表决权的不统一行使,会造成股东大会运作的混乱,[1]而且股东对同一事项部分赞同部分反对作出相互矛盾的决策也不符合生活常理。考虑到我国 A 股市场上,尚不存在通常的表决权分割行使机制,每位股东只能就特定事项统一行使一次表决权,[2]加之股东权代理征集涉及的股东众多,区分、统计股东表决权行使的工作量巨大,若允许股东将其股份拆分给若干征集人或代理人,或允许股东将其股份拆分做出不同意见,则徒然增加股东大会会务工作,影响股东大会效率,故对此意义中的部分委托的态度应当较表决权不统一行使更为谨慎,不应当允许。但为尊重授权股东行使权利的意愿,也不轻易否定其效力。建议增加征集人征询意见环节,征集人收到部分股权份额的授权委托书后,须联系委托股东告知全额委托的要求以及部分委托不计入表决权统计的后果。委托人变更为全额委托的,则需要重新出授权委托书;委托人不变更或者不愿重新出具授权委托书的,部分委托所对应的表决权则作不计入股东大会表决权总数的处理。

第二种情形:仅仅委托股东大会部分决议事项的情形。通常认为,站在

---

[1]　周友苏:《新公司法论》,法律出版社 2006 年版,第 368—369 页。

[2]　施金晶、张斌:《上市公司股东不可撤销表决权委托研究——问题、挑战与监管》,《证券市场导报》2020 年 5 月号。

便利权利行使的立场,即便征集人仅仅征集部分议案,委托人也得将其他议案的表决权全部委托给征集人。不过,《暂行规定》规定,征集人仅对股东大会部分提案提出表决意见的,应当征求股东对于其他提案的表决意见,并按其意见代为表决。解读这一规定的意思可知,我国允许征集人对股东大会的议案部分征集,对其他议案并未强制要求委托人必须委托,仅仅要求征集人须主动征求其他议案的意见并代为行使,也就是采取部分征集附加义务的方式进行处理,即征集人负有附带征求意见并在委托人授权时不得拒绝授权的义务。质言之,我国立法既然允许征集人对个别议案进行征集,也就允许股东就个别议案进行全额委托,股东可以将部分议案投票权委托给征集人,部分议案投票权委托给其他代理人或者亲自行使。法律作这样处理的益处有二:一是满足了征集人仅对自己感兴趣的部分议案而非全部议案行使权利的需要,也减少了征集公告的内容,降低其征集成本;二是科以部分征集附加义务,在便利股东对全部议案行使权利的同时,也充分尊重了股东的意思自治,股东可以按照自己的真实意愿处置相关权利,实现了征集人部分征集需求与股东投票意见的充分表达之间的平衡。

这种情形在实践中经常出现,典型的如独立董事有关股权激励的强制征集以及部分股东仅就自己关注的某个、某几个议案进行征集。此时存在两个问题需要探讨:

第一个问题:部分议案征集,部分议案不征集,这会带来股东大会计票实务的困扰。按照交易所规定,对股东大会的任意议案表决视为股东已出席股东大会,股东对部分议案有授权委托,其股份数需要计入出席股东大会股份总数中。由于征集人对其他议案的意见并未征集,则计算其他议案表决意见时,该委托书对应股份的意见应当如何处理? 是计入弃权? 还是反对? 还是根本就不计入出席股东大会股份总数? 由于不同的处理方式涉及到股东大会表决方法,日本司法实务认为,若对某个股东的参与处理或不参与处理不当,就有可能成为取消决议的理由。① 我国实务的处理方式是,在

---

① 中村真二「株主総会における委任状の取り扱いについて」,资料来源:https://lawyer-nakamura.jp/cases/18066/。

被征集人股东未提出表决意见的情况下,未被征集的提案作弃权处置。也就是该委托书对应的股份全部计入所有议案的出席股份数和表决权数中,在未被征集的议案表决时,对应股份计入弃权结果中。不过这一处置方式将"影响该部分提案的通过率,可能与该股东的真实意愿不一致"①而引发争议。

第二个问题:即便《暂行规定》科以征集人附加义务,征集人可否在征集文件中明示排除?征集人不履行这一义务的法律责任何在?其是否影响征集行为的效力?这些问题现行制度中并未明确给出答案。实务对此的反应也不一。如恒泰艾普5月征集中明确约定:

> 征集人仅就提案编码为"8.00《关于拟修订公司章程的议案》"向全体股东征集投票权,鉴于本次仅对2020年年度股东大会审议的部分议案征集委托权,征集人特别提示被征集人,对于未委托征集人投票的议案,被征集人可另行直接投票表决。

此处并未按照《暂行规定》要求征求股东对其他提案的表决意见并代为表决,附件的授权委托书也没有其他提案表决意见的征求设计。又如,*ST文化2022年6月2日的股东征集公告明确指出,征集范围仅涉及本次股东大会的上述议案②,征集人承诺不会替被征集人在其他议案上行使表决权。这一约定明确排除了征集人的附加义务。另外,在股东大会待决事项既包括股权激励又有其他事项时,独立董事对股权激励议案强制性征集投票权的同时也应当履行这一意见征集附加义务,但多数独立董事征集公告中均未涉及这一义务履行的内容。从监管部门并未处罚独立董事强制征集附加义务不履行的现实来看,似乎认可了"当事人自治原则",这一附加义务似乎也定位于倡导性义务。本书也认为,征集人不履行这一义务并不

---

① 《〈公开征集上市公司股东权利管理暂行规定〉起草说明》,资料来源:http://www.csrc.gov.cn/csrc/c101954/c1605915/content.shtml。

② 征集人仅征集此次股东大会编号为3.00关于修订公司章程议案的表决权,其他议案的表决权并未征集。

影响代理征集的效力,法律科以征集人义务的目的仅仅是为了便利被征集人对其他事项的权利行使,与征集事项本身无关,也不影响被征集人作出正确的授权委托决定。

不过,为减少实务中部分委托约定不明带来的前述争议,本书建议由证监会在《暂行规定》基础上,借鉴信息披露出台不同指引的做法,制定《授权委托书指引》,在指引中明确如下几项内容:一是要求授权委托书设计授权事项表格时将所有决议事项纳入,而不论征集人征集事项的多寡;二是明确未做投票指示的效力处理规则,可在授权事项表格之后附加如下注释:受托人仅就股东大会部分提案征集表决权,委托人同时明确对其他提案的投票意见的,由受托人按委托人的意见代为表决;委托人未委托受托人对其他提案代为表决的,由委托人对未被征集表决权的提案另行表决,如委托人未另行表决将视为其放弃对未被征集表决权的提案的表决权利。第一项要求可以解决征集人部分征集的附加义务履行问题,第二项内容的增加补上了部分征集的处置规则漏洞。

在法律允许征集人部分征集、委托人部分委托的同时还有一个现象值得关注,实务中相当部分上市公司制定的《征集股东权实施细则》《征集表决权实施细则》明确排除部分委托,并且在排除部分委托的同时也同步排除了征集人的部分征集。如《天津经纬辉开光电股份有限公司征集投票权实施细则(2022年1月修订)》(以下简称:《经纬辉开实施细则》)第6条规定,"征集人在征集投票权时,必须就该次股东大会审议的全部表决事项征集投票权;接受征集投票权的股东,应当将该次股东大会审议的全部表决事项的投票权委托给同一征集人。"规定中使用的是"全部表决事项",也就是必须对所有表决事项进行征集,不能部分征集;委托人使用的是"全部表决事项的投票权"而非"所持有的全部股份对应的该项权利的份额",同样也是对所有表决事项进行委托而不允许仅委托部分事项。在巨潮资讯网中搜索2020年1月至2022年9月的《征集投票权实施细则》《征集股东权利实施细则》,共获得23份文件,其中规定全部征集、全部委托的文件18份,占比78.3%,允许部分征集、部分委托的只有5份文件,占比22.7%。《暂行规定》既允许征集人征集全部决议事项,也允许部分征集;既允许委托人委托全部决议事项,也允许部分委托,现公司内部规定限缩征集人和委托人的权限是否妥当还有待商榷。诚然,征集全部事项、委托全部事项,就代理征集事务处置而言降低了难度,减少了相关工作量,且因为对所有事项均有明确投票意见,减少了部分征集中非征集事项的弃权票数量,有助于决议事项的表决,具有其合理性。然而,站在便利股东权利行使角度,全部征集排除了征集人仅关注自己感兴趣事项的可能,征集人被迫征集自己不感兴趣、也无意关注的事项,不得不对相关事项作出自己的投票意愿选择,且增大了征集人的征集成本;全部委托剥夺了委托人自由处置委托事项的权利,与征集人一样也不得不花费更多时间、精力去对其他决议事项进行决策,且可能因某一项、某几项决议事项的投票意愿与征集人不同导致不能委托而致使股东权利无法行使,且随着委托事项的增多,这种意见不一致的几率也大幅增加。这与代理征集制度保护中小股东利益的宗旨相悖,需要加以引导解决。之所以全部征集、全部委托的比例高,概因为对全额委托的内涵理解不同而导致,这需要《暂行规定》未来就全额委托的内涵做出明确的界定。

（3）重复委托

即全部股份的权利份额委托给多个征集人或代理人的情形。通行的规则是允许多次委托,但有效的委托只有一个,此时产生了有效委托处理规则的需求。有观点认为,股东出具委托书后,欲撤回其所授予之代理权而另委托他人者,则须先收回前委托书,否则委托书有重复者,除声明撤销前委托书者外,系以最先送达公司者为准。也有观点认为,在多份委托书都是真实情况下,可以合理地认为,距离股东大会召开越近日期制作的授权委托书更能表达股东的真实意思,不过,委托书的日期仅具有初步推定力。因此,若委托书授权时间前后明确,可以初步认可日期在后的委托书效力;在委托书日期相同、双方对委托书日期真实性争执不下等无法判断授权时间情形下,则应当认为委托书意思不确定而作无效处理。① 应该说,以授权时间先后进行判断,后授权优先于前授权,符合真实反映股东意思的立法目的,具有

---

① 中村真二「株主総会における委任状の取り扱いについて」,资料来源:https://lawyer-nakamura.jp/cases/18066/。

合理性;但日期不明时做无效处理是基于代理权限制说的观点作出的,似乎不利于股东利益保护。故《暂行规定》第 26 条吸收前述观点,进行了差异性制度安排:"股东将股东权利重复委托给同一或不同征集人,但其授权内容不同的,以股东最后一次签署的授权委托书为准,无法判断签署时间的,以最后收到的授权委托书为准。"即日期清晰有先后顺序的,则后授权享有优先顺位;日期不明的,不轻易否认其效力,借鉴日期明确的处理理念,以收到授权时间作为判断,后收到享有优先顺位。不过,《暂行规定》的处理规则依然留下了一个漏洞:若收到时间的先后顺序无法判断,则其应如何处置尚不明确。实务中有部分征集公告对此作出约定,如宁波韵升 2022 年 8 月 19 日发布的"关于独立董事公开征集投票权的公告"约定:"无法判断收到时间先后顺序的,由征集人以询问方式要求授权委托人进行确认,通过该种方式仍无法确认授权内容的,该项授权委托无效。"应该说,这一处理规则充分尊重了股东的意愿,也很好处理了重复委托可能带来的争议,建议未来《暂行规定》予以采用。

(4)转委托

立法对转委托持否定的态度。《暂行规定》第 8 条规定,"征集人行使公开征集获得股东权利,或者证券公司、证券服务机构受征集人委托提供服务,均不得转委托第三人处理有关事项。"从法理基础来看,此条规定立意明确,希望征集主体恪尽职守以保护中小股东利益。在上市公司中,当中小股东意识到自己的投票权等股东权利对最终的结果无足轻重时,其完全有可能不会行使该权利。而在征集过程中,股东作为被征集人往往是基于对征集主体的信赖而做出授权,因为若仅是对征集主体存在单纯的信赖却未基于该信赖而有所行动,则该征集行为并不成功,更遑论后续的代理行为。此时,被征集人的信赖来源于征集主体征集公告中关键的信息披露及系列"劝说行为","理性而冷漠"的股东据此对征集主体产生信赖,而且认为自己的收益会超过与之有关的成本,[1]基于维护被征集人利益等原因,征集主

---

[1] 马克·斯考森:《经济学的困惑与悖论》,吴汉洪等译,华夏出版社 2001 年版,第 164—167 页。

体亲自实施代理行为理所当然。同时,便利监管也许也是立法禁止转委托的原因,因为股东权行使关涉重大且异常难以管理监督,若仅在代理征集一个链条中,尚有征集人(代理人)以显名方式出现,相对易于监管。

同样,征集主体"不得转委托"的规定也留下值得商榷的内容。《暂行规定》禁止转委托应当是在任何情况下作为代理人的征集主体都不得转委托。这一限制规定过于绝对,在实务中会带来两个问题。其一,当发生不可控等紧急情况时,董事会和投资者保护机构可选择指派机构其他的工作人员处理相关事宜,但股东和独立董事因个体的特性将导致征集人找不到合适的委托代理人。例如,当某一小股东成功征集大量股东权后突发疾病而无法亲自行使代理权时,在现行"均不得转委托"的立法下,其的努力似乎只能"付之东流",委托股东的合法权益也得不到保障。其二,当征集人因为某些客观原因无法亲自行使代理权而"擅自"转委托他人处理相关事项时,如何对该委托行为及行为后果进行认定,现有制度对此也未作出安排。

站在保护中小股东利益的视角,还是有必要对此进行适当的"松绑",借鉴民事代理转委托的例外规则增设例外规则,即紧急情况下征集人为了维护被征集人的利益需要转委托第三人代理的除外。一般情况下,征集人与被征集人之间的代理关系自征集人收到委托即告成立,此时,征集主体应考量如何以一个善意的、负责的和审慎的态度来处理相关事务,履行好代理人的职责。但在例外情况下还是需要考量转委托的现实需要。首先,民事代理中存在转委托的现成规则。《民法典》第 923 条关于转委托的行为认定分为两个部分:第一,经事先同意或事后追认的,转委托有效;第二,紧急情况下,为了维护委托人的利益需要可以转委托第三人,不需要委托人的事先同意或事后追认。这种规定对委托人和受托人来说都有利,委托人基于信赖利益等原因委托受托人处理相关事项,委托人可以基于利益考量而事先同意或事后追认转委托,在出现紧急情况时,为维护委托人的利益,受托人也可自行委托第三人。其次,需要考量股东权代理征集的特殊性。在股东权代理征集中转委托事先同意的情形已被法律明确排除;加之被征集人体量大,且被征集人因为信息不足和认知的偏差导致行使股东权利面临经济成本和能力成本,征集人与被征集人之间的信息传递和沟通不便,转委托事先同意和事后追认的情形不予成立。因此,能够考虑的也仅剩紧急情况下转委托的例外情形,可以有条件地将其纳入代理征集制度的现行框架。具体来说,法律可以明确征集人自身出现紧急情况,如突生恶疾,或者出现社会客观性紧急状况,如重大自然灾害和重大公共安全事件时,征集人可以转委托他人处理相关事宜,此时的转委托可以被认定为"为维护被征集人的利益",征集人只需对第三人的选任和指示承担责任。这是因为,征集行为的成功蕴含着征集人和被征集人的期望,若不允许此例外情形,二者的利益都得不到真正的落实和保护。虽然转委托会增加代理的复杂性,导致其真实性和准确性难以验证,但在征集公告已披露和委托协议已完成的前提下,第三人可操作的空间其实也较少。因此,例外规定还是很有必要,其既有利于征集人和被征集人的利益保障,也有利于预防征集人的权利滥用行为。当然,为了防止征集人滥用自行征集的权利致使中小股东投票权旁落,立法有必要在例外效力的认定上谨慎处理,并明确此类征集行为的后续处理规则:第一,原则上,出现前述特殊情况时,征集人应当首先选择撤销代理权。在撤销代理权无法实现或者撤销代理权将严重影响被征集人权利行使时,征集人可以转委托,但需就情况紧急、维护被征集人利益等要件承担举证责任。第二,对征集人故意不代行股东权的行为,应追究其违约责任,造成权利人损害的,需承担相应的赔偿责任。第三,对可能为征集人人为"圈起"致使无法顺利行使的投票权,在证明征集人故意的前提下,应立即恢复股东的投票权。

2. 延伸问题

（1）授权委托书可否作出与征集意向相左的委托

这主要是指委托书做出的委托意见与征集人公开征集的意见完全相反的情形。如征集人对某项待决议事项持反对意见进行征集,委托书对该事项持赞成意见。从理论上讲,相左意见的委托书增大了征集人所谋求意见实现的难度,征集人承担征集成本的情况下是在为自己制造障碍,从理性人角度看,这是无法想象和理解的,故征集人不愿代理意见相左的委托书。此时,其可否拒绝？或者其在征集公告中是否可以明确约定只接受与自己意见相同的委托？对此,《暂行规定》第15条规定征集人征集表决权的,应当提出明确的表决意见,不接受与其表决意见不一致的委托,但中国证监会另有规定的除外。这一规定也要求征集人不接受意见不一致的委托,原则上征集人只接受与自己意见相同的委托书。缘由在于,在网络投票日益普及、便利的情况下,代理征集便利股东投票这一效率功用意义已经不大,公开征集的主要目的是集中分散的股东权,形成与征集人不同意见的大股东相抗衡的力量,提高中小股东的话语权。[1] 不过,不同征集主体对这一问题的态度存在差异。

第一,独立董事的独立地位决定其可以代理征集相同意见、不同意见。根据《关于在上市公司建立独立董事制度的指导意见》(证监发〔2001〕102号)的规定,独立董事"可以在股东大会召开前公开向股东征集投票权""应当独立履行职责,不受上市公司主要股东、实际控制人或者其他与上市公司存在利害关系的单位或个人的影响。"《关于上市公司股权分置改革试点有关问题的通知》(证监会2005年4月29日)明确规定,独立董事应当向流通股股东就表决股权分置改革方案征集投票权。两个文件均仅授权独立董事征集股东权,但均未明确是否只征集与自己意见相同的委托书。从独立董事独立履行职责的角度看,无论委托书的意见是否与自己的意见相左,均不影响独立董事独立履职,也不与作为征集人的独立董事的利益相冲突,且其代理与自己意见相左的委托还能进一步便利股东权利行使,故其代理行为具有合理性,似乎也可纳入"中国证监会另有规定的除外"中考量。这也可从实务得到佐证。＊ST凯瑞征集公告中,征集人对征集事项的投票意向明确表述为:"征集人作为本公司独立董事,基于全体股东利益及公司未来长远发展考虑,对公司2021年12月6日召开的出资人组会议中审议的《凯瑞德控股股份有限公司重整计划(草案)之出资人权益调整方案》投赞成票。征集人可以接受不认同其投票意向的股东的委托。"

第二,投资者保护机构应也可接受意见相左的委托。除了与独立董事相同的分析之外,考虑到投资者保护机构的定位,保护中小股东的利益既可

---

[1]　《〈公开征集上市公司股东权利管理暂行规定〉起草说明》,资料来源:http://www.csrc.gov.cn/csrc/c101954/c1605915/content.shtml。

以体现在征集中小股东投票权从而否决对中小股东不利的议案通过,也可以表现在尽可能地为中小股东行使权利提供便利,使尽可能多的中小股东参与股东大会表达意见,无论该意见是赞成意见还是反对意见,投资者保护机构接受的委托书不考虑委托人的意见是否与己一致是恰当的,契合了投资者保护机构的职责。

第三,董事会、股东似乎很难接受意向相左的委托。毕竟与其目的不符,违背了理性人的行为逻辑。实践也证明如此,如恒泰艾普5月征集明确作出这一约定:"委托人应与受托人作出的表决意见一致,否则视为其授权委托无效。"先河环保2022年7月28日公告的股东深圳信天精密技术有限公司代理征集公告也特别声明:"不接受与征集人表决意见不一致的委托,"并在授权委托书的效力确认中将"与征集人意见一致"作为有效要件之一。*ST文化2022年6月2日、同济科技2022年6月23日的股东征集也持同样态度。

(2)授权委托书投票指示多选或漏选的处理规则

授权委托书投票指示多选指向的是委托人在征集事项的投票指示中同时选择了"同意""反对""弃权"三个选项中的两个以上。很明显,"同意""反对""弃权"三个选项之间是反对关系,同时选择两个以上选项将导致委托人的投票意图不明。同样,授权委托书投票指示漏选指向的是征集人对征集的某项事项投票意见未作选择,缺省选择同样导致委托人的投票意图不明。对此漏选、多选的授权委托应当如何处置,《暂行规定》同样尚未涉及,实务对此的处理也比较混乱。

如*ST凯瑞征集公告中明确约定:"股东应在提交的授权委托书中明确其对征集事项的投票指示,并在同意、反对、弃权中选其一项,选择一项以上或未选择的,则征集人将认定其授权委托无效。"然而,随后作为附件的"独立董事公开征集委托投票权授权委托书"对此却做出了不一致的约定:"对于同一议案,只能在一处打'√',多选或漏选视为弃权。无明确指示,代理人可自行投票。"应该说,附件中的约定有两处不符合代理征集的基本规则:

一是多选或漏选视为弃权。按照会议表决的情况来看,同意、反对、弃权都是行权的结果,也就是此时表决权已经行使,但按照征集文件的约定,选择一项以上(即为多选)或未选择(漏选)的,则征集人将认定其授权委托无效,既然授权委托已为征集人认定为无效,授权委托对应的股份就不能计入出席股份总数中,征集人无相应的投票代理权也就无法在股东大会上行使相应的权利,即便是投弃权票,征集人也无相应的投票资格。然而,附件中对此作出的约定却是作"弃权"处理。如果是弃权处理,则说明征集人代表委托股东在股东大会上行使表决权,投票意见不是赞成、反对而是弃权,其隐含的前提是征集人拥有有效的授权委托书,授权委托有效,征集人合法拥有投票资格,授权委托书所对应的股份数需要计入出席股份总数中。前后矛盾的约定为授权委托书的效力认定、表决权行使的计算引发矛盾争议,需要引起高度重视。事实上,查看上市公司的代理征集公告,此问题还比较常见。

二是漏选主要是指多项议题时部分议题没有选择明确的意见,按照之前的约定,要么是代理权无效要么是弃权处置,但随后的"无明确指示,代理人可自行投票"约定,却又授权征集人自由处置,代理人到底有权处置还是无权处置也留下疑问。从理论分析看,无明确指示包含两种情况:一种是整个授权委托书均未对投票意见作出指示,这种情况属于全权委托或者空白委托,也是法律禁止的委托方式。另一种是此处的漏选,在征集人有明确征集意见且排除意见相左征集时,即便委托人无明确指示,但从其委托征集人的行为可以推定其同意征集人的征集意见,故应允许按照征集人的意见行使表决权。但是,征集人没有明确的征集意见,也不排除征集意见相左的委托书时,则无法推导出委托人的投票意见,此时的委托书的效力如何处置则成为问题。

其实前述的争议涉及两个问题:多选和漏选是否影响委托书效力、多选和漏选事项的投票结果处置。有观点认为,公司法引入投票代理制度的目的是为了保障股东行使表决权的机会,需要在尽可能符合股东合理意愿的情况下将委托书作有效处理,进而保障股东行使表决权。[1] 本书也赞成这

---

[1] 中村真二「株主総会における委任状の取り扱いについて」,资料来源:https://lawyer-nakamura.jp/cases/18066/。

一观点,同时考虑到多选情况下,委托人授权代理人行使股东权的意图是非常明显的,仅是对征集事项没有给出明确的投票意见,故应当承认授权委托书的效力,将授权委托书所对应的股份数计入出席股份总数中,但因多选项导致委托人没有积极做出赞成的意思表示,则其投票结果作弃权处理比较恰当。漏选事项的处理规则同理,原因在于其他事项的授权委托有效的情况下,委托人漏选行为可以理解为委托人部分委托情况下的未委托事项,其按照部分委托的处理规则进行处理,即授权委托书有效,漏选事项允许其另行处置,未作处置的视为弃权。

(四)征集人声明

1. 征集人声明的立法与实践考察

法律对征集人设置了资格要求,征集人又处于代理人位置,其可信赖度对股东授权委托决策影响甚大,然而股东既不可能也不愿意花费时间去过多了解征集人的信息。为解决这一矛盾,征集人声明制度应运而生。征集人声明制度是自我声明制度中的一种。声明,是指公开表示态度或说明真相的意思。自我声明则是声明人单方面以公开方式做出的愿意受其公开内容约束的意思表示,是评价方式的一种。这在产品质量控制、标准化领域使用较多,如 2011 年 8 月工业和信息化部、国家工商行政管理总局、国家质量监督检验检疫总局联合印发《关于规范工业产品质量企业自我声明的实施意见》对企业自我声明做出定义,认为其是指工业企业通过产品说明书、宣传资料、产品包装等形式对产品的功能、性能、执行标准、技术特点和质量水平等特性所做的承诺性明示。[①] 另外,欧盟符合性声明(DoC)也是比较有典型代表的声明,属于自我声明的文件,指向的是产品的生产商或是品牌方正式声明自己的产品符合相关指令的基本健康、安全和环境要求,并负全部责任。

---

① 《三部门印发规范工业产品质量企业自我声明实施意见》,资料来源:http://www.gov.cn/gzdt/2011-08/09/content_1922356.htm。

自我声明作为"个体性自我规制"①，基于托依布纳"反身法"②理论，在政府与市场之间重新界定一种受限制的自我规制，既不局限于新自由主义的"看不见的手"顺应固有的社会秩序，也不是以"法的看得见的手"推动社会秩序发展，而是介于放任与规范之间的适度理性，③以更为民主化的自我管理机制实现间接治理，④与政府规制的直接治理相配合协调，形成有效的协同共进的规制体系。

新《证券法》《暂行规定》并未直接规定征集人声明制度，但在《暂行规定》第 12 条规定征集公告应载明以下内容："征集人符合本规定第三条规定的条件及依法公开征集的声明、征集日至行权日期间持续符合条件的承诺。"这可以理解为征集人声明制度的间接依据。其规定的声明内容包括三个内容：征集人资格满足（征集人身份）、依法公开征集（征集行为合法性）、征集资格保有。

实务中，所有的征集公告也基本对征集人征集资格的合法性、征集行为合法性进行了承诺。如富春股份 2022 年 8 月 16 日"独立董事公开征集委托投票权报告书"明确以"征集人声明"方式发表以下内容：

> 本人汤新华作为征集人，按照《管理办法》的有关规定和其他独立董事的委托，就本公司拟召开的 2022 年第二次临时股东大会中审议的公司 2022 年股票期权激励计划相关议案征集股东委托投票权而制作并签署本报告书。征集人保证本征集报告书不存在虚假记载、误导性陈述或重大遗漏，并对其真实性、准确性、完整性承担单独和连带的法律责任；保证不会利用本次征集投票权从事内幕交易、操纵市场等证券

---

①　陈洪超、齐虹丽：《论团体标准与企业标准自我声明公开和监督制度的理论基础——一个自我规制的解释》，《标准科学》2021 年第 7 期。

②　"反身法"理论具体内容详见托依布纳：《反思性的法——比较视角中法律的发展模式》，载贡塔·托依布纳：《魔阵·剥削·异化——托依布纳法律社会学文集》，泮伟江等译，清华大学出版社 2012 年版，第 266—315 页。

③　陈雨薇：《论反思性的法社会学的现实价值》，《东方法学》2018 年第 2 期。

④　杨炳霖：《回应性管制：以安全生产为例的管制法和社会学研究》，知识产权出版社 2012 年版，第 20 页。

欺诈活动。本次征集委托投票权行动以无偿方式公开进行,在公司指定的信息披露媒体上发布。本次征集行动完全基于征集人作为独立董事的职责,所发布信息未有虚假、误导性陈述。本报告书的履行不会违反法律、法规、《公司章程》及公司内部制度中的任何条款或与之产生冲突。本报告书仅供征集人本次征集投票权之目的使用,不得用于其他任何目的。

董事会的声明相对比较全面,查询几年来为数不多的董事会征集公告,全部都设计了专门的声明栏目,且内容都是六项:征集使用范围、征集内容合法性、征集行为合法性、保密义务、征集人身份、征集方式。投服中心在中国宝安表决权征集中设置了声明的专门栏目,但声明的内容最为简略:

投服中心为征集人,仅对公司拟召开的 2020 年年度股东大会的相关审议事项征集股东委托投票权而制作并签署本报告书。征集人保证本报告书不存在虚假记载、误导性陈述或重大遗漏,并对其真实性、准确性、完整性承担法律责任;保证不会利用本次征集投票权从事内幕交易、操纵市场等证券欺诈行为。

相比之下,股东征集的声明内容则比较多样,如先河环保的征集公告没有设置"征集人声明"专栏,但借鉴信息披露的格式,在公告内容开始位置专门提示:"股东深圳市信天精密技术有限公司保证向河北先河环保科技股份有限公司提供的信息内容真实、准确、完整,没有虚假记载、误导性陈述或重大遗漏。"同时采用特别声明方式表达了征集人身份、征集方式、征集资格保持三项内容。而恒泰艾普 2021 年 1 月 8 日、5 月 25 日的股东征集公告全文都没有"征集人声明"项目,也找不到《暂行规定》要求的"遵从型自我规制"[①]的三项相关内容。

归纳实务中的声明,可以发现,声明内容主要涉及征集人身份、征集目

---

① 罗英:《论我国食品安全自我规制的规范构造与功能优化》,《当代法学》2018 年第 1 期。

的、征集公告合法性、征集行为合法性、征集方式、征集使用范围。其呈现出两个特点:一是"遵从型自我规制"差异较大。《暂行规定》的三项相关内容中,征集人身份、征集行为合法性得到一致遵守,但征集人资格保有情况不容乐观,仅有先河环保征集等个别征集公告中有所提及。考虑到董事会和投资者保护机构的性质不会发生任何变化,其征集人资格保有声明也无必要性;但股东存有积极资格和消极资格要求,独立董事也有消极资格要求,《暂行规定》第3条第3款也明确要求其自征集日至行权日期间满足积极和消极资格,故二者的资格保有声明有其必要性。二是"自愿型自我规制"比较积极。实务中的自我声明内容明显多于《暂行规定》要求的内容,如征集目的、征集公告合法性、征集方式、征集使用范围等内容。

2.征集人声明的反思

(1)征集人声明的合法性控制

第一,构建合法性控制机制。征集人声明本身作为一种约束性机制,对征集人的行为约束通过征集人的内心自律得以实现。然而,仅仅依托征集人的自律无法有效保障其合法性,仍需构建以政府事中事后监督为主的自我规制兜底保障机制。① 从目前的制度建设来看,征集人声明作为征集公告的组成内容之一,自然受到召集人的合法性审查以及见证律师的见证约束,这也是第一道控制机制。召集人、见证律师需要审查、见证征集公告有无征集人声明以及征集人声明涵摄遵从型自我规制内容的情况,并在法律意见书中加以反映。第二道控制机制是发挥信息披露备案主体的作用。征集文件信息披露后报上市公司注册地证监局备案时,证监局应当对此进行形式审查,督促征集人补充,并可发挥信用工具的作用,将征集人声明落实情况纳入证券交易行为的信用管理体系中进行管理。

第二,构建缺省内容的补充机制。尽管《暂行规定》在征集公告中对征集人声明有要求,然而,征集人声明应当是征集人的权利而非义务,声不声明以及声明内容的多寡是征集人的自由决策范围的事项。故当征集人未遵

___

① 陈洪超、齐虹丽:《论团体标准与企业标准自我声明公开和监督制度的理论基础——一个自我规制的解释》,《标准科学》2021年第7期。

守或未完全遵守《暂行规定》的要求进行声明时,应当采用符合自我规制理念要求的方式进行处置,可借鉴道格拉斯·麦克雷戈所述的外附激励、内滋激励①径路展开:

首先,发挥压力、约束等负向外附激励的作用促使征集人尽可能遵守自我声明制度,并尽可能做好自我声明。可采取的举措是:召集人审查时发现征集人声明缺失或者遵从型自我规制三项内容不完备时,可以要求征集人补充声明的相关内容。征集人拒不补充的,见证律师应当在法律意见书中指出征集内容缺失或不完备情况。

其次,发挥征集主体认同感等内滋激励作用,调动征集主体发自内心的自觉精神力量,使其自愿开展征集人声明。可考虑在投资者教育中增加征集人声明的教育内容,不仅要使得股东知晓做出授权委托时需要关注征集人声明,更要让有可能成为征集人的股东知晓征集人声明在获取授权委托中的重要价值,提高征集人对自我声明的认同度。由于我国当前的征集实务以独立董事为主,可在独立董事行为规范中强化自我声明的作用,如在中国上市公司协会《上市公司独立董事履职指引》增加独立董事特别职责的履职要求,将征集人声明的规范纳入征集投票权职责履行中,增加"严格履行其做出的公开声明和各项承诺"等内容;或者在独立董事任职培训、后续培训中增加征集投票权职责履行培训内容,突出自我声明的规范操作培训,增强独立董事自我约束的自觉性。

(2)征集人违反声明内容的法律处置

从增强征集人信任度角度看,征集人有动力作出声明,甚至作出比遵从型自我规制更多内容的自愿型声明。尽管前文分析声明与否以及声明多寡是征集人的权利,不会对征集行为效力产生影响,但一旦征集人做出声明,特别是做出自愿型声明后,其违反声明的行为如何处置需要明确。

第一,公开承诺对投资者投资决策具有重大影响,一旦作出即应全面、严格履行。同时,其作为征集公告的组成内容成为"要约"的一部分,在征集人与被征集人之间委托代理关系成立后,即成为征集人的合同义务,征集

① 唐子畏:《行为科学概论》,湖南大学出版社 1986 年版,第 64 页。

人违反声明内容将构成违约,需对被征集人承担违约责任。

第二,毕竟征集人声明行为发生在证券交易市场中,对证券交易秩序带来影响。考虑到证券市场中自我声明这类间接治理手段并不少见,如上市公司公开承诺、控股股东公开承诺等,故征集人实施违反自我声明的行为时,可参考借鉴交易所股票上市规则中违反承诺的处理规则,公司应当主动询问征集人,并及时披露未履行承诺的原因;情节严重的,也可借鉴控股股东违反承诺的处理方式,由交易所纳入自律监管措施范畴或者根据《交易所纪律处分和监管措施实施办法》等进行纪律处分,如公开谴责,征集人资格限制等,也同步纳入信用管理,对征集人失信行为进行公告,并记入诚信档案。

三、授权委托书

征集人收到授权委托书后,从实务的角度看,需要对授权委托书的效力进行判断。只有授权委托书有效,征集人取得有效的代理权,方能开展行权活动。这是确保行权活动合法性的关键环节。

(一)授权委托效力确认

1.效力确认主体

如前所述,授权委托书的样式法律并未强制性规定,委托人也可以对征集事项的内容、投票意向等进行变更调整,征集人也可能提出不接受意见不一致委托等特殊要求。因此,即便委托人的授权委托书送达征集人手中,委托代理关系成立,但是否有效尚有待确认,征集公告也无一例外会约定效力确认内容。然而,《暂行规定》并未明确效力确认主体,尚有待讨论明确。从理论分析进路来看,可以将确认权配置给两类主体,一类主体是征集人,一类主体是第三人。鉴于授权委托书具有类似承诺的性质,承诺是否与要约一致,是否实质性变更要约,要约人自然有权利予以判断和确认,故确认权配置给征集人毋庸置疑。配置给第三人则是将确认权配置给征集人以外的第三人,主要是指新《证券法》在自我约束机制下新引入的见证人制度①,

---

① 见证人制度本书后面部分将进行专门讨论。

由征集人聘请的律师事务所、公证事务所等专业机构进行专业确认,目的是发挥第三方在合法性方面的专业评判能力。不过,专业机构确认权的获得还是来自征集人的委托,故其法律后果依然由征集人承受。考察实务的做法也有两种状况:一种状况是整个公告中仅提及"经确认",并未明确确认主体,其既有可能是征集人自己确认,也有可能是委托专业机构确认;另一种状况则在征集公告中明确约定由第三方进行效力确认,如粤华包 B2020年 11 月 28 日发布的"董事会公开征集投票权报告书"明确约定,"由见证律师确认有效表决票。见证律师将对法人股东和自然人股东提交的前述第二步所列示的文件进行形式审核。经审核确认有效的授权委托将由见证律师提交公司董事会。"再如,英唐智控实施细则第 14 条规定,"征集人应当聘请律师事务所或国家公证机关,对征集人资格、征集方案、征集投票权委托书、征集投票权行使的真实性、有效性等事项进行审核,并发表明确的法律意见。"总体上,实务中主流的做法是委托第三方进行效力确认,这既解决了征集人专业判断能力不足的问题,也顺应了证券市场引入见证人这一间接治理手段的发展潮流。

2. 审核标准

授权委托书效力确认按照形式审核还是实质审核进行,《暂行规定》未提供规则,查询的上市公司征集股东权实施细则中也都未涉及。从征集公告来看,多数公告中也未明确如何审查,仅有个别有明确,主要采用形式审核。如力帆科技(集团)股份有限公司 2022 年 8 月 19 日发布的"关于独立董事公开征集委托投票权的公告"明确约定:

> 由于征集投票权的特殊性,对授权委托书实施审核时,仅对股东根据本公告提交的授权委托书进行形式审核,不对授权委托书及相关文件上的签字和盖章是否确为股东本人签字或盖章或该等文件是否确由股东本人或股东授权委托代理人发出进行实质审核。符合本公告规定形式要件的授权委托书和相关证明文件均被确认为有效。

九号公司 2022 年 7 月 30 日的征集文件也做了同样的规定。

应该说,授权委托书效力确认采用形式审核是恰当的。一则,现行法律并未限定授权委托书提交的最迟期限,征集期限由征集人自行设定,实务中征集结束时间通常距离股东大会召开日非常近,两个日期的间隔时间长则两三天,短则半天一天,甚至个别征集活动在股东大会召开日前一天结束。较短的间隔时间无法有效支撑确认主体实质审核的需要。二则实质审核需要确认主体逐一查找证据证实,每一个授权委托书涉及多个查证事实,在授权委托书数量比较多的情况下,极短时间内完成查证既不现实也无可能。不过,由于《暂行规定》以及征集公告普遍忽略了这一问题,实践中容易引发争议,需要引起重视,可考量在前文建议的授权委托书指引中增加这一内容。

(二) 授权委托书有效要件

作为证明代理权的书面文件,授权委托书有效需要满足哪些要件,《暂行规定》同样缺失相关规则。鉴于授权委托属于民事法律行为,自然需要满足民事法律行为有效的要件。根据《民法典》第143条的规定,民事法律行为有效需要满足三个要件:行为人具有相应的民事行为能力;意思表示真实;不违反法律、行政法规的强制性规定,不违背公序良俗。第165条规定,"委托代理授权采用书面形式的,授权委托书应当载明代理人的姓名或者名称、代理事项、权限和期限,并由被代理人签名或者盖章。"故授权委托书是委托人的真实意思表示,有明确的授权范围并属于合法的授权行为,受托人符合法律要求,则授权委托书有效。

考虑到代理征集中的委托代理关系不同于一般的民事代理,具有特殊性,故而在有效要件上,征集公告往往作出特殊的效力要件约定。如 * ST 凯瑞征集公告中约定:

> 全部满足下述条件的授权委托将被确认为有效:已按本报告书征集程序要求将授权委托书及相关文件送达指定地点;在征集时间内提交授权委托书及相关文件;股东已按本报告书附件规定格式填写并签署授权委托书,且授权内容明确,提交相关文件完整、有效;提交授权委托书及相关文件与股东名册记载内容相符。

这一效力要件约定分别涉及承诺在约定时间到达,授权意思表示,授权范围明确,授权人真实性要件,也有征集公告在此基础上增加重复委托要件:未将征集事项的投票权委托征集人以外的其他人行使。

但是,前述要件是独立董事征集提出的有效要件,股东征集的有效要件在实务中有新的变化。如同济科技 2022 年 6 月 23 日的征集公告规定的有效要件为:

> 股东提交的授权委托书及其相关文件以信函、专人送达的方式在本次征集投票权截止时间之前送达指定地址;或在本次征集投票权截止时间内将授权委托书及相关文件的扫描件或照片发送至本公告指定电子邮箱;股东提交的文件完备,符合上述"征集程序"第二步所列示的文件要求;股东提交的授权委托书及其相关文件有关信息与股权登记日股东名册记载的信息一致;授权委托书内容明确且表决意见与征集人的表决意见一致;股东未将表决事项的投票权同时委托给征集人以外的人。

比较独立董事征集与股东征集有效要件的差异,可以发现,其他要件基本相同,但股东要件中增加了"内容一致性"要件,这一要件与前文意见相左委托分析的观点相同,股东征集人不愿意接受意见相左委托,在征集公告中明确排除了意见相左的授权委托,自然会将其作为效力要件要求之一。这也可以从同惠电子实施细则的约定得以佐证:当征集人明确表明自己对某一表决事项的投票态度的,并且明示被征集人应当与自己的投票态度一致的,被征集人应当按照征集人指示表明投票态度方为有效;当征集人在征集投票权报告书中明确表明自己对某一表决事项的投票态度的,但不要求被征集人应当与自己的投票态度一致的,被征集人可以按照自己的意思表明投票态度。

(三) 授权委托书有效形式

授权委托书是证明代理权的文件,如无特定事由的,其应该是容易识别伪造或变造与否的原件。[①] 授权委托书亲自签署并以纸质方式送交给征集

[①] 金建植等:《公司法判例研习:以韩国公司法为视角》,张珍宝等译,法律出版社 2021 年版,第 78 页。

人,或者邮寄方式送达征集人,其在形式上能够发挥书证的作用,自无问题。需要讨论的是实务中出现的以复印件方式提交的授权委托书,以扫描件、照片、传真方式存在的授权委托书的效力问题。

1. 复印件的效力问题

根据《暂行规定》第 16 条的规定,授权委托书是征集人出席股东大会应当必备的文件,但现行立法并未明确规定授权委托书是否必须是原件,对授权委托书复印件的效力未作出规范,也没有明确与授权委托书相关的凭证复印件的效力问题。

征集人授权委托书复印件的效力问题。授权委托书作为委托代理中最为重要的证据,承载着委托人真实意思表示的证明功能,且授权委托书原件的签署对于委托人来讲难度很小,亦如前文所述,我国对授权委托书样式持非常宽容的态度,复印、自行下载打印模板均可,因此制作授权委托书原件非常容易。为减少未来可能发生纠纷无法证明授权委托书系委托人所为行为的风险,需要排除授权委托书复印件的效力。故若委托人提供授权委托书复印件,征集人须以未签署授权委托书为由,否定授权委托书复印件的效力。

凭证复印件的效力问题。征集实践一直存在征集人和上市公司对被征集人凭证(主要是股东身份证、股东证券账户卡)的复印件、传真件效力认定标准的矛盾问题。早在 2000 年前后,这些争议就已存在,如在广西康达投票代理权征集案中,征集人发布的征集公告中未提及是否可以使用复印件以及该复印件的效力问题,部分被征集的异地股东因为没有提供股东账户原件、只提供了复印件而未被确认其股东资格,征集人当时实际收到的委托书有超过 5 成的委托书因为各种原因而无法参与表决。[①] 而同年郑百文独立董事征集投票代理权案中,征集人在披露的报告书中明确写到"复印件有效",随后,这种声明习惯被后续的征集案例陆续参照。[②] 时至今日,复印件是否有效仍无定数,针对同一个材料,实务中既有规定提交原件的,又有规定可以提交复印件的。例如,百达精工在 2021 年 9 月 17 日的征集公

---

① 伏军:《公司投票代理权法律制度研究》,北京大学出版社 2005 年版,第 46 页。

② 例如 2001 年国际大厦投票代理权征集案、2002 年青岛双星董事会征集投票代理权案和 2003 年济南轻骑小股东征集投票代理权案等。

告中声明个人股东在授权时需提交的股票账户卡可以提交复印件,但在阳谷华泰 2021 年 9 月 18 日的征集报告中则要求个人股东提交股票账户卡的原件。① 考虑到身份证、股东证券账户卡在社会生活中的特殊性,被征集人提供原件的可能性不大,招投标等商业活动也仅仅要求提供复印件即可;实务中被征集人身份信息、账户信息以及持股信息还是以公司股东名册为准,身份证、股东证券账户卡作为授权委托书真实性的佐证材料,仅供核实委托人身份所用;且因为上市公司股东基量很大,加上时间及距离成本,让被征集人都提供原件的可能性过于严苛,在身份信息与账户信息经核对一致后即可认定其股东身份,故身份证、股东证券账户卡原件不是必须提供的材料,复印件也能实现同样的功用,应明确复印件与原件具有同等效力,不能在征集公告中排除复印件这一材料形式。即便征集公告明确要求提供原件,在股东仅提供复印件的情况下,只要不影响相关信息的真实性确认,征集人、上市公司即不得以此为由否定委托代理的有效性。韩国大法院 2009 年 4 月 23 日在国民银行、住宅银行合并无效案的判决更进一步:

> 《韩国商法》第 368 条第 3 款规定:"股东有权委托代理人行使其表决权,代理人应向股东大会出具证明其身份的书面文件",这里所说的"证明代理人身份的书面文件"指的是委托书,公司要求除了委托书之外另提交印鉴证明书、参会证等文件的,仅是为了能够更加准确地确认代理人的身份,即便未持有上述文件,只要股东或代理人用其他方式能够证明委托书的真实性或委托事实的,公司不应拒绝其代理权的行使行为。②

实务中部分征集公告还要求提供持股凭证。《暂行规定》第 14 条第 2 款称之为证券登记结算机构出具的股东持股证明材料,并要求该材料出具

---

① 《浙江百达精工股份有限公司关于独立董事公开征集投票权的公告》和《山东阳谷华泰化工股份有限公司独立董事公开征集委托投票权报告书》。

② 金建植等:《公司法判例研习:以韩国公司法为视角》,张珍宝等译,法律出版社 2021 年版,第 65 页。

日与提交备查文件日,间隔不得超过 2 个交易日。但这一要求是针对征集人所提的要求,作为代理人出席股东大会的时候仅要求提供授权委托书、授权股东的身份证明即可,而《上市公司股东大会规则》也仅仅要求股东持股票账户卡、身份证或其他能够表明其身份的有效证件或证明出席股东大会,并未专门要求提供持股凭证。部分公司实施细则或征集公告要求提供持股凭证人为增大了股东出席股东大会的难度,也与现行规则的精神不相吻合,故不应确认这一限制的效力。即便委托股东不提供持股凭证,但提供了其他能够表明其身份的有效材料,也不影响其或其代理人出席股东大会。按照这一逻辑思路,既然持股凭证提不提供均不影响其行使权利,则股东提供持股凭证原件、复印件的法律效果并无差异。

2. 以扫描件、照片、传真形式存在的授权委托书

实务中出现了有条件承认授权委托书扫描件的征集公告。同济科技 2022 年 6 月 23 日的征集公告约定:

> 法人股东和个人股东的前述文件可以通过挂号信函、特快专递信函方式或者委托专人送达的方式送达征集人指定地址,并致电确认。其中,信函以征集人安排的工作人员签署回单为收到;专人送达的以征集人安排的工作人员向送达人出具收条为收到。该等文件应在本次征集投票权时间截止(2022 年 6 月 29 日)之前送达,逾期则作无效处理;由于投寄差错,造成信函未能于该截止时间前送达的,也视为无效。请将提交的全部文件予以妥善密封,注明联系电话、联系人,并在显著位置标明"征集投票权委托"。委托投票股东可于投寄前将该等文件扫描件或照片发送至如下指定联系邮箱。因疫情防控需要,本次公开征集委托投票权也可使用电子邮箱接收文件。委托投票的股东按上述要求备妥相关文件后,应在征集时间内将授权委托书及相关文件的扫描件或照片发送至本公告指定电子邮箱;逾期发送的,视为无效。

解读这一公告,同济科技原则上要求授权委托书为原件,通过当面送交或邮寄送达方式交付征集人。但同时考虑到疫情防控的特殊情况下,委托书无法亲自送交,也无法委托他人送交,邮寄渠道也无法实现,在这种不得已的条件约束下,采取扫描件或照片等电子化形式交付,作为授权委托书原件无法现实交付的临时替代措施有其正当性和合理性,也符合立法对电子化征集方式的基本态度。在信息网络如此发达的今时,从理论上来说,被征集人可以采用的委托方式不应局限于纸质传输方式。我国立法明确对电子化征集为鼓励态度,《暂行规定》第 28 条规定,要让征集活动尽可能地使用数据电文、电子签名等电子化形式开展。不过,同济科技的这一临时替代措施是否属于电子化形式还有待商榷。一则,我国立法上所谓的数据电文、电子签名在形式要求上明显高于邮件、扫描件、照片等形式,二则邮件、扫描件、照片等形式非常容易伪造或篡改,证明效力很低,无法解决原件证明效力问题。对此,未来尚需加大研究,如何提高邮件、扫描件、照片等形式的证明效力,为电子化征集方式提供更多选择。

同理,传真可否作为授权委托书原件的替代也值得关注。按照现行法律规定,传真件属于合同书面形式的一种,但是与原件相比较,传真件性质的不同会影响其法律效力:由双方互相传真并直接就其所载内容进行修改或确认的传真件可视为原件,具有法律效力;但仅以传输文本、图像为目的的传真件在性质上类似于复印件,属于效力待定的证据,不能单独作为认定案件事实的证据,仍需要通过其他证据佐证其真实性。从代理征集实务来看,股东与征集人之间不太可能具备视为原件的传真条件,通常为文本、图像传输,故授权委托书的传真通常应当作为授权委托书的复印件处理,不能替代原件。韩国大法院也认为,通过传真打印出来的传真版委托书性质上不属于原件,拒绝接受未附身份证副本的传真版委托书是正当的。① 言外之意,委托人通过传真发送授权委托书后,还需要将原件送达征集人,或者辅之以其他证据证明委托的真实性方能获得认可。

电子授权委托书的效力问题。当前,理论界、实务界顺应数据化、信息化发展的需要,也在探索电子化投票乃至电子股东大会(虚拟股东大会)的

---

① 金建植等:《公司法判例研习:以韩国公司法为视角》,张珍宝等译,法律出版社 2021 年版,第 78 页。

相关问题。① 同理,代理征集的电子化也应当是这一话题中的应有之意,电子授权委托书也就具有了正当性。不过,电子授权委托书当前还存在不少问题有待解决。征集活动可以分为发出和收回两个动作,"发出"即征集公告的披露,"收回"即股东授权委托书的签署,值得注意的是,在电子化征集过程中,这两个动作的成本与收益比例并不相同。征集公告等文件若通过电子化方式发布,具有快速、低成本和覆盖面广优势,而且它更能适应上市公司拥有广大"散户"的特征,力破公司独占股东名册的局面。② 但在"收回"问题上,例如股东签署授权委托书的问题则显得比较复杂,尤其在身份验证、安全性和使用形式上。这个问题可以从股东大会的网络投票过程中窥得一二,为了防止股东身份的冒用,参与网络投票的股东必须经过身份核对与验证的环节,也就是说,即使是在网络投票中,也存在许多先前行为以防止权利滥用和结果异常,这无疑是增加了股东参与的成本。③ 此外,电子

---

①　日本金融厅 2020 年 12 月在讨论公司治理准则关于股东大会的原则和课题资料中整理了日本国内对电子投票平台和虚拟股东大会的态度。电子投票平台的利用争议在新冠前后发生了较大变化,新冠之前,支持观点认为其可以立即实现召集公告的送达,临近股东大会才投票也有了可能性(之前国内至少需要提前 5 个交易日、国外至少提前 8 个交易日),且临时更改投票决定也能实现,上市公司也能提前掌握投票结果。反对观点则认为,需要设计两套投票流程增加成本且更为复杂,由于使用平台需要支付费用,在海外投资者、机构投资者保有率不高的情况下,感受不到其优势所在。不过,新冠疫情发生后,希望加大电子投票平台利用的呼声高涨,原因在于:其能有效减少邮件收发业务,防止传染扩散以及人为失误;有助于提高对话实效性,预计将大幅提高日本公司治理和投票透明度。同样,虚拟股东大会的利弊争议也较多,投资者指出,其使得异地参加、出席股东会成为可能,参加在不同国家同时召开的股东会也成为可能,扩大了股东参加、出席股东会的机会,也减少了参加成本;公司也可以期待更多股东参加、出席股东会,能更为灵活行使表决权,股东可以通过聊天等方式与公司进行交流,扩大了质询的方式,使股东会的讨论更加深入,同时能使现场股东会规模减小,降低会场费用;社会层面也认为,其在新冠疫情下能够兼顾防止传染病扩大的社会要求与确保股东大会的参加、出席机会的需求,一定程度上减少了会场的空调使用以及股东的出行移动,可以降低环境的负荷。但是,虚拟股东大会也有不少问题需要解决:如何保证股东质疑的透明度和公正性,以及质疑应答的双向性、即时性需要思考,公司也担忧因通信障碍等客观原因影响股东大会的双向性、即时性而产生公司决议被撤销的风险,若大量质问同时提交,会不会妨碍股东大会的正常进行,也为虚拟股东大会的运营提出更高要求,同时,还需要相关的配套环境进行辅助。详见金融厅「株主総会に関する課題」,资料来源:https://www.fsa.go.jp/singi/follow-up/siryou/20201208/02.pdf。

②　王淑梅:《发达国家委托投票征集制度特点及启示》,《求索》2004 年第 4 期。

③　高丝敏:《论股东赋权主义和股东赋能的规则构造——以区块链应用为视角》,《东方法学》2021 年第 3 期。

化征集还面临着不安全性问题,尤其表现在网络问题导致股东投票权无法顺利行使时,例如遭受黑客攻击、人为操纵投票以及篡改投票结果等问题,此时缺乏有力的救济机制。当然,即使征集人通过电子手段征集到一定的股东权,在如何准备证明资料,以便于在股东大会行使相关权利也还需要实践的推进。未来或许可以通过引进区块链等电子技术来落实电子化征集。技术既产生于社会关系又创造了社会关系,[1]上市公司作为社会关系集合的典型代表,其动态治理更不可能成为技术改造的例外。目前为止,美国许多州的公司法已经修法允许区块链技术运用在股东行使投票权与公司相关记录上。最典型的例子是,美国特拉华州在 2017 年便通过《特拉华州区块链技术策动法案》(Delaware Block chain Initiative, DBI),还修正了《特拉华州公司法》(Delaware General Corporation Law, DGCL)第 203 条(b)项、第 219 条及第 224 条等相关条文,为区块链在公司治理中的应用加强法律保障。美国强力引入区块链技术解决公司治理的电子化、数据化问题,主要在于作为共享数据库的区块链技术具有非常强大的优势,其分布式记账技术可以透过数学分散式演算法,架构不可篡改分散式的资料运算与存储平台,通过集体维护使区块链里的资料在不需要第三方介入的前提下让使用者达成共识,以非常低的成本解决信任与资料价值的问题,[2]极大地减少时间和开支成本。而且,从特征上看,相较于公司传统的数据记录制度,区块链的分布式记账技术可以让存储的信息同时做到公开透明、易于追溯和不可伪造,在股东权代理征集中可以保证征集人收到的授权委托书的及时性和真实性。就制度与技术的匹配度而言,区块链的一一对应可以适应公司的一股一权的模式,[3]具体而言,公司内部记录可以允许储存在一个或多个电子

---

① Carla L. Reyes, NizanGeslevichPackin, BenEdwards, "Distributed Governance", *William & Mary Law Review*, Vol. 59, Article 1(2017)。区块链提供了一个透明的信息记录管理系统的技术,使用共识机制进行加密签名和时间戳验证,从而区别于传统的由单一中心或计算机节点拥有、控制和维护信息的模式,信息的记录、控制和拥有是分布在整个系统中不可篡改和消除的。

② Carol R. Goforth, "How Blockchain Could Increase the Need for and Availability of Contractual Odering for Companies and Their Investors", *N.D. L.REV.*, Vol. 94, (2019), p.1.

③ 高丝敏:《论股东赋权主义和股东赋能的规则构造——以区块链应用为视角》,《东方法学》2021 年第 3 期。

网络或资料库中,包括一个或多个分布式的电子网络或资料库。[1] 通过区块链技术的运用,可以有效降低委托书征集的错误率,增强股权交易的资讯分享,同时兼顾透明性和保密性,有效降低整个征集过程中的冲突成本。我国也应当进一步强化区块链技术在公司治理中的作用、渠道、方式研究,适时调整法律规范,为电子化方式创造适宜的制度空间。

四、期间

(一)征集公告期间

1.公告提交期间

公告提交期间是指征集公告文件必须于某时间节点前提交。由于股东权利的行使涉及诸多主体,可能给各方主体带来损益,故《公司法》《证券法》等相关法律通常会设置权利行使期间,以衡平各方利益。如《公司法》规定,股东提案应在股东大会召开十日前提出,这既赋予了股东参与公司治理的权利,又考量需要给其他股东相对充裕的决策思考时间。然而,现行法律制度并未对代理征集设置公告提交时间,质言之,征集人随时均可向召集人提交征集文件。不过,考虑到代理征集后续的审核、公告、授权委托书的送达、效力确认等事项,征集公告提交时间也不能过于接近股东大会召开日。

部分上市公司在其实施细则中提出了期间要求。如英唐智控规定,"征集人应当按照有关法律、法规和《公司章程》和本细则第五章规定的要求,制作固定格式的征集投票授权委托书,并至少于股东大会召开15日前刊登于公司指定的信息披露媒体上。"考虑到《暂行规定》要求征集人将拟披露的征集公告及相关备查文件提交召集人,召集人收到文件后应当于2个交易日内披露征集公告。据此推算,则征集人通常应于股东大会召开17日前提交征集文件供召集人审查。再如,同惠电子规定,"股东作为征集人

---

[1] 方元沂:《从股东权益保障检讨征求委托书制度》,《财产法暨经济法》2020年6月第6期。

的,应当至少于股东大会召开前10日,在公司指定的信息披露媒体上发布征集投票权报告书;其他征集人,应当至少于股东大会召开前15日,在公司指定的信息披露媒体上发布征集投票权报告书。"由于使用的是"前10日""前15日"而非"10日前""15日前",依此规定,股东作为征集人,需要在股东大会召开日前10日内公告,其他征集人需要在股东大会召开日前15日内公告,征集人征集的时间最多10天、15天,其最早可以在股东大会召开日前12日、17日提交征集文件。不过,这一规定似乎与实践不太相符,法律并未限制征集人提交征集文件的时间,征集人难道不可以在更早日期之前提交征集文件?另外,这一规定还使用了"至少"一词,揣摩其真实意图是想让征集人尽早提交征集文件,以便为委托人思考、决策、处理征集事务留下相对充裕的时间,可能想要表达的意思是"应当至少于股东大会召开10日前""应当至少于股东大会召开15日前"。若这样理解,则股东、其他征集人最晚可以在股东大会召开12日、17日前提交征集文件。

统计前述搜索的2020年1月至2022年9月的23份实施细则,16份未作任何规定,2份约定应当在股东大会召开15日前刊登,另有5份则与同惠电子那样区分不同征集人做出不同的期间要求。

从征集实务来看,提交征集公告的时间也不尽相同,如中国宝安投保机构征集,6月17日公告,6月30日召开股东大会,由于公告未提及提交征集文件时间,故推算其提交时间为6月15日—17日,距离股东大会召开日13—15日;恒泰艾普5月征集,2021年5月25日发布征集公告,股东大会5月31日召开,推算其提交的时间在5月23日—25日之间,距离股东大会召开日6—8日;先河环保征集,股东7月26日提交征集文件,公司7月28日公告,股东大会8月1日召开,提交文件日与股东大会召开日时间相距6日。独立董事征集文件提交时间差异也比较大,如*ST凯瑞2021年11月19日发布公告,股东大会12月6日召开,推算其提交征集文件到股东大会召开时间间隔17—19日;千味央厨2021年11月20日发布征集公告,股东大会11月29日召开,推算其提交征集文件到股东大会召开时间间隔9—11日。

法律对征集公告提交时间未像提案权那样作统一规范,而是留给征集人、上市公司自主决定,这是由于,提案权的行使关涉新的议案决策,必须要为股东留足决策时间,否则提案权人故意在临近股东大会召开日甚至在股东大会上提出提案,基本不给股东思考的机会,极易被别有用心的提案权人滥用;反观表决权征集,股东在股东大会召开公告时即已知晓议案内容,即便征集人临近股东大会召开日征集,其也享有比提案权更为充裕的决策时间,法律不作统一规范并不影响相关利益主体的权益,也无规范的必要;更何况,提交时间越晚,留给征集人处理征集事务的时间越少,越不利于股东提交授权委托书,也影响其征集效果,为确保能够实现自己的征集目的,理性的征集人自然会尽可能早提交征集公告。另外,从立法技术角度看,统一规范征集公告期间也有相当的难度,这是因为,股东权代理征集的股东权涉及表决权、提案权等多个股东权,部分股东权行权有期间要求,部分没有,对随时均可行使的股东权自然随时均可征集,也就失去了统一规范的必要性,法律也仅对有行权期间要求的股东权存有规范的空间。但也如前文分析那样,提案权征集中的统一规范似乎也没有必要。

当然,这是站在征集人主动征集视角的考量,征集人主动征集必定有着特定目的,或为维护自身利益,或为巩固经营地位,不一而论,征集人为实现自己的征集目的会自觉作出有利于征集授权的安排。但我国的代理征集中还存在强制性征集,若独立董事缺乏足够的征集动力,其可能为完成征集职责任务而敷衍征集,如临近股东大会召开日才提交征集文件且只留 1—2 天征集时间,股东即便想要授权委托也来不及准备相关文件,独立董事强制征集的立法目的也被架空。

为此,有必要分类设计征集公告提交期间,即区分强制性征集与自发性征集,强制性征集表决权设置征集公告提交期间,除此以外的征集不设置公告提交期间。独立董事强制性征集表决权公告提交期间有两种方案可供参考。一种方案是可参考提案权提交期间的规定,规定独立董事强制性征集的征集文件应当在股东大会召开十日前提交。理由在于:独立董事因为参加了董事会,已然提前知晓了股东大会将要决议的议案,有充裕的时间准备征集文件;提案权涉及股东对新决议事项的决策思考,其行权期间若是恰当,对于早已知晓决议事项的股东来说,这一期间更具合理性。另一种方式则以股东大会召开通知的公告时间为基准,如规定独立董事在股东大会召开通知公告之日起五日内提交征集公告文件。这一规定的好处在于,即便考虑到公司滥用股东大会规则,将股东大会召开通知公告时间压缩到法定最短时间的情况下,如临时股东大会提前15日公告,独立董事征集公告提交时间也与提案权的提交时间一致,可以一定程度上减少独立董事的敷衍征集。当然,若强制性征集主体扩展至投资者保护机构,其强制征集公告提交期间也可类推适用。

2. 征集期间

征集期间是指征集人开展征集活动的时间。目前,征集公告在征集期间的安排上有两种模式。一种模式是固定一段时间,通常为两日,且开始日一般是在股权登记日后一日,如粤华包B2020年12月的征集安排是:股权登记日12月9日,征集时间为12月10日至11日;也有安排三日或三日以上的,如依米康2021年征集时间为11月15日至21日,先河环保2022年征集时间为7月27日至30日。另一种模式是某一日期之前,如中国宝安投资者保护机构征集的安排是:股权登记日6月23日,征集时间为6月26日以前;恒泰艾普2021年1月8日的征集安排为:股权登记日1月14日,征集时间为1月21日以前。

从前述实务来看,征集期间包括起始时间和终止时间两个时间点。从理论上讲,征集人发布征集公告后,即开始了征集行为,委托人都有可能送交授权委托书。因此征集期间的起始时间应该是征集公告发布时间,也就是通常所谓的征集日,实务中的第二种模式即采这一观点,《暂行规定》对征集日的概念界定也持同样观点。而第一种模式规定的起始时间其本意并非此处的起始时间,理解为现场接收授权委托书的起始时间更为恰当。这是因为,第一种模式下的征集程序中都会有如下约定:"委托表决的股东备妥相关文件之后,应在本公告规定的征集时间内将授权委托书及相关文件采取专人送达、挂号信函、特快专递方式送达本公告指定的地址。"其隐含的意思是规定的征集时间内才有专人处理亲自送达的授权委托书,而邮件送达的只要在终止时间之前到达即可。由于委托人担心授权委托书可能延误,通常会提前寄送,事实上也存在授权委托书早于起始时间送达,其也并不因提前送达而无效。

相反,终止时间对各方的影响反而最大,主要是影响授权委托书的效力。征集公告通常在授权委托书有效要件约定"已按本公告确定的征集时间内提交授权委托书"。换言之,只有在征集终止时间之前提交的授权委托书才可能被确认为有效,终止时间之后收到的授权委托书的效力因未被确认而无效。也有征集公告明确约定逾期无效,如中国宝安投资者保护机构征集规定:"该等文件应在本次征集投票权时间截止(2021 年 6 月 26 日18:00)之前送达,逾期则作无效处理;由于投寄差错,造成信函未能于该截止时间前送达的,也视为无效。"不过,这一效力约定尚值得商榷。征集人约定征集期间的目的主要是留出足够时间处理征集事务,如统计授权委托书、审核其效力,准备出席股东大会需要提供的合法证明材料等。故即便出现前述情形,只要在股东大会召开前收到相关文件,若相关材料齐备,在本质上并不影响其行使相应的股东权利。日本实务界甚至认为,法律未对授权委托书的提交时间进行规定,从公司经营尽可能反映股东意愿、尽可能确保股东行使表决权机会角度看,征集人在股东大会途中收到的授权委托书效力也应得到认可,只要在公司决议作出前即可。① 因此,为便利股东权行使,应当确认授权人逾期送达授权委托书的效力,但考虑到逾期也会对征集人准备工作带来影响,同时征集人处于信息优势地位,故应允许征集人享有是否接受委托的自决权,但若征集人拒绝接受委托,则应当负有及时通知被代理人授权委托迟延而被拒绝的义务。

3. 行权文件提交期间

征集人确认授权委托书后,为了在股东大会上行使代理权,需要提前将委托代理相关文件提交召集人,便于召集人确认、统计。《暂行规定》第 16 条规定,"征集人代为行使表决权的,应当在股东大会召开 2 日前,将股东授权委托书、授权股东的身份证明等材料提交召集人。"实务中征集人何时提交行权文件因未有相关信息披露不得而知,不过可以从征集终止时间看出一二。由于法律未对征集期间作出统一规范,实务中征集公告的终止时间

---

① 葛卷瑞贵「委任状に関する規制」,资料来源:http://www.katsuramaki-law.jp/blog/2018/03/post-24-580139.html。

各不相同,特别是距离股东大会召开时间差异较大,间隔时间长则 4 天,短则 1 天,甚至没有间隔,直接在股东大会召开日前截止。与此相对应的是,各征集人提交征集文件的时间也只能在这一间隔时间内。

部分上市公司实施细则规定了授权委托书和相关资料的提交时间,呈现两种模式:一种是要求在股东大会召开 24 小时前送达,如英唐智控规定,"被征集人的委托书及其附件,需不迟于股东大会召开前 24 小时送达至征集人聘请委托的律师事务所或公证机关";另一模式是要求在股东大会召开 48 小时前送达,如密封科技规定,"被征集人的委托书及其依据本细则第 16 条规定应当提供的文件,需不迟于股东大会召开前四十八小时送达。"在多元的提交时间中,有观点援引《暂行规定》的规定,认为终止时间与股东大会间隔 1 日甚至没有间隔的做法导致无法在 2 日前完成资料提交,因此主张无效。本书对此持保留意见。一则这一规定仅仅是管理性规定,法律虽然没有明确规定当事人的约定优先适用于法律规定,但根据其立法意旨可解释推定得出,其并无强制实现的功能,仅具有补缺的价值,其立法目的为便利公司作业,与代理出席会议之人是否接受合法委托无关,实难仅因委托书送达日数不满法定提交日期而别无其他原因的情况下即谓代理行为无效。① 二则《暂行规定》要求提前 2 日提交资料的目的是便利股东大会召开事宜,为上市公司审核确认委托的效力、统计出席股东大会股东基本情况等提供必要时间,故即便征集人在股东大会召开前的合理时间内提交相关资料,只要不影响授权委托效力的确认、不影响股东大会的顺利进行,就应当允许。故实务中通常提交授权委托书的期间还是按照《暂行规定》的要求进行,但若实施细则约定了提交时间,其约定应优先于《暂行规定》的提交时间;在无约定时间情况下,征集人逾期提交,只要召集人未拒绝或未提出明确的证据证明影响了股东大会的顺利进行,则不影响委托代理人的行权。

(二) 授权委托书有关期间

1. 效力期间

目前立法并未限制授权委托书的存续期间,但鉴于授权委托书长期有

---

① 《委托书送达期间之规定》,《判例集》2019 年 10 月第 55 号。

效,而每届股东大会的待决事项却不同,极有可能造成征集主体滥用代理权,违背股东真实意愿,损害股东合法利益的情况。[①] 为防止股东权利与股东身份分离,增加不必要的"代理成本",规避损害股东利益的制度负效用,股东权代理征集规则应当对授权委托书的期限作出限制性规定。[②] 日本《公司法》第 310 条规定,代理权的授予以每次股东大会为准进行,亦是旨在防止公司经营层滥用授权委托书作为控制公司手段的弊端而设置的规则。[③]《暂行规定》没有直接进行规范,仅在第 13 条授权委托书应当载明内容中要求"授权委托的期限以最近一期股东大会为限"。据此推测立法者和监管者的意图是授权委托书期限宜以当次股东大会为限,该次股东大会结束,代理权即告终结。同时授权委托书是一次性的,也排除了多次授权的可能,征集主体不得以一次征得的授权,获得多次出席股东大会行使代理权的权利。实务中的做法基本保持了一致,通常约定为"本项授权的有效期限自签署日至＊＊年第＊次临时股东大会(＊＊年年度股东大会)结束",也有规定为"本次授权以最近一期股东大会为限"。

2.授权委托书征集初步结果公告期间

考虑到授权委托书邮寄方式的存在,其能否在征集公告约定的征集期间按时送交征集人手中或征集人指定的代理人手中,被征集人对此缺乏信息知晓渠道。从信息优势以及可控制的角度来看,征集人应当及时反馈委托书接收情况,可以考虑赋予征集人征集初步结果披露义务,也就是征集期间届满,征集人收到哪些被代理人的授权委托书,以清单方式及时予以公告或者对非直接现场授权的被代理人予以相应的信息反馈,便利被代理人知晓委托代理的基本情况。但此时仅仅考量的是被代理人权利行使的知情权,并不涉及委托授权书的效力问题。不过,从便利征集人行使征集权以及降低征集成本出发,可以适度降低信息披露的要求,可借鉴征集文件信息披露的做法,允许征集人在原有发布相关信息的其他渠道发布授权委托书接收情况,且可仅仅列举所收到的经信息处理的股东账户号,以衡平被征集人

---

① 刘莹:《论委托书征集制度》,《云南社会科学》2004 年第 1 期。
② 李辰、孙敏敏:《论股东委托书征求制度》,《证券市场导报》2000 年第 12 期。
③ 鈴木竹雄＝石井照久『改正株式会社法解説』126 頁(日本評論社、1950)。

个人信息保护的需要。

3. 授权委托书效力审核与公告期间

由于征集人享有授权委托书效力确认权,一旦征集人行使这一确认权,则会引出另一个问题需要处理:委托人基于信赖作出授权委托后,其相信自己与征集人之间的委托代理关系成立并有效,征集人会按照约定行使代理权。征集人获得确认权后,若作出有效确认,与委托人的信赖保持一致,符合委托人利益;但若作出无效确认,则因为信息不对称,委托人并不清楚自己的意思表示被拒绝。从维护委托人合法利益以及诚实信用出发,征集人应当承担两个义务:及时确认效力的义务,通知委托人确认结果的义务。这是授权委托书效力审核与公告期间需要解决的问题。《暂行规定》对此并无规定,上市公司的实施细则也未涉及,实务中也看不到相关的案例。本书认为,这一期间的确定主要还是考虑及时性,无论授权委托书的效力确认,还是确认结果的通知都应当在合理、可行的时间内进行。确认结果的通知可以采用公告方式进行,也可以单独通知委托书效力未被确认的委托人。同时,考虑到审核需要时间,故审核结果公告与委托书征集初步结果分开公布,也可同步公布,前提是效力审核时间较短,二者时间差距不大。

五、撤销

在消极的委托代理关系中,委托代理关系存在的基础是本人与代理人的相互信任,倘若委托人与受托人的信任基础消失,允许双方解除委托代理关系,这便是委托行为的可撤销性。委托人取消委托或者受托人辞任时,只需将意思表示通知对方,单方法律行为便发生取消或辞任的效力。委托人或受托人未尽到通知义务,造成他方损失的,要承担赔偿责任。[①] 但是经征集达成的积极委托代理关系,区别于消极委托代理关系,对委托关系的撤销应有独特的制度设计。

对征集委托书可撤销性的讨论,区分两个主体展开:一个主体是发布征集公告的征集人;另一个是出具授权委托书的股东。

---

① 魏振瀛:《民法》,北京大学出版社 2013 年版,第 184 页。

（一）征集人撤销权

1. 概述

征集人撤销是指征集公告发布后，代理权行权结束前，征集人单方撤销代理征集的行为。征集人撤销区分为两种情况：一种情况是征集开始后征集人不符合征集人资格要件的撤销。此种撤销主要基于征集人资格丧失而启动，征集人资格丧失既可能是征集人主动丧失资格，如征集人转让股份，也可能是征集人被动丧失资格，如征集人受到证监会纪律处分。《暂行规定》对此使用的是"取消"，但其行为本质与撤销无异。另一种情况是征集人具备征集主体资格情况下主动撤销征集。

征集主体能否根据《民法典》第476条规定的一般要约撤销规则撤回征集公告，目前存在制度空白，新《证券法》并未作出规定，相关的部门规章、规范性文件也并未有制度供给。不过，《征求意见稿》第14条、第26条作出了反应，赋予了征集主体取消权、撤销权，《暂行规定》保留了这一规则，第12条第3款规定，"征集人出现不符合征集人资格要求时，应当及时通知召集人披露并取消本次公开征集活动"；第24条规定，"征集人撤销公开征集的，应当在股东权利的确权日前披露撤销征集公告，充分披露撤销的原因，在确权日后不得撤销。"

2. 征集撤销的控制机制

（1）取消征集的控制机制

《暂行规定》对此区分不同主体设计不同控制机制，对征集人科以通知义务、征集取消义务；而对召集人科以信息披露义务。当出现征集主体失格的情况时，征集人的征集欠缺合法性要件成为非法征集，被征集人受信息不对称的影响无法及时知晓，基于征集公告的信赖继续作出授权委托，则有损其权利的正确行使，故对处于信息优势地位的征集人科以通知义务，并同步取消征集活动，召集人则需要履行信息披露义务。目前的程序控制上留有如下问题需要解决处理：

第一，两个主体不履行相应义务应如何处置。若征集人未主动、及时通知召集人相关情况或者不取消征集行为，亦或征集人及时通知了召集人，但召集人不披露相关信息,两个主体分别违反了相关义务,如何处置的规则《暂行规定》尚未涉及。对此问题,可作如下考量:鉴于征集人已经失去征集资格,违反了征集资格保有规则,其继续进行征集的行为构成违法征集,故不履行通知义务、征集取消义务承担的是违法征集的法律责任;而召集人的信息披露义务不履行,并未直接涉及征集行为,则按照不履行信息披露的法律责任进行处置。

第二,召集人监控义务科以的必要性。前述义务的科以是从征集人主动控制角度思考的,但从外部控制的角度看,召集人也有可能及时发现征集人丧失征集资格而继续开展征集活动,此情形下是否有必要科以召集人要求征集人取消征集活动的义务也是需要思考的问题。《暂行规定》并未科以召集人这一义务。不过,《暂行规定》第 11 条规定了召集人审核征集公告的制度安排,召集人配合征集人披露征集公告后方取得证据证明征集人不符合条件的,应当披露征集人不符合条件的公告和律师出具的法律意见。质言之,《暂行规定》为确保征集行为合法性而引入的召集人审查制度对征集人失格征集采用两种不同的处理方式,召集人审查征集公告时发现征集人资格欠缺时,直接作出不予披露的决定,但一旦公告,即便发现征集人提交征集公告时的征集资格欠缺,也不是采用取消征集活动而是采用信息披露、见证人见证的方式供被征集人自主决策。另外,从文义解释来看,《暂行规定》规定的"披露征集公告后方取得证据证明征集人不符合条件的"可能包含两种情况:取得证据证明征集人提交征集公告时不符合条件、取得证据证明征集人征集公告后不符合条件。联系该条前后表述来看,"方"表述的是审查当时没有证据,后来才取得证据的意思,故《暂行规定》此处的理解应当是指第一种情况,并不包含第二种情况。不过从审查制度的目的来看,召集人负有控制征集人征集行为合法的作用,考虑到征集人资格保有的要求,则召集人应当在整个征集过程中监控征集行为的合法性。因此,应当对《暂行规定》这一规则作扩张性解释,当征集人在征集过程中丧失征集资格,召集人也应采用信息披露、见证人见证的方式进行处置。

(2)主动撤销的控制机制

就预防征集人权利滥用角度来说,还需探讨征集行为主动撤销的控制机制。在征集过程中,由于权利站位的不同,征集人权利滥用的情形并不罕见。《暂行规定》第 24 条确立了两个控制:行权期间控制、撤销原因公告。

第一,行权期间控制。如前文所述,征集公告一经发布,征集人即开始了与被征集人协商缔结委托代理协议的磋商过程,也开启了证券市场交易的影响。考虑到征集人过于临近股东大会召开日期才撤销征集会对股东权行使带来不利影响,《暂行规定》确立确权日作为撤销权行权的控制基准节点,"在确权日后不得撤销"也蕴含确权日前、确权日当天均可撤销。根据《上市公司股东大会规则》的规定,股权登记日(也就是确权日)与会议日期之间的间隔应当不多于七个工作日,股权登记日一旦确认,不得变更。即便征集人在确权日撤销征集行为,股东也有相对充裕的时间委托确定代理人以确保权利行使不受太大影响,较好衡平了征集人撤销权行使需要和被征集人利益保护的矛盾。不过,由于征集撤销行为既包括意思表示的形成与作出,也包括信息对外公开披露,前者仅关涉征集人与召集人,后者才关涉征集人与被征集人。征集人撤销征集行为的意图是不再与被征集人之间形成委托代理关系,这一意图只有传递给被征集人才有实质意义。故征集人的撤销权应当作限缩性解释,仅包括征集日前、征集日当日完成披露的撤销,不包括征集日前形成意思表示但在征集日后完成披露的撤销。

第二,撤销原因公告。总体上,现有制度对征集人撤销权行使并未设置过多的限制性条件,征集人非常容易开展征集,也非常容易撤销征集,这为市场滥用行为提供了条件。《暂行规定》将撤销原因披露作为征集撤销的另一控制机制,试图发挥市场约束机制制衡征集人滥用行为:若征集人撤销原因正当合理,获得市场的认可,不会减损被征集人、社会对征集人的信任度,也不影响征集人商业信誉;若征集人撤销原因不正当、不合理,不被市场所认可,则会影响其商业信誉。因此,在征集人缺乏正当合理的撤销原因情况下,基于市场的压力,其会一定程度缩减撤销行为。实务中征集人主动撤销征集公告原因的落实情况不一,有的严格按照规定予以公告,如国网信通2022 年 8 月 16 日公告撤销了之前的独立董事征集,原因在于征集事项因公司高级管理人员变动导致方案需要重新调整;也有的上市公司仅公告撤销征集但未披露原因,如天神娱乐股东在征集程序启动两日后,于 2019 年

9 月 26 日公告撤销本次公开征集投票权,但并未给出任何撤销的理由,进而引发质疑。因为当征集主体若着眼于"短线营利"时,大概率上会存在过度投机行为,类似于假借征集行为而高炒股价又悄然退场的情形将与日俱增,这个问题在竞争性征集中尤其突出,恶意征集的情形对于广大"闻风而动"的中小散户来说无疑是巨大的灾难。

3.新的征集公告是否可以视为撤销原有征集公告

实务中出现了用新的征集公告取代原有征集公告的情形,如瑞丰高材 2021 年第二次临时股东大会取消部分提案并增加临时提案,独立董事之前的代理征集公告并未直接撤销,而是采用更新后的征集公告取代之前的征集公告;千味央厨同样采用修订稿的方式披露征集公告。带来的疑问是征集人发布新的征集公告重新进行征集,原有征集公告是否需要专门按照撤销程序履行撤销手续,新的征集公告可否视为撤销原有公告? 目前的制度并未对此提供规则。站在成本最小化视角,新的征集公告若能使被征集人清晰地知晓其不同于原有征集公告,如实务中在新的征集公告后标注"更新后",在原有征集公告后标注"已取消"等字样,被征集人不会因此产生混淆,则原有征集公告无需专门履行撤销手续进行撤销公告,新的征集公告视为撤销原有公告具有合理性。不过,考虑到原有征集公告发布后,股东基于原公告寄出授权委托书后不会再关注新的征集公告,或者股东疏忽没有留意新的征集公告发布,仍然基于原征集公告的内容在新征集公告发布后作出授权,征集人仅以发布新的征集公告取消原有征集公告则会影响股东权利的正确行使。故为衡平双方的利益,在赋予征集人撤销权时还应当科以其在下述三种特定情况的单独通知义务:新征集公告发布时已经收到的授权委托书、签署日期早于新征集公告日期的授权委托书、征集事项内容为原征集公告记载的授权委托书。对此三类授权委托书,征集人需要逐一通知委托人原有公告撤销的事实以及新的征集公告内容。

(二) 委托人撤销权、撤回权

由于公司具有社团性,在表决权的行使方式中,股东亲自出席股东会行使表决权具有优先序,这也是各国公司法规定"亲自行使"原则的体现。基于此原则,多数国家的公司法都允许股东将表决权委托他人代理行使,而该代理可以由股东随时撤回。① 日本公司法设计了股东亲自行使、代理行使、书面投票、电子投票四种方式,"书面投票仅在股东不出席股东大会时方才生效,"②"进行了书面投票的股东仍可出席股东大会,一旦出席,其书面的表决权行使失效,"③"电子投票和书面投票同时到达公司,若没有特别约定,后到达的投票优先;"④考虑到电子投票行使表决权只有不出席股东大会的股东才会行使,故股东即便已经进行了电子投票,若其出席股东大会,之前已经进行的电子投票就失去效力。同理,进行了电子投票的股东若授予委托书,则委托书优先,不论电子投票的内容如何,代理人根据委托书行使表决权都是有效的。⑤ 股东的代理人出席股东大会,则书面投票也失效。⑥ 也就是四类方式中,股东亲自行使最优,代理行使次之,书面投票、电子投票劣后。按照这一逻辑,即便股东作出了授权委托,若其亲自行使,则默示撤销了之前的授权委托。

我国也基本采纳这一观点,设置了两类撤销规则:第一,明示撤销,即股东明确作出撤销委托书的意思表示。《暂行规定》第 25 条规定,"股东撤销表决权授权委托的,应当于征集人代为行使表决权之前撤销,撤销后征集人不得代为行使表决权。"这一规定为明示撤销设定了两个条件:明确作出撤销的意思表示,在征集人代为行使表决权之前到达征集人。第二,默示撤销,股东亲自出席股东大会并行使表决权,以其行为表明撤销委托。《暂行规定》第 25 条同时规定,"股东未在征集人代为行使表决权之前撤销,但其出席股东大会并在征集人代为行使表决权之前自主行使表决权的,视为已撤销表决权授权委托,表决结果以该股东提交股东大会的表决意见为准。"

---

① 梁上上:《股东表决权:公司所有与公司控制的连接点》,《中国法学》2005 年第 3 期。

② 江頭憲治郎『株式会社法』340 頁(有斐閣、第 5 版、2014)。

③ 神田秀樹『会社法(法律学講座双書)』189 頁(弘文堂、第十七版、2015)。

④ 神田秀樹『会社法(法律学講座双書)』190 頁(弘文堂、第十七版、2015)。

⑤ 「会社運営の留意点」,资料来源:https://nagasesogo.com/wp-content/uploads/2017/01/NS-News-Letter-No.17-Column2.pdf,2017 年 10 月 5 日。

⑥ 太田洋「株主提案と委任状勧誘に関する実務上の諸問題」旬刊商事法一八〇一号 39 頁(2007)。

根据这一规定,默示撤销需要满足三个要件:作为委托人的股东亲自出席股东大会,实际行使表决权,表决权行使时间早于征集人代为行使时间。事实上,《暂行规定》第 26 条多重委托中授权日期在后委托优于日期在前委托的处置规则其实也是股东撤销委托的一种类型,股东以授权日期在后委托撤销了日期在前委托,相关内容已在重复委托部分阐释,故不再赘述。

《暂行规定》两类撤销规则的要件都涉及到"征集人代为行使表决权之前",这一规则的内涵尚需进一步厘清。实务中,征集人实施表决权的代理行为存在三个时间节点:征集人将授权委托书及相关证明材料提交召集人的时间点,征集人出席股东大会完成现场会议登记的时间点,征集人在股东大会上实际提交投票表的时间点。三个时间点都可以理解为征集人代为行使表决权,很明显,如果没有委托人的授权,征集人也就无需向召集人提交相关材料,提交相关材料意味着行使表决权;出席股东大会完成现场会议登记,非常清晰地向公司确认了代理的股份数,为后续的出席股份数、表决权数确定提供了基础;实际提交投票表自然是行使表决权。本书认为,依循表决权股东亲自行使原则,此处的"代为行使表决权"理解为实际提交投票表更符合股东利益保护的立法目的。这是因为,表决权行使的实质是股东将其意思表示明确无误地在股东大会上表达出来,在没有实际提交投票表之前,其意思并未表达出来,也就不存在表决权行使的可能,征集人向召集人提交相关材料、现场会议登记等行为仅仅是表决权行使的前期准备行为而非表决权的行使行为。依此理解,则委托人可以在征集人实际提交表决票之前明确撤销授权。考虑到股东大会表决同时进行,很难确定征集人与委托人行使表决权的时间先后顺序,如投票表并未列出投票的具体时间,或者以鼓掌方式通过相关议案,则无法分辨行权时间的先后。故默示撤销的第三个要件在事实上不具有可行性,建议取消这一要件。换言之,只要股东亲自出席股东大会并实际投票表决,则视为撤销原有授权。一如有观点认为,股东本人到场开会应更能表现出对该议案的真意,似乎不宜限制其委托撤销必须在股东会开会之前,否则可能造成股东本人到场开会反而不如代理人到场的怪异现象。① 虽然这样处置会给股东大会会务带来重复投票等麻烦,但可最大程度尊重股东真实意愿,保护股东利益。

目前,实务的做法多元,部分公司的基本规则与股东亲自行使原则、《暂行规定》规则保持基本一致,如外运发展在 2018 年董事会公开征集投票权公告附件的"征集投票权授权委托书"格式文本中表述为:

> 在本次股东大会登记时间截止之前,本公司/本人保留随时撤回该项委托的权利。将投票权委托给征集人后,如本公司/本人亲自、通过网络方式投票或委托代理人登记并出席会议,或者在登记时间截止之前以书面方式明示撤回授权委托的,则以下委托行为自动失效。

首先,这一内容明确约定股东可以随时撤回委托,或以明示撤回、亲自行使等方式终结委托,即股东享有委托书任意解除权和终止权。其次,这个内容是征集主体以格式条款的方式事前提供,征集主体明知委托书任意解除权、终止权会对其征集事务带来诸多不便的情况下仍自愿约定这一内容,征集主体占据格式条款制定优势地位可以排除于己不利的内容而不排除,表明征集主体认可委托人的任意解除权、终止权,并认为这个权利是委托人固有权利而不可约定排除,显然也表明股东亲自行使权利的顺位优于代理行使的顺位。

不过也有部分公司的规则与《暂行规定》存有一定分歧,特别是在股东亲自行使投票权这一撤销模式的效力上有较大分歧。如前所述,股东的撤销、撤回包含三种情形:一是先后出具委托书,二是出具委托书后明确撤销委托书,三是出具委托书后亲自出席股东大会行权表决权。对此,＊ST 凯瑞征集公告作出的安排是:

> 股东将其对征集事项投票权重复授权委托给征集人,但其授权内容不相同的,以股东最后一次签署的授权委托书为有效,无法判断签署

---

① 《委托书送达期间之规定》,《判例集》2019 年 10 月第 55 号。

时间的，以最后收到的授权委托书为有效。股东将征集事项投票权授权委托给征集人后，股东可以亲自或委托代理人出席会议。股东将征集事项投票权授权委托给征集人后，在现场会议登记时间截止之前以书面方式明示撤销对征集人的授权委托的，则征集人将认定其对征集人的授权委托自动失效；股东将征集事项投票权授权委托给征集人以外的其他人登记并出席会议，且在现场会议登记时间截止之前以书面方式明示撤销对征集人的授权委托的，则征集人将认定其对征集人的授权委托自动失效。

随后作为附件的"独立董事公开征集委托投票权授权委托书"中也明确约定："在现场会议报到登记之前，本人/本公司有权随时按独立董事征集委托投票权报告书确定的程序，撤回本授权委托书项下对征集人的授权委托，或对本授权委托书内容进行修改。"换言之，征集文件认可了委托书的多种撤销方式：后授权、后收到的委托书撤销了前授权委托，亲自出席或委托他人代为出席撤销了代理征集委托，以书面方式明确撤销委托。但对征集人代理行使的时间节点采用现场会议登记时间节点，与前文分析相比，明显压缩了股东撤销代理权的空间，不太有利于股东权益保护。前文分析的外运发展也存在同样问题。

再如，宁波韵升征集的处理规则为：

股东将征集事项的投票权委托征集人后，股东可以亲自出席或委托征集人以外的其他人出席本次临时股东大会，但对征集事项无投票权。股东将征集事项的投票权委托征集人后，在现场会议登记时间截止前以书面形式明示撤销对征集人授权委托的，征集人将视为其授权委托自动失效。股东将征集事项的投票权除征集人外又委托其他人行使并出席会议的，且在现场会议登记时间截止前未以书面形式明示撤销对征集人授权委托的，其对征集人的授权委托为唯一有效的授权委托。

相比＊ST 凯瑞,宁波韵升同样采用现场会议登记时间节点的明示撤销,只有股东明确以书面形式明示撤销授权方产生撤销的效力,但同时又作出了不同的规定:股东另行委托或者亲自出席等行为仅仅产生其出席股东大会的效果,因对委托事项不具有表决权而实质上无法产生撤销的法律效果。这一约定与《暂行规定》的规则不吻合,明显与表决权股东亲自行使原则相背离,剥夺了股东亲自行使表决权的权利,按照《民法典》限制、排除主要权利的格式条款无效的规定,应当将此约定作无效处理。

（三）不可撤销委托书法律问题

理论界与实务界围绕"不可撤销委托书"展开讨论,学界认为消极代理中的委托人、受托人的任意解除权,以委托代理的无偿性为基础。在有偿的委托代理中,可允许委托人、受托人约定放弃任意解除权,该约定对双方均具有约束力。① 法律对此并无禁止性规定,当事人的意思自治应得到尊重。

反观股东权代理征集,通过征集达成的委托代理合同是无偿合同,不具备任意解除权约定放弃的基础,不得允许征集主体和股东达成放弃股东撤销权的约定,这便是学界讨论的法律应当禁止"不可撤销委托书",即征集主体与股东不能达成股东不得撤销授权委托书的约定,若约定,此约定无效。② 然而,需要留意的是,这一观点依然是站在征集人角度讨论的,得出的结论也是从征集人角度提出的,也就是从消极代理视角进行的分析。

《暂行规定》也采纳这一观点,第 25 条明确规定了征集人不得设置股东授权委托不可撤销的条款,明确了不可撤销委托书的效力问题。不过此条禁止的主体是征集人,但并未禁止被代理人制作不可撤销委托书。关于此条的理解,需要留意以下几点:

1. 征集人不得设置不可撤销条款

这是基于积极代理中委托人和代理人地位变化而做出的制度安排,以

---

① 广西弘毅营销顾问有限公司诉广西融昌置业有限公司商品房委托销售合同纠纷再审案,(2017)最高法民再 50 号民事判决书。

② 李辰、孙敏敏:《论股东委托书征求制度》,《证券市场导报》2000 年第 12 期。

保护处于劣势地位的委托人利益。对于不可撤销的表决权代理,梁上上认为如果允许不可撤销的表决权代理,就会改变原来控制公司的表决权结构,这既可能使原来的少数派股东因为持有不可撤销代理权而成为公司控制人,也可能使并不持有股份的人成为公司的控制人。① 从保护被征集人利益角度看,征集人设置的授权委托不可撤销条款的效力不宜确认,但也仅限于不确认这一条款的效力,并不因此而影响整个授权委托的效力。实务中也秉持这一观点,如经纬辉开在实施细则中规定:"征集投票授权委托书如约定被征集人不得撤销委托的,该约定无效。"指向的也仅仅是不可撤销这一约定而非整个授权委托约定。在委托亲自行使表决权或者委托人提出撤销主张时,该条款不具有对抗力。

2. 委托人并非不能设置不可撤销条款

前述条款禁止的是征集人,但并未禁止被征集人,也就是委托人。不过,委托人放弃任意解除权的约定是否有效,这在民法的立法和实践中存在争议。有观点认为,无偿委托合同中,委托人不得放弃任意解除权,因为委托人的任意解除权对受托人并不会造成损害,而且信赖关系破裂时,没有理由维持合同关系。② 也有观点认为,按照委托代理理论,委托人基于自己的理性判断和意思表示处理委托事项,不受代理人的影响,故若委托人在代理征集委托书中主动增加不可撤销条款,则因系委托人自行做出的权利让渡,需要维系其法律效力。即便委托人这一权利让渡与《民法典》未对任意解除权作出任何限制③的动向不符,承认其效力,在特殊情况也能通过后文所述的撤销行为维护委托人的合法利益。

3. 不可撤销的约定仍可撤销

无论哪一方设置的不可撤销条款,其性质本身乃系合同约定。此处的撤销不同于《公司法》《民法典》中的可撤销权,不可撤销仅仅是双方合同中约定的一项合同义务,当出现合同法定解除情形时,仍然可以单方解除合

---

① 梁上上:《股东表决权:公司所有与公司控制的连接点》,《中国法学》2005 年第 3 期。

② 王轶等:《中国民法典释评·合同编·典型合同(下卷)》,中国人民大学出版社 2020 年版,第 459 页。

③ 黄薇:《中华人民共和国民法典合同编释义》,法律出版社 2020 年版,第 891 页。

同。故"从私法角度来看,不可撤销的表决权委托实质上是可以撤销的,"[①]"仍然可以通过意思表示解释、重大事由例外、行使其他法定解除权等方式使委托人仍有权解除合同。"[②]

第三节　股东权代理征集费用

一、费用来源与立法

股东权代理征集是一个复杂的征集过程,每一个征集步骤都可能会产生相关费用。[③] 征集费用的来源主要是:第一,获取股东名册。上市公司的股份在不断交易、流通,股东也在不断地发生变动,流通股大多在证券公司名下,证券公司持有开户的股东名册。[④] 征集主体只能先从证券登记结算机构获得证券公司名册,再由此获得实际股东的名册。第二,征集主体确定拟待征集的事项。第三,征集主体制作征集公告并披露。第四,接收相关材料产生的费用。虽然《暂行规定》鼓励电子化征集,能一定程度降低征集费用,但凡是启动征集,必将产生征集费用。第五,征集过程的律师见证。《暂行规定》第23条规定律师对征集人征集出具法律意见,自然涉及律师费用。具体详见表2-6所列成本。目前我国尚无征集费用承担方式的法律或行业自律规定,《暂行规定》对此也未予以明确,实务中则存在多种分担样态。

二、分担模式

(一) 征集费用分担模式

目前,征集费用分担并未形成统一的认识,学界存在三种不同的观点。

---

① 施金晶、张斌:《上市公司股东不可撤销表决权委托研究——问题、挑战与监管》,《证券市场导报》2020年5月号。

② 王轶等:《中国民法典释评·合同编·典型合同(下卷)》,中国人民大学出版社2020年版,第459页。

③ 李红润、王利娟:《上市公司表决代理权征集主体的董事会中心主义》,《河南教育学院学报(哲学社会科学版)》2020年第1期。

④ 朱锦清:《公司法学》,清华大学出版社2017年版,第191页。

1.公司承担征集费用

域外对征集费用的承担进行了立法尝试。美国并未规定征集费用的承担主体,但根据美国 SEC 规则 14a-7,竞争性征集时,征集费用由反对竞争者的股东承担,反对有效的,可要求公司负担该费用。① 美国法庭判定,经营管理者持有维护公司利益的善意,便有权要求公司承担征集费用。但经营管理者仅是因个人利益或小团体的利益争夺公司经营权的,征集费用必须由经营管理者承担。

我国学界对公司作为征集费用承担主体展开了激烈争论,支持公司作为费用支付者的声浪高于反对的声浪。支持派认为,当董事会作为征集主体时,可安排公司员工完成部分征集程序,如制作征集公告,只要董事会能证明其征集行为是为公司利益而为,征集费用则由公司负担。② 然而实践中"为维护公司利益"还是"为个人私益"难以判断。③ 考量到优化公司治理结构、提高股东大会效率、征集行为便利股东会议达到定足数等因素,若征集费用的开支合法、合理,在非竞争性征集中董事会的利益与股东利益是重合的,应由公司来支付征集费用。

反对派认为,公司是全体股东利益的集合体,公司的财产不论是从理论上还是规则安排上,都属于全体股东共同共有,只是由经营管理层进行管理、支配。如此,公司承担征集费用,等同于使用全体股东共同所有的财产,对于没有授权或反对征集的股东,形同财产侵占,由公司承担征集费用,不具备事实和法律依据。④

2.征集主体承担征集费用

学界几乎一致反对征集主体承担征集费用。⑤ 当大股东、经营管理者

---

① 该规则被运用在 Rosenfeld V. Fairchild Engine and Airplane Co.一案。TSC Industries, Inc. v. Northway, Inc., 426 U.S. 438(1976),转引自李博翔、吴明晖:《论股东表决权征集制度的立法完善》,《证券法苑》2017 年第 2 期。

② 李红润、王利娟:《上市公司表决代理权征集主体的董事会中心主义》,《河南教育学院学报(哲学社会科学版)》2020 年第 1 期。

③ 李博翔、吴明晖:《论股东表决权征集制度的立法完善》,《证券法苑》2017 年第 2 期。

④ 蒋雪华:《征集代理投票权的相关问题分析》,《天津法学》2015 年第 4 期。

⑤ 陈明添、张学文:《股东投票代理权征集制度的效用》,《东南学术》2005 年第 2 期。

作为征集主体时,依照理性经济人假设,其会在成功征集后"想方设法"从公司取回所花费的征集费用,造成公司损失,也就是造成全体股东利益受损。当中小股东作为征集主体时,由于"搭便车"的投机心理和"冷漠"经济人心理,中小股东只愿意在成本小于收益的范围内承担征集费用,不会为征集行为花费过高的金钱或时间成本,让征集主体承担征集费用会挫伤中小股东行权积极性,减损股东权代理征集的正效用,也会产生强制性征集义务主体规避法定义务的风险。

3. 由征集主体与全体被征集者共同承担费用

依照理性经济人假设,在待决事项利于征集主体利益时,其便会启动股东权代理征集,被征集人与征集主体立场一致便会授予其代理权。换句话说,征集主体与被征集人有相同利益追求,才促成征集的成功,利益由共同体享有,征集费用便应由共同体分担。

但由于现代公司中小股东具有分散性、流动性,征集主体事先收取征集费用的可操作性低。让征集主体事前垫付征集费用,征集结束,无论征集成功与否,按照授权的股份比例由征集主体和授权股东分摊,这样的设想受限于中小股东对公司治理的冷漠与投机心理,会让中小股东基于防止自身利益减损目的,更抗拒行使股东权利,拒绝参与任何征集活动,使得股东权代理征集制度设计目的落空。因此,共同承担费用的设想无异于一种乌托邦式的理想,不具有实践操作可能性。

（二）争议

还有观点认为,美国的费用分担模式并非公司承担模式,而是合理支出公司承担、余下部分征集人承担的模式。并且,这一模式的缺陷非常明显,毕竟征集人的征集行为无论成败,最终还是会在一定程度上有益于公司,故对非董事会的征集,失败情况下也应当按比例分担,公司应当给予征集人部分补偿。[1]

对此,也有观点认为,部分补偿也不合理,应该改合理支出规则为失败

---

[1]　周冰:《上市公司表决代理权征集的制度探析与法律规制》,《证券法苑》2020 年第 2 期。

自担规则,即征集成功由公司承担、失败由征集人承担。① 不过,这一观点也存有几个问题:一是如何判断失败和成功,是获得一定数量的股东权授予还是相关议案获得通过? 若是后者的话,则董事会依然占据主动地位。二是现行法律强制独立董事征集,要求投资者保护机构征集,其费用如何分担? 实务中独立董事开展的强制性征集获得的授权数量不一,甚至部分情况下一份授权委托书都未收到,此时如何判断其成功与否? 如根据《北京市天元律师事务所关于歌尔股份有限公司独立董事公开征集投票权相关事项的法律意见》披露的信息,独立董事该次征集并未收到公司股东的投票权委托。投资者保护机构作为公益性组织有自己的经费,其使用公益性经费与其他征集人使用自己的经费是有差异的,自身承担还是公司承担并不关注,则可能导致使用公益资金征集股东权而为个人谋取声誉的状况出现。

三、未来径路

如前所述,每类费用分担机制都有合理性,也存在一定的不足。考虑到我国证券市场的实际,先期可考量由公司承担征集费用,理由如下:

(一) 有助于调动中小股东参与公司治理积极性

对广大中小股东来说,由自己作为征集主体启动股东权代理征集是需要极大的财力成本的,因为涉及委托费、律师费和会计费等等,可以说,征集费用的承担机制将是中小股东控制成本预算的关键点。从客观层面讲,这也是提高股东参与公司治理积极性的关键。在制度实施初期,有必要降低行权成本以激励更多主体行权,进而实现制度的立法目的。

(二) 有助于解决多元主体下的制度矛盾

一旦公司承担费用,独立董事强制性征集的费用无需独立董事承担,有

---

① 李俊琪:《股东权利征集制度研究:基于非对抗与对抗性语境的阐释》,《清华金融法律评论》2022 年第 6 辑。

助于调动独立董事征集积极性；有助于减少公司大股东转嫁给董事会征集的负向激励，在公司股东之间实现了公平；也使得董事会、独立董事、股东三类征集主体在公司治理事务上处于同等地位。

（三）公司承担征集费用也具有可行性

从前述梳理来看，我国的征集活动目前主要是独立董事的强制征集，股东征集原本数量就不多，给公司带来的成本负担并不大，担忧征集人滥用征集权给公司带来不堪重负的成本负担的基础暂不存在。考虑到未来可能出现大量征集给公司带来的成本负担，可根据情况适时调整负担机制，如引入征集人部分承担机制以一定程度遏制滥用。

当然，前述争论涉及到的代理征集仅为维护个人利益的情形，其成本由公司承担的合理性确实不彰，故可考量作例外规定，公司有证据证明征集行为严重损害公司和股东利益时，其费用由征集人承担。未来《暂行规定》可作如下补充规定："征集费用由公司承担，但是有证据证明征集主体滥用征集权导致公司和股东利益受损的除外"。

第四章　我国股东权代理征集制度
事后规范及完善

第一节　股东权代理征集合法性控制

股东权代理征集必须在法律设定的制度框架内进行,这一目的的实现,除了征集人自觉遵守外,还需要设置相应的合法性控制制度予以保障。合法性控制制度也被称作为"程序性规则"[①],其涉及到股东权代理征集要不要经过证券监管部门的审批、如何审批等行政控制程序,若不需要审批则又需要履行哪些自律控制必经程序等问题。这也是讨论股东权代理征集要不要纳入证券监管以及如何纳入监管的问题。当前,合法性控制根据实现方式可以区分为行政监管控制与自律控制,下文分别进行讨论。

一、代理征集监管

(一) 监管缘起

现代监管体系是现代国家治理体系的重要组成部分,监管能力是现代国家治理能力的重要方面。[②] 股东权代理征集作为公司治理的重要手段之一,其属于公司自治范畴,国家公权力有无介入的必要性,征集行为是否应受到相应监管,学界一直存有争议。从一个角度看,证券征集监管作为公权

---

① 李红润:《表决代理权征集规则研究》,《广西社会科学》2016 年第 12 期。
② 万岩、高世楫:《国家治理现代化视野下的监管能力建设》,《中国行政管理》2019 年第 5 期。

力的介入,考虑到公司自治与国家强制手段始终是对立的,而且这种对立关系必然是此消彼长,①公司个人权利的实现与公共权力的行使、个人利益的至上与公共利益的追求,必然导致公司自治与国家强制之间产生冲突。但从另一个角度来看,公司自治并不必然排斥国家强制,公司自治追求效率,通过主体对个人利益的追逐实现资源的合理配置,促进经济发展,增加社会整体财富;国家强制追求社会公平,使主体在公平的基础上自由竞争,促进公共福祉的实现,保护个人权利的依法行使。抛开公司自治,国家强制就会成为经济专制;抛开国家强制,公司自治就得不到保障,自治成为一句空话,二者唇齿相依、共存互补。②

(二) 监管模式

从委托书征集的发展历程来看,先后出现了两个监管模式:审批制与备案制。审批制又称实质审查,即证券市场的管理机构就征集人所提交的材料作出相应的审查,判断是否真实,是否充分。部分立法例早期采用审批制,征集文件报证券管理部门审核后再转交公司和股务代理机构。学界也有观点建议,为确保表决代理权征集行为得以合规、有序开展,应建立表决代理权征集的审批程序,证券监管部门应制定表决代理权征集人履行信息披露义务时应遵守的文件格式规范,详细列明应披露的信息内容,并要求表决代理权征集人在进行征集前须将其征集书及其他征集文件报送至证券监管机构进行事先审查,在审查时如果发现应披露的信息不完整或欠准确,则表决代理权征集人应根据证券监管部门的通知进行修改;如果表决代理权征集人不愿意修改或者修改后的征集书及其他征集文件仍然不符合相关规范的要求,则该征集书及其他征集文件将无法获得通过。③

备案制又被称为形式审查,即证券市场的监管机构仅对披露的信息形

---

① 李建伟:《有效市场下的政府监管、司法干预与公司自治:关系架构与制度选择》,《中国政法大学学报》2015 年第 3 期。

② 贺少峰:《公司自治与国家强制的对立与融合——司法裁判角度的解读》,《河北法学》2007 年第 6 期。

③ 李红润:《表决代理权征集规则研究》,《广西社会科学》2016 年第 12 期。

225

式是否合法进行审查,这是当前世界各国、地区主要采用的方式。部分立法例明确要求委托书的预备本文件备案之后可以进行代理权征集。[①] 还有的则要求征集人将征集相关资料直接送交公司并同时附知证券管理部门或证券自律组织,目的是简化作业程序,并争取时效。[②]

(三) 我国选择

1. 制度建设情况

目前,与代理征集活动监管相关的条文主要有《暂行规定》第 29 条、第 30 条以及《上市公司信息披露管理办法》第 9 条。《暂行规定》第 29 条明确了证监会的监督管理职责,规定中国证监会及其派出机构依据《证券法》等法律法规、中国证监会相关规定,对公开征集活动实施监督管理。第 30 条则构建了自律组织的自律管理,要求证券交易所、证券登记结算机构、证券业协会等自律组织依法对公开征集活动进行自律管理,制定完善相关自律规则。而《上市公司信息披露管理办法》第 9 条规定主要是针对代理征集中信息披露问题的监管,与其他信息披露一样,采用备案制,即信息披露义务人应当将信息披露公告文稿和相关备查文件报送上市公司注册地证监局。

从前述规定来看,代理征集活动中的信息披露采用备案制这一事后监管方式进行,对代理征集活动仅规定了证监会的监督管理以及自律组织的自律管理要求,征集活动本身是否需要监管,若要监管是采用审批制还是备案制并未有明确的制度规范。毕竟,代理征集行为的监管与信息披露的监管是性质迥然不同的两件事情。信息披露需要监管,采用备案制,但代理征集行为是否需要行政部门监管还值得探讨。

2. 简要评价

对此问题,学界也有不同观点。有观点认为,出于效率的考量,我国应

---

① 宋林聪:《我国上市公司股东代理权征集制度法律规制研究》,甘肃政法大学 2021 年硕士学位论文,第 32 页。

② 王文宇:《论公司股东使用委托书法制兼评新版委托书规则》,《万国法律》1997 年 2 月第 91 号。

当采用备案制。我国股东权代理征集可以借鉴美国等的规定,确定代理征集活动的备案审查制度,将征集活动的信息文件报送证券监管机构备案,以待将来发生纠纷可以及时查明证据。

另外,从代理征集实务来看,多数公司的股东权代理征集实施细则对此并未涉及,仅个别实施细则规定了报备程序内容,如经纬辉开"征集投票权实施细则"第 26 条规定,征集人须将征集投票权报告书、征集股票授权委托书等与征集投票权行为有关的材料在公告 5 日前,向证券监管部门和公司董事会秘书报送。第 27 条规定,证券监管部门在 5 个工作日内提出修改意见的,征集人应根据修改意见进行修改后公告;监管部门在 5 个工作日结束后未提异议的,可直接公告。这一规则有两个问题值得关注:第一,报送资料的对象不同,此规则是向证监会、董事会秘书报送,而《暂行规定》第 11 条规定的是向召集人提交,尽管董事会秘书是信息披露的具体经办人员,但考虑到征集公告的审查问题,若召集人是董事会,向董事会秘书提交征集公告并无问题,但若股东大会的召集人是监事会或股东时,向董事会秘书提交似乎与《暂行规定》规则不符,此时的董事会秘书如果仅仅是发挥代收和转交的作用尚能理解,但一则增加了征集资料报送流转时间,二则要求必须向董事会秘书报送似乎剥夺了股东召集人接收征集材料的权利,若未剥夺这一权利则意味着征集人需要向召集人和董事会秘书同时提交征集材料,也增大了征集人的负担。第二,信息披露程序。按照现行法律法规的规定以及深交所的业务规则,现行上市公司的信息披露有直通披露和非直通披露两种方式,直通披露也称为信息披露直通车,是指上市公司按照相关规定,将应当对外披露的信息通过业务专区和其他方式直接提交至符合条件媒体进行披露,相关机构事后进行形式审查的信息披露方式;非直通披露是指上市公司提交的公告需经相关机构形式审查后提交给符合条件媒体的信息披露方式。两种方式涉及的信息披露的审查顺序,一个是先披露后审查,一个是先审查后披露,但都不涉及到代理征集行为本身的审查问题。

虽然现行法律法规中没有明确代理征集的监督管理问题,相关文件资料中也未提及代理征集行为合法性控制问题,但结合《暂行规定》的相关制度安排,还是可以发现监管部门的监管理念和态度:主要是考量市场机制、自律力量进行合法性控制,行政力量几乎不介入。这是因为,从《暂行规定》第 11 条、第 23 条以及新《证券法》第 176 条、《证券期货违法违规行为举报工作暂行规定》的相关规定来看,征集人的征集行为至少受到以下制度的规范:召集人审查制度、见证律师见证制度、吹哨人制度。征集人审查征集公告,若无问题则依规定进行信息披露以及信息披露备案,若有问题则拒绝披露,整个过程不存在代理征集行为的监管审批问题,仅存在见证律师的见证以及吹哨人潜在的监督。从这一制度安排可以看出,我国对代理征集行为并未采用传统的审批制或备案制进行规范,而是采用"召集人审查+见证律师见证+吹哨人监督"的制度设计。其中,召集人审查是利用公司内部治理机制的作用保障征集行为的合法性;见证律师见证是期冀发挥律师的专业中介服务,核查征集资格、程序、行权等的合法性,出具法律意见书,以此为市场提供征集行为合法性的信息,辅助股东决策判断使用;安排吹哨人制度力图为监管部门发现更多违法违规线索,为违法违规行为提供外在压力进而压缩违法违规行为空间,间接实现合法性控制的目的。应该说,这是一种新的合法性确保机制,更有效率,是我国监管部门顺应世界监管潮流作出的全新制度设计。不过,这一制度安排可能招致征集人保护不力的质疑。下文就召集人审查、见证律师见证、吹哨人制度分别进行讨论。

二、审查制度

(一) 法理分析

1. 立法现状
(1)术语使用

讨论这一制度之前,首先需要明确的是术语本身。这是由于《暂行规定》并未直接规定这一制度,只能根据相关规则的内容进行推导。目前,《暂行规定》以及实务规则中使用的术语并不完全统一,大致存有"核查""审查""审核"术语的使用。

一是核查。《暂行规定》第 11 条规定,"征集人启动公开征集活动,应当将拟披露的征集公告及相关备查文件提交召集人。召集人收到上述文件后,应当于 2 个交易日内披露征集公告,经核查认为征集人不符合本规定第三条规定条件而拒绝披露的,应当向征集人书面反馈不符合规定的证据和律师出具的法律意见。"此处使用的是"核查"一词。同时在《暂行规定》的起草说明中也强调"明确征集人提交备查文件及召集人核查的要求",使用的也是核查一词。

二是审查。《暂行规定》第 22 条规定,"召集人应当在收到提案后 2 日内发出股东大会补充通知,公告临时提案内容,并将提案提交最近一期股东大会审议。除征集人不符合本规定第三条规定条件、相关提案不符合有关规定外,召集人不得拒绝将临时提案提交最近一期股东大会审议。"虽然此条并未直接使用"审查"这一术语,然而这一规定事实上属于学界讨论的股东提案审查制度,借用这一制度的名称,可以认为使用的是"审查"。

三是审核。这是代理征集实务中使用的术语,如经纬辉开"征集投票权实施细则"第 13 条规定,征集人应当聘请律师事务所或国家公证机关,对征集人资格、征集方案、征集投票权委托书、征集投票权行使的真实性、有效性等事项进行审核,并发表明确的法律意见。此处使用的是"审核"一词。

(2)术语厘定:审查

多元的术语使用导致制度适用混乱,有必要予以明确。相对而言,审查较为恰当。理由如下:一是审查一词沿用了股东提案制度的术语,在学界和实务界已有较好的认可度,比较容易迁移和接受,符合使用习惯;二是查询《现代汉语词典》,核查是指审查核实的意思,审核是指审查核定(多指书面材料或数字材料)的意思,审查是指检查核对是否正确、妥当(多指计划、提案、著作、个人的资料等)的意思,三个术语存在意思层次的差异,但其本质内核并无不同,都有强调检查核对的意思,且审查更偏法律术语。故本书采用"审查"一词予以使用。

2.审查的合法性

"合法性"(legitimacy)概念总是预定着某种元叙事和元话语(前设命题)的在场,行为、社会关系、制度、统治等,倘若能够成为某种元话语系统中的一个有效陈述,那么它们就将"合法化"(legitimization)①。合法的,也就是有根据的,能为大多数人所接受的。② 其实,亚里士多德对法治的"合法性"内涵经典表述为"良法之治"和"普遍服从"。可见,任何法律制度的建构应当达到合法性与合理性的统一,③股东权代理征集审查制度亦不例外。

现行《证券法》确立了股东权代理征集制度,但并未明确规定相关审查制度,而是在证监会发布的规范性文件中模糊表述。然而,正因这一模糊性,致使业内对此制度未予以过多关注,实务中的征集公告和征集规则大多类似,亦因召集人拒绝征集文件无需公告,导致无从找寻实务中是否存在以及存在多少征集文件被召集人审查拒绝的情形。制度规定的不明确性将导致审查的合法性、合理性等争议。

(1)文义解释

法律解释是法律实施的一个必经步骤。④《证券法》《公司法》都没有明确审查制度,仅从《暂行规定》看,征集人启动公开征集活动,应当将拟披露的征集公告及相关备查文件提交召集人。召集人收到上述文件后,应当于2个交易日内披露征集公告,经核查认为不符合征集条件而拒绝披露的,向征集人书面反馈证据和律师出具的法律意见书。究其用词谴字,使用的是"备查""核查"等术语,从文义解释的角度看,似乎蕴含着召集人具有"审查权"。但是由规范性文件明确的"核查"能否认定为"审查",这种"审查"属于主动还是被动,若上升为权利是否具有正当性,这些问题都还存在一定争议。此外,"应当"在这里是强制性还是建议性,也不无疑问。虽然有学者认为在分析法律解释因素时应将文义解释放在第一位,⑤但是文义解释拘泥于法条字面文字导致了复数解释的出现,此时为了避免曲解法条的真

---

① 韩德明:《法律因何合法、怎样合理?——法律商谈论语境中的考察》,《法制与社会发展》2006年第2期。

② 葛洪义:《法律与理性——法的现代性问题解读》,法律出版社2001年版,第123页。

③ 曹清清、金剑锋:《上市公司股东提案权的章程表达——对202家上市公司章程的实证考察》,《证券法苑》2017年第2期。

④ 张文显:《法理学》,高等教育出版社2006年版,第49页。

⑤ 黄茂荣:《法律方法与现代民法》,法律出版社2006年增订第5版,第494页。

正意义、立法精神,应当结合其他解释方法进一步分析。

（2）目的解释

我国《公司法》的立法目的是通过对当事人行为的规范和对公司内外法律关系的调整,关注公司、股东和债权人的合法权益;协调三者之间的关系,维护社会经济秩序,促进社会主义市场经济的发展。[①] 考察我国立法实践中关于召集人的审查权,最早应来源于股东提案权制度。[②] 由于提案审查权并非本书讨论的范畴,在此不深入讨论,仅以此进行借鉴。究其制度设置,无论是审查主体配置给召集人本身还是 2 日的审查时限,股东权代理征集审查与提案权审查制度有相似之处。因此可以考察提案制度的相关立法从而为代理征集提供参考。

从上位法律看,由于《公司法》没有明确规定董事会对股东权的审查权及具体审查标准,不能直接从 2005 年、2018 年的《公司法》修订得出审查制度及审查标准具有如下肯定性结论的立法意图,即提案制度设置审查权以及审查标准是出于股东参与公司经营的权利最大化、防止董事会对股东提案权利的侵害、最大限度地保护股东利益的考量。然而,目的总是与法律价值联系密切,被法官、学者选定的用于解释法律目的应该是那种符合正义的目的。[③] 基于此,前述立法意图契合了召集人享有股东提案审查权的制度功用。同理,基于正当目的的解释,明确股东权代理征集活动中召集人的审查权不仅不会限制股东行使征集权,反而将规范股东行使此权利。从规范性文件角度分析,审查权的赋予契合了《暂行规定》规范公开征集上市公司股东权利的行为这一目的。这一规范具有正当性,这是因为,股东权代理征集的法律价值在于能有效地制衡董事、大股东行为,保护公司合法权益,能促

---

① 赵旭东:《公司法修订的基本目标与价值取向》,《法学论坛》2004 年第 6 期。

② 有学者认可董事会享有提案审查权,具体可参见肖和保:《股东提案权制度:美国法的经验与中国法的完善》,《比较法研究》2009 年第 3 期;李荣:《我国提案制度的缺陷与完善——兼论新〈公司法〉第 103 条第 2 款》,《社会科学研究》2006 年第 6 期;伍坚:《股东提案权制度若干问题研究》,《证券市场导报》2008 年 5 月号等;也有学者认为董事会对于适格股东的提案不享有拒绝的权利,具体可参见刘俊海:《新〈公司法〉的制度创新:立法争点与解释难点》,法律出版社 2006 年版,第 371 页。

③ 陈金钊:《目的解释方法及其意义》,《法律科学》2004 年第 5 期。

使公司经营权的合理行使,①此时审查制度的法律价值其实是限缩股东权利的大规模行使,虽然股东积极参与治理有利于公司发展,但滥用此种机制扩张的负效用却有害于公司治理,故审查制度某种程度扩大公司内部监督,两种制度的对抗此消彼长,使得股东权代理征集制度法律价值与目的达到了一致。

不过,也有观点认为,由于我国股东大会的召集人主要是董事会,赋予召集人代理征集审查权实质上是赋予给公司,由此带来不公平。② 原因在于,董事会、独立董事的征集事实上就是自己监督自己,代理征集真正审核的仅剩下股东和投资者保护机构的征集,对股东产生不公平,因此不应引入审查制度,而是应当从费用承担规则以及欺诈之法律责任等方面寻求问题解决。言外之意就是不主张设置这一审查权。

(3)比较解释

2021年修改的美国《股东征集规则》(包含了提案规则)指出,股东委托书之规定不仅在于思考保护股东的征集权利,因股东选择适用提案规则③必须使用公司印制与发行之委托书,若有不符合提案之要件者,亦应依法定程序报送SEC并通知提案股东,再若发生提案内容或程序争议,公司亦须依法定程序处理,其所耗费者皆为公司及其他股东需共同承担的公司成本,这一修法再次体现了代理征集须顾及双方利益平衡④理念。可以说,2021年修正之重点着重于对股东征集(提案)门槛的提高,实质是为了限制或减少股东提案数量,进而规范股东权委托制度。再者,日本法也如同美国法,对于之前曾经付诸股东会表决而未获得一定比率同意之议案,则限制在一定年度内不得再提出实质内容相同的议案。同时,为了规范股东提案权

---

① 刘素芝:《论征集股东委托书制度的价值取向》,《商业研究》2008年第6期。

② 李俊琪:《股东权利征集制度研究:基于非对抗与对抗性语境的阐释》,《清华金融法律评论》2022年第6辑。

③ 征集股东提案在美国公司法上属于委托书征集(征集proxy)制度范畴(征集也称为表决代理权征集),无论管理层或股东的提案均需通过委托书来征集足够的表决权以获得支持,而提案及其说明则属于寄送给股东的委托书征集文件中应披露的事项。

④ Erin Stutz,"What´s in a Name:Rule 14A-8(L) and the Identification of Shareholder Proponents",*Denv. L. Rev. F.*,Vol. 94(2017).

的行使,美国法和日本法均明确了征集审查制度,并在立法上直接规定了董事会进行审查与排除的法定事由。质言之,赋予召集人审查权是国际流行做法,不管是审查通过还是排除,在股东大会召开前,进行前置程序的内部审查是必要且必需的,只不过,代理征集的审查并非直接独立,而是嵌入在提案制度的设计之中。

虽然我国上市公司股东提案权与股东权代理征集的关系不同于美国,我国提案规则并未嵌入股东权代理征集制度中,提案权制度与股东权代理征集制度相对独立。然而,同为从域外借鉴过来的具有相同性质和功能的公司治理制度,提案制度设置审查模块而征集制度不设置这一模块,似乎缺乏与国际趋势不一致的特殊理由。

3.审查的合理性

(1)基于股东民主制度的保障

股东民主制度既表明了股东在公司中的地位,也要求股东作为公司的主人,在公司治理过程中通过行使股东权利,参与公司重大事项的决策;不仅包括行使投票权、表决权,也包括为行使投票权、表决权而为的一切行为,甚至包括股东的协商参与。这是股东行动主义的具体体现。当然,股东积极主义并非局限于投票权的行使,其平台多种多样,股东会、委托书、通讯表决制度、股东提案权、股东提名权等属于股东积极主义的活动领域和路径,通过这些平台股东可以积极寻求其股东民主权益。[1] 在大力强调和鼓励股东行动主义的当下,若引入代理征集审查制度必然产生疑问:鼓励股东亦或股东主动实施股东权征集,是对股东积极主义的体现,审查制度引入带来的阻碍是否会产生消极影响。对此,本书认为,审查制度的引入恰恰是为股东民主制度提供了保障,无论是何种征集人所发起之何种征集,所征集而来的股东权均需要通过上市公司股东大会行使,方能实现股东权征集之目的。与此同时,股东权征集也是直接关涉公司内部治理的活动。因而,有学者认为,上市公司在股东权征集的整个过程中扮演两种角色。第一种角色,作为股东权征集活动的审查主体,上市公司应当审查征集人之征集行为形式上

---

① 赵金龙:《股东民主论》,武汉大学 2012 年博士学位论文,第 16—29 页。

的合规性,在内部治理层面直接筛选不合规的表决权征集行为。第二种角色,作为表决权征集活动的协助主体,上市公司还在一定限度内应当配合征集人的表决权征集活动。譬如,上市公司可以向征集人提供股东名册、承担部分征集费用等。① 股东民主的外化体现是充分行使权利,但前提是不会触及权利滥用的界限,在股东权代理征集中,审查制度刚好作为对代理征集制度的监督,时刻保障着股东民主的合法展现。

(2)基于征集成本与效率的考量

上市公司股东权征集具有多元化的制度功能,不仅可以成为大股东争夺公司控制权的重要手段,也能使得上市公司内部治理更加透明,还能提升股东权利的行使效率。但是,股东权代理征集制度应用的呼声虽然很高,现实却仍不尽如人意。股东对于上市公司治理的参与度依旧很低,更别说去撼动和更换令人不满意的董事了。究其原因在于股东参与公司治理降低代理人成本的同时,也会带来被代理人成本。这一被代理成本在中小股东身上主要包含两种情形:第一,中小股东作为征集人时的成本;第二,中小股东作为被征集人时的成本。由于认知不足,信息和专业知识的缺乏,参与治理时可能会犯诚实的错误,从而造成行使权利的成本,以及防范这种错误而付出的成本,这一成本总和被称为被代理人的"能力成本"。②

鉴于股东权代理征集制度的前述情况,或许可以说中小股东利用该项制度的成本主要来源于两个方面:第一,制度设计程序方面所产生的成本;第二,征集人向被征集人进行征集所产生的成本。具体而言,在中小股东作为征集人的情况下,第一个方面的成本主要是为满足表决权征集制度的程序性要求所需要的成本。程序性要求体现在对股东权代理征集设置具体的实施细则,而实施细则的内容应当是包含程序性规则与实体性规则的制度具体运行规则。故征集实施细则涉及实施细则的制定主体、规则内容以及其与上市公司自己制定的表决权征集规则之间的关系协调等,这一过程中

---

① 杨朝越:《上市公司表决权征集制度研究》,西南政法大学 2021 年博士学位论文,第135 页。

② Zohar Goshen & Sharon Hannes,"The Death of Corporate Law",*New York University Law Review*,Vol. 94,(2019),p.263.

必然会产生相应成本。第二个方面,征集人向被征集人进行征集所产生的成本,不管中小股东作为征集人或被征集人,征集过程中产生的信任建立成本抑或是参与成本,都可能打击中小股东参与股东权代理征集的积极性,也不利于股东权代理征集制度运行效率的提升,最终导致鼓励股东积极参与公司治理这一股东赋权主义初衷破灭。

制度参与成本直接阻碍了中小股东参与股东权代理征集,从而导致我国股东权代理征集制度的运行效率不高。故欲提升我国股东权代理征集制度的运行效率,需降低中小股东参与该项制度的成本。由于群体一般只拥有普通的品质,无法实现高度智慧的行动,那么公司的治理应该交给"那个知道的人"[①],由具有经营和判断能力的董事会等召集人作出决定。所以,基于成本效率的考虑,应当明确召集人的审查权,并建立可遵循的明晰的审查标准来过滤股东征集,使得股东能有效地利用股东权代理征集制度参与公司经营,从而节约股东大会的会议时间,提高大会决议效率,以避免股东滥用权利增加公司成本。

(二) 审查主体

1. 审查主体配置的规范表现

《暂行规定》第 11 条规定,"召集人收到上述文件后,应当于 2 个交易日内披露征集公告,经核查认为征集人不符合本规定第三条规定条件而拒绝披露的,应当向征集人书面反馈不符合规定的证据和律师出具的法律意见。"很明显,联系该条前后文的表述来看,核查认为征集主体符合、不符合的主体只能是召集人,而非其他人。《暂行规定》的起草说明也强调"明确征集人提交备查文件及召集人核查的要求",从中可以看出文件起草者的制度设计就是将审查权配置给召集人的。这一审查是针对征集公告的审查,也是《暂行规定》对股东权代理征集设置的第一个审查。具体而言,股

[①] 苏格拉底提出了哲学家国王的概念。国家必须由哲学家国王来领导,由那个"知道"的人来管理国家,其他人只管服从。他运用了一个比喻是,牧人与羊群的关系,牧人来引导,羊群只要跟着走就行了,以此来说明精英统治与全体民主的关系。能够影响到普遍利益的决定,都是由卓越的人组成的委员会做出的。

东大会表决权征集发布的公告,由召集人审查。同样,其他股东权的征集,如提案权、股东大会召集请求权等的代理征集公告,同样也需要审查。

另外,《暂行规定》在提案权征集中还设置了一个"审查"。根据《暂行规定》第21条、第22条的规定,"征集人需要向召集人报送征集结果公告及相关备查文件,除征集人不符合本规定第三条规定条件、相关提案不符合有关规定外,召集人不得拒绝将临时提案提交最近一期股东大会审议。"提案权征集中,召集人需要审核征集结果是否满足提案权的行权要求、征集人是否满足征集主体资格等内容。虽然这是提案权审查的范围,但因与股东权征集密不可分,直接涉及到征集结果是否满足行使提案权持股比例情况,故而从广义上讲也可将其纳入代理征集审查制度范畴。不过,通常意义上的代理征集审查集中在前述征集公告审查范畴上,本书的讨论也集中在这一范畴上。

同时,也引出一个疑问,征集人将征集文件、征集公告文本提交给召集人,实务中可能存在两个不同的主体:征集材料的接收主体、审查主体,如前文提到的经纬辉开规定向董事会秘书提交材料时可能存在资料接收主体和审查主体两个主体。此时,股东权代理征集资料的接收主体与审查主体应否合一? 接收、审查主体与负责股东大会召集、通知、主持等事项的主体应否合一? 两个问题的答案均应为肯定,原因在于:第一,无论征集审查处理还是整体会务安排,各职能主体合一可节约资源,提高效率,畅通信息,避免冲突,监督制约措施的不断完善亦可遏制集权后可能产生的滥权。第二,主体合一与我国现有立法暗合。尽管无明文规定,但从当前立法中不难推断立法者赞同主体合一。从《公司法》第101条及2016年修订的《上市公司股东大会规则》第8、9条和我国公司治理实践看,董事会仅是法定的股东大会召集人之一,监事会和适格股东在特定情况下亦能召集。当董事会不担任召集人时,其在当次会议中是否还负责接收、审核提案等会务工作不无疑问,现行立法未明确,但从以下两点不难推断答案应是否定的:一是,从《公司法》第101条和《上市公司股东大会规则》第27条看,召集权和主持权基本绑定,确立"谁召集,谁主持"原则,一定程度上可推断立法者在股东大会会务上持"召集人包干"态度。二是,《上市公司股东大会规则》第11条规定,对监事会或股东自行召集的股东大会,董事会和董事会秘书应予配合,问题是在哪些事务上配合,配合到什么程度,法条中仅要求"提供股权登记日的股东名册",且属非强制性要求,因该条后续规定"董事会未提供股东名册的,召集人可持召集股东大会通知的相关公告,向证券登记结算机构申请获取",董事会不提供名册无直接负面后果,召集人无权强制其提供而只能以其他途径获取。由此不难推断当监事会、股东召集会议时,立法者并不期望董事会及董事会秘书紧密配合、实质参与,再次验证"召集人包干"的立法倾向。综上,股东权代理征集审查权应与征集接收权、会议召集权和主持权等会务职权的归属一致,由召集人一并行使。

再有,实务中出现征集人聘请专业机构进行审查的效力问题。如前述经纬辉开规定征集人聘请律师事务所或国家公证机关进行审查,是否可以直接取代召集人的审查? 对此问题,《暂行规定》引入的见证律师见证是科以给征集人的义务,代理征集审查是赋予召集人的权利,二者性质不同,不能混为一谈,并不因征集人聘请律师出具法律意见书就免除召集人的审查。至于召集人因征集人聘请律师出具法律意见书而直接认可其结果,则是召集人自行对审查权的处置,自然不无道理。进一步拓展出去,按照《暂行规定》第 11 条"经核查认为征集人不符合本规定第三条规定条件而拒绝披露的,应当向征集人书面反馈不符合规定的证据和律师出具的法律意见"的规定,实践中可能存在两种情形:一种情形是召集人径行审查,认为代理征集不符合《暂行规定》第 3 条要求后,聘请律师审查,确认不符合要求,出具法律意见书。此情形下,召集人行使了自身的审查权。另一种情形是鉴于律师、公证机关的专业性以及召集人自身能力的不足,直接聘请律师审查,若征集合法,无需对外公告法律意见书,若征集不合法,直接书面反馈不符合规定的证据和律师出具的法律意见。此情形下,召集人虽然聘请专业机构协助,但双方之间是委托关系,审查主体依然是召集人而非专业机构。

2.审查主体配置冲突争议

（1）董事会征集的审查主体争议

当征集人与召集人均为董事会时,征集人与上市公司股东大会召集人将为同一主体,无法实质起到审查征集人行为的作用。显然,作为理性人的董事会将不会审查自身的征集行为,更有甚者连其背后的控股股东的征集行为也不会审查,自然不会出现审查不通过的情况,这造成了征集主体事实上的两套不同审查程序,部分审查部分不审查。从中小股东权益保护角度看,不利于中小股东权益保护,造成新的不公平后果。另外,虽然《暂行规定》引入见证律师见证提供法律意见,但其意见按照《暂行规定》规则可以在股东大会结束才出具,也仅仅具有事后监督的效果,无法发挥审查制度应有的控制功能。故当征集人与召集人为同一主体时,需要另行设计审查主体,如可考虑赋予监事会审查权进行解决。这是因为,上市公司的监事会本身便行使内部监督职能,在现行制度设计中监事会也不直接参与股东权征集活动,与征集人和被征集人均保持了一段距离。

事实上,鉴于独立董事和董事会的特殊关系,在董事会担任召集人时,独立董事征集行为的审查也存在同样的疑虑,董事会能否真正审查其征集行为控制其合法性。在此疑虑下,有观点认为,为制约独立董事滥用代理征集行为,建议将独立董事的征集行为纳入内部程序进行控制,应当按照上市公司董事会专门委员会的规定,由审计委员会审议征集动议。[①] 不过,由于独立董事也是适格征集人,其征集文件也需要提交召集人进行审查,滥用行为也能得到规制,故若正式引入代理征集审查制度,则无必要再行对独立董事设置这一内部控制程序。即便是董事会作为召集人,若独立董事征集事项的表决意见与董事会保持一致,因其符合董事会利益,董事会不会真正审查独立董事的征集行为,也不会带来太大问题;但若独立董事征集事项的表决意见与董事会不一致,董事会出于利益考量会认真进行审查,也不会产生独立董事滥用征集权的可能性,因此前述疑虑不应成立。

(2)提案权征集的审查主体争议

若征集人在股东大会公告发出后征集股东提案权,此时提案权征集文件的审查主体因存在召集人不会产生问题。然而,按照《暂行规定》第20

---

① 董新义:《论上市公司股东代理权征集滥用的规制——以新〈证券法〉第90条为对象》,《财经法学》2020年第3期。

条的规定,"提案权征集公告的披露,不以上市公司披露股东大会通知为前提。"根据《征求意见稿起草说明》的解释,"考虑到征集人需要完成征集文件的编制、披露、备案以及核实股东身份等若干程序,如果在股东大会通知后开始征集,则征集时间非常有限。为了提升实践中可操作性,将提案权启动征集与提案权的行使分步进行,即征集人启动征集(披露提案权征集公告)可不以上市公司披露股东大会通知为前提。"①言外之意,此时的提案权征集可以早于股东大会通知。若在此情形下,则存在召集人并不明确的问题,由此引发出谁对征集公告审查的问题。

也许是《暂行规定》的起草者也注意到了这一问题,其的解决方式是提案权的征集公告不审查,而是在征集结果满足提案权的行权要件的时候进行审查。作出这一判断的缘由在于:《暂行规定》第22条规定,征集结果不满足行使提案权持股比例要求的,该次征集结束,征集结果满足的,征集人按照公司法规定的提案权行使要求行使。很明显,征集结果满不满足提案权的持股比例要求,征集人会自行作出判断。在征集人判断满足提案权行权要求进而提出提案时,召集人按照提案权的规定通常会进行审查。《暂行规定》在同条也对审查的内容进行了规定:"除征集人不符合本规定第三条规定条件、相关提案不符合有关规定外,召集人不得拒绝将临时提案提交最近一期股东大会审议。"这一规定中,"相关提案不符合有关规定"属于提案权审查范畴,"征集人不符合本规定第三条规定条件"属于代理征集审查的范畴,此时,召集人已经确定,由其进行代理征集的审查符合前述审查主体配置的规则。从这个角度说,这一灵活处置具有合理性,并且还避免了提案权征集可能带来的双重审查的不公平负担。即若提案权征集公告进行审查,在提案权征集结束满足行使条件提交提案后,提案再次受到审查,同为征集,表决权征集仅一次审查,提案权则存在两次审查,制度间的义务负担不均衡,现行处置巧妙规避了这一问题。

不过,这样处置也存在商榷的地方:引入审查制度的目的是试图使代理

---

① 《〈公开征集上市公司股东权利管理规定(征求意见稿)〉起草说明》,资料来源:http://www.csrc.gov.cn/csrc/c101864/c1024553/content.shtml。

征集行为从一开始就受到合法性控制,然而,提案权现行的合法性控制是提案权征集结束满足提案行权条件后才受到控制,即便此时判断认为征集人不符合征集资格不予确认征集的代理权效力,但征集行为已经实实在在在证券市场中实施,这偏离了审查制度设计的初衷。因此,有必要调整制度设计,引入新的审查主体并衡平提案权征集中的两次审查内容。建议参照董事会征集冲突的处置规则,在召集人缺失的情况下引入监事会作为审查主体,早于股东大会公告之前的提案权征集公告由监事会负责审查;而在提案制度的审查中,由于征集公告已经进行了审查,则召集人仅仅审查提案是否满足相关要求,如是否满足行权比例、是否满足提案内容和形式要求等等,不再进行"征集人是否符合本规定第三条规定条件"的审查。

(3)董事会秘书能否成为审查主体

如前所述,从部分上市公司的征集股东权实施细则中可以看到,董事会秘书可能在代理征集中处于特殊地位,则引发出董事会秘书有无审查权的问题。从实施细则规定的报送对象看,存在两类不同表述:"征集人须将征集投票权报告书,征集股票授权委托书等与征集投票权行为有关的材料在公告5日前,向证券监管部门和公司董事会秘书报送"或者"征集人须将征集投票权报告书,征集股票授权委托书等与征集投票权行为有关的材料在公告5日前,向公司董事会秘书报送",多数投票权征集规则没有明确规定报送条款。上交所与深交所的上市规则也对董事会秘书的具体职责进行了详细解释,指定其作为公司与交易所间的联络人,负责信息披露事务。可见,董事会秘书是公司信息披露的负责人,肩负着监督公司信息披露的神圣使命。董事会秘书负有向股东及相关人士发出通知,向主管机关及时准确地提供、披露有关文件和信息的职责。其职权的行使能够在一定程度上对信息分布的不均衡进行纠偏,使公司经营管理者的行为受到相应的约束,充分体现了对股东及公司债权人利益的保护。尤其在上市公司中,董事会秘书负责协调和组织公司的信息披露工作,实际上充当了沟通公司与监管部门、公司与投资者的正式渠道。确保上市公司对涉及公司财务、经营状况的重大信息予以及时、准确、完整地披露成为我国完善上市公司信息披露制度,加强证券市场监管的切入点和启动点。①

不过,作为报送对象的董事会秘书在接收征集有关材料后如何进行审查,其是自行审查还是按照《暂行规定》交由召集人审查,征集审查主体是否扩张到董事会秘书,各个公司的征集细则并未明示,《暂行规定》也没有相关规则。对此问题,鉴于前述召集人作为审查主体具有合法性和合理性,即便特殊情况下拓展监事会成为审查主体,在代理征集事务不太活跃的当下,现有审查主体足以完成相关审查工作,没必要再行拓展审查主体。公司实施细则规定的报送董事会秘书,应当解释为董事会秘书作为传递信息披露的主体,也就是征集材料的接收主体,仅发挥信息披露传递作用,即连接股东、上市公司和董事会的中枢,传递审查征集结论,实质上并不对征集材料进行任何的审查。

3. 审查权配置模式的缺陷与解决策略

在我国现行立法下,董事会、监事会、适格股东均可担任召集人,征集审查权若与征集接收权、会议召集权和主持权等会务职权的归属合一,实践中可能产生隐忧:董事会作为公司运营管理的中心,在股东会与管理层中发挥着承上启下之作用,对公司各种机构进行协调,保证公司庞大的组织机构能够得以运转,②其最熟悉公司情况和规章制度、商业判断力最强,会务经验最丰富,作为股东大会召集人的法定首选由其审查征集相关材料的合法性、合理性,可有效提升审查结论的可信度。但当监事会、股东担任召集人时,其因分工和关注点的不同,与董事会在商业判断力、公司情况把握度、规章熟悉度、会务经验等方面有差距,很难保障审查结论的可信度。此时期望非召集人的董事会积极辅助也不现实,原因之一,如前所述当前立法者在股东大会会务上持"召集人包干"态度,董事会无积极配合之法定义务;原因之二在于监事会、股东召集会议多是董事会拒绝或消极拖延召集时不得已为之,当次议题往往对董事会不友好(如解聘董事、追究董事责任等),后者不可能积极参与会务。

---

① 孙宁:《论我国对董事会秘书制度的法律移植》,《当代法学》2001 年第 11 期。
② 王谨:《公司治理下的董事会职权体系完善研究》,《法学杂志》2022 年第 2 期。

解决隐忧的关键是找到适宜的立法模式,具体思路有两种:

第一种思路是采取统一立法模式,这也是现行模式,不考虑召集人(即审查人)具体身份的差异,以"股东大会召集人"为对象进行统一立法设计和适用。此模式需尽量消除不同类型审查主体在经验、专业能力等方面存有差异可能带来的影响,故应最大程度压缩审查主体的自由裁量权,可考虑进行细化、列举式立法,详细列举可排除征集的事由类型供审查主体直接适用。换句话说,通过立法的精细化提高审查的可操作性,方便审查主体适用,而非直接依靠审查主体的经验和专业能力来保障审查结果的合理性。此模式的优点在于规则统一、详细、易于理解,适用时不易产生歧义,但不足的是难以充分利用董事会的经验和专业能力,立法难度大且容易存在僵化、滞后性等弊端,审查主体因自由裁量权不足而难以灵活应变。

第二种思路是采取区分立法模式,直接依据审查主体身份不同进行区分式立法。当董事会作为审查主体时,适用授权式或列举+授权式审查规则,尊重其经验、专业能力;当监事会、股东审查时,适用列举式审核规则,照顾其经验、专业能力的不足。[①] 这一立法模式直接区分不同类型主体,兼顾了不同审查主体的能力差异问题,可以扬长避短帮助审查主体灵活适用规则。但也带来了规则较庞杂、理解和实施难度较高、自由裁量权的范围过高导致权力滥用的可能性增大等弊端,且区分设计规则的正当性也需要论证。

(三)审查方式

1. 董事会审查方式

与董事会征集的行权方式一样,《暂行规定》也未明确董事会行使审查权的方式,是集体审查还是单个成员审查。查询上市公司征集股东权实施细则,没有发现审查权行使方式的内容。查询上市公司的征集公告以及法律意见书,也未能发现审查权行使方式的信息。不过,从先河环保 2022 年

---

① 高达:《我国股东提案审核制度的再建》,《社会科学家》2022 年第 3 期。

7月的征集公告中能够发现部分端倪,其以董事会名义进行公告,描述了何时收到征集股东的征集材料,征集人拟就何事进行征集等信息。同时从8月1日披露的"股东深圳市信天精密技术有限公司公开征集表决权相关事项之法律意见书"中可以看到一个信息:据征集人解释,7月26日下午征集人已经现场提交了公开征集表决权的全套资料,并当场要求先河环保董事会对资料提出一次性补正意见。董事会当晚提出修改意见后,征集人重新提交了全套资料。结合前后的资料,大致可以分析董事会的行为逻辑:接收到征集人的征集材料后,马上召开董事会讨论其提交的材料是否需要补正在现实中不具有可行性,反倒是部分董事快速审阅汇总意见后一次性提出补正意见更具可行性,且补正意见本身并非公司需要对外作出的正式意思表示,故补正材料无需集体作出董事决议,也无需公告。然而,征集人征集是否合法的结论是具有法律意义的行为,其代表的是董事会的意志,作出的结论要受到合法性监管(拒绝时需要见证律师出具法律意见书),因此不是某个、某几个董事会成员能够直接作出的,需要与代理征集权行使一样,由集体作出决议。亦如先河环保以董事会名义公告信息,似乎表明其本质也是集体决议的外在表现,代表着董事会审议通过了征集公告。不过,若这样理解,则还存在董事会决议公告问题,然而从实务来看,似乎没有看到一例董事会决议公告的情形。

另外,这一观点也会受到质疑。《暂行规定》要求召集人收到征集材料2个工作日需要公告。在如此短的时间内召开董事会作出决议,对董事会特别是对成员较多的董事会来讲,难度不小;当前行使代理征集权的主体不多的情况下尚能勉强应付,若行权主体较多,提出多起征集活动时,董事会将不堪重负,全部由董事会会议方式作出审查没有必要,也不具有可行性。对此,若对比提案制度的审查时间,提案制度要求召集人收到股东提案2日内公告,代理征集制度要求召集人收到征集材料2个工作日内公告,相比之下,由于有休息日和法定节假日的存在,2个工作日的时间等于或大于2日,故代理征集的审查时间要更为充裕。既然提案制度都可以以会议方式实现审查,如先河环保2022年7月拒绝股东向第二次临时股东大会提出的提案,就采用董事会会议方式作出决议并进行了公告,①时间更为充裕的代理征集自无道理不能实现。

尽管时间上具有较提案制度更为充裕的优势,然而,对照上交所关于提案制度审查权的行使方式的观点来看,似乎缺乏会议形式审查的必要性。上交所在《上市公司信息披露监管问答第二期》明确指出,股东大会召集人对股东提案的内容没有进行实质审查的职权,召集人是公司董事会的,原则上也无需专门召开会议进行审议。这也回应了实务中基本没有发现董事会审议股东提案、代理征集的相关公告的缘由。同理,代理征集的审查原则上无需召开会议进行,董事会自愿采用会议方式进行审查也无法律障碍。

再有,现行制度并未限定审查权必须亲自行使,故如前文分析那样,召集人可以自行行使审查权,也可以聘请专业机构辅助行使审查权。

2. 股东审查方式

相较之下,股东作为召集人的情况相对简单。当股东大会的召集人仅有一个股东时,自然由该股东行使审查权。然而,当多个股东共同担任召集人,其征集审查方式如何确立,现行制度也未明确。解决方案可有以下几种思路:一是多个股东召集人集体开会作出投票表决,在表决方式上可参照股东大会普通决议的方式。这是因为,尽管股东此时行使的是经营管理权,但权利的获取是基于出资人身份而非经营管理者身份,基于出资行为而非接受公司委托,因此行权应遵循资本运营规则即资本多数决,否则将打击股东参与股东大会会务的积极性,影响公司治理的民主化。另一种思路是借鉴股东大会会议主持的方式。《上市公司股东大会规则》规定,股东自行召集的股东大会,由召集人推举代表主持。借鉴这一思路,召集人同样可以推选

---

① 详见《先河环保:关于收到股东临时提案的公告》,公告编号 2022-033,http://www.cninfo.com.cn/new/disclosure/detail? orgId = 9900014612&announcementId = 1214160399&announcementTime = 2022-07-28%2020:08;《先河环保:第四届董事会第十三次会议决议公告》,公告编号 2022-034,http://www.cninfo.com.cn/new/disclosure/detail? orgId = 9900014612&announcementId = 1214123261&announcementTime = 2022-07-22%2020:32;《先河环保:关于先河环保科技股份有限公司董事会未将股东临时提案提交股东大会审议事项的法律意见书》,http://www.cninfo.com.cn/new/disclosure/detail? orgId = 9900014612&announcementId = 1214123262&announcementTime = 2022-07-22%2020:32。

审查代表进行审查。相较前一思路,后一思路更具可操作性,能够快捷实现对征集公告的审查。同时,股东区域分布很广,除了借用电子化方式外,要想实现快捷开会作出决议的难度非常大,且集体审查的规则可能被公司管理层滥用,在公司管理层试图阻止股东大会召开之际,也会寻求董事会代理征集进而增加召集股东的成本支出,以此作为阻却积极股东行动的一个手段。

(四) 审查标准

1.形式审查、实质审查的争议

审查可以区分为形式审查和实质审查两种方式,代理征集采用何种方式进行,也是需要明确的问题。从收集整理的征集公告和征集代理权实施细则来看,尚未出现关于股东权征集有别于《证券法》《公司法》和《暂行规定》的特别约定,均笼统规定为"征集投票权行为应当符合《公司法》《上市公司股东大会规则》等法律法规,规范性文件和《公司章程》的有关规定,符合法律、行政法规和公司章程的有关规定。"以此可以推断出两种可能性:

第一种可能性是,实践中上市公司更倾向于对征集人提交的征集公告及相关备查文件进行形式审查。这是由于《暂行规定》要求召集人于 2 个交易日内披露,其隐含着召集人必须在 2 个工作日内做出审查结论的意蕴,很明显,在 2 个工作日这一较短的时间内很难进行实质审查,若仅作形式审查,能大幅提高股东权征集的效率。

第二种可能性是,由于没有统一的审查标准,上市公司采用何种标准以董事会的内部意见为准。由于现行立法并未要求公示审查标准,标准自然不会体现在征集公告中,上市公司也均采用流于形式大同小异的征集细则来公示基本标准。同时,也给予了董事会选择性使用不同标准的机会,若代理征集的表决意见契合公司管理层利益,董事会放松控制,选择形式审查;若代理征集的表决意见不符合公司管理层利益,董事会则强化控制,选择实质审查,增大排除征集人征集活动的几率。

关于股东权代理征集审查制度中的形式与实质审查,尤其是实质审查问题,学界早有争议。有观点反对,认为不应当采取事先实质审查的方式,征集人只需将征集文件或公告向监管部门备案即可。① 也有观点认为现行立法应落脚于《暂行规定》，为实质性审查的核查程序提供制度保障。对董事会作为征集主体的征集由独立董事聘请律师，出具法律意见，对征集文件展开实质性审查，达到法律规制的目的。②

2.形式审查的合理性

客观讲，反对观点具有一定的合理性：一是形式审查更具可行性。《暂行规定》要求的2个交易日审查期限，时限过短，对征集文件材料进行实质审查，可能出现流于表面的问题，相反，如果对征集文件的审查仅作形式上的合规性审查而非去伪存真的实质性审查，反而可以提高效率。二是实质审查违背了股东权代理征集制度的初衷。股东权代理征集制度核心是便利股东参与公司治理，而股东权益保护是上市公司治理的核心，那么上市公司治理便不能完全假手于人，对股东参与公司治理设置过多障碍。实质审查事实上进行了高门槛的设限，违背了股东通过积极行动参与公司治理实现上市公司治理核心目的的应有之义。

同样，提案制度设计的审查标准也可提供参考借鉴。按照上交所《上市公司信息披露监管问答第二期》的表述："提案权是《公司法》规定的一项基本股东权利，原则上不应予以限制。根据《上市公司股东大会规则》第14条的规定，只要股东的临时提案符合上述要求，股东大会召集人就应在收到提案后的2日内发出股东大会补充通知，公告临时提案的内容，及时将相关临时提案提交股东大会审议。按照前述规定，股东大会召集人对股东提案的内容没有进行实质审查的职权，召集人是公司董事会的，原则上也无需专门召开会议进行审议，其在收到股东相关申请时，只要核实提议股东资格属实、相关提案符合前述三项要求，就应当将其提交股东大会审议。"若按照上交所对临时提案的审核权的理解，召集人只有形式审核权而无实质审核权。故代理征集审查也应当同等对待，采用形式审查标准。

---

① 冀明臣：《我国上市公司投票代理权制度研究》，兰州大学2009年硕士学位论文，第32页。

② 何美霖：《股东权代理征集制度完善研究》，四川师范大学2021年硕士学位论文，第43页。

3.形式审查权的限缩

在赋予召集人形式审查权的同时,也不得不关注召集人滥用审查权非法排除代理征集行为的弊害。缘由在于:

我国现行公司法虽然实行"股东中心主义",但董事会的法定权限并未得到充分凸显,公司法主流学说也逐渐向"董事会中心主义"学说靠近。[1]从公司治理的实践来看,加强股东参与公司治理的水平是必然发展趋势。然而,又不得不面对一个残酷现实:相对于封闭公司,上市公司股东对公司治理大多持逃避心态,更趋向于追求利益。因此在讨论股东权代理征集审查制度时,鉴于其特殊性,不应单纯讨论"股东中心主义"与"董事会中心主义"的比较,而是应当放置在二者平衡的角度。股东作为股东权征集行为之载体,也是该行为最终影响之对象,在整个股东权征集过程中扮演着重要角色。召开股东大会可以视为一种公共产品,节约股东大会的会议时间,提高大会决议效率,需要有某一机构对该公共产品加以维护,防止其成为权利滥用的对象。[2] 股东权征集作为集聚股东大会召开表决权的工具之一,无论是何种征集人所发起之何种股东权征集,所征集而来的表决权均需要通过在上市公司股东大会上行使,方能实现表决权征集之目的。

但令人担忧的是,从理论上看,即使有足够的股东权汇聚,公司董事会如果拥有排除公司股东征集的能力——无论是法定权利还是事实权利,已经具有股东民主基础的征集依然有可能无法被列入公司表决程序,从而使股东权代理征集程序变得毫无意义。[3] 同时,在法律没有强制性规定的情况下,一般由公司章程为公司股东的权利划定边界。目前我国公司法中,对上市公司的主要强制性规范体现在表决权分配与公司机构的设置上,对如何行使表决权则缺乏明文规定。上市公司便可能利用公司章程合法地对表决权征集设置各种障碍,对表决权征集人的持股时间、代理人数、代理股份

---

① 赵万一:《公司治理的法律设计与制度创新》,法律出版社 2015 年版,第 5 页;傅穹:《敌意收购的法律立场》,《中国法学》2017 年第 3 期。

② 梁上上等:《中日股东提案权的剖析与借鉴——一种精细化比较的尝试》,《清华法学》2019 年第 2 期。

③ 张彬:《股东表决权征集规则的功能定位与制度构建——以上市公司中小股东保护为中心》,《商法界论集》2020 年第 6 卷。

数量等提出额外限制,这些限制将给表决权征集带来诸多不便,拥有审查权的召集人亦可以此为由排除征集人的征集行为。

另一担忧的是,征集人为谋取上市公司控制权,利用股东权征集拉拢中小股东得到大多数股东的表决权,以此把有经营能力的管理人排除在管理层之外,导致公司经营和股东利益受损。股东权征集使征集人以较低的经济成本谋取控制权,故征集者会冒着高风险追求高收益,即使失败,其所付出的经济成本有限,非常容易投机。理性经济人假设认为征集人在征集行为带来的收益大于成本时才可能征集表决权,这意味着征集行为本身是私利行为,不能排除征集人是"披着羊皮的狼"。大股东通过代表其利益的董事和管理层作为上市公司的"内部人",在事实或法律上拥有公司控制权,在股东权征集时不如实披露相关信息,为了谋求私利着重短期行为或过度投机,忽视中小股东和公司的利益。征集人对表决或提案事项和征集后果更加清晰,而被征集人对表决事项不甚明了,也缺少对征集行为的有效控制,这种信息不对称状况使得对股东权征集行为进行合法性控制非常有必要。

由于股东权征集是与公司管理层进行斗争,寄希望于公司大股东或者董事会提出保护中小股东权利的议案是不现实的。鉴于我国现有规则并未明确赋予召集人排除权,也未明确排除股东征集或者提案的法律责任,故在实务中构成了召集人的事实排除权而非法定排除权。如果表决权征集活动趋于频繁,董事会在承受外部中小股东压力的情况下,将更倾向于使用非制度性的排除权,避免征集到足够表决权的提案被提交到公司股东大会上,以实现对具有对抗性的提案进行釜底抽薪式的打击。

因此,我国在设计股东权代理征集程序时,在赋予召集人审查权的同时必须严格约束召集人对代理征集行为的排除权,以防止召集人的权利滥用。可借鉴域外提案权审查的排除规则,构建股东权代理征集排除规则。也就是明确列举可以排除的基本情形,如不具有股东民意基础的征集,或与公司经营无关的征集排除出股东大会的决议程序。除了法律明确列举的排除情形,公司章程、实施细则不得增列其他排除事由,召集人也不得以法定排除事由之外理由排除征集。不过,鉴于后文分析那样,《暂行规定》当前采用的是征集人说明义务和见证人见证制度予以解决这一权利滥用问题,故一个可行的方案是,先期运行现行制度并及时评估其成效,若成效显著,有效防范了审查权滥用,则无构建排除规则的必要;若无法有效防范,后期则考量增加排除规则的构建。

(五) 审查内容

1.审查文件的边界

既然审查的目的是控制代理征集的合法性问题,故能够反映代理征集活动的最为基本的文件资料应当纳入审查的范畴。对此,《暂行规定》第11条规定,"征集人启动公开征集活动,应当将拟披露的征集公告及相关备查文件提交召集人。"《暂行规定》第14条规定,"本规定第十一条规定的备查文件包括:(一)征集人身份证明文件;(二)征集人符合本规定第三条规定条件的证明材料;(三)征集公告涉及其他事项的相关材料。"综合两条的规定,需要审查的文件主要是征集公告、征集人身份证明文件、征集人资格证明文件。其他相关材料仅是兜底材料,征集人根据征集事项认为有必要提供时方进行审查,但征集公告、身份证明、资格证明三个文件是审查的必备项。其中,资格证明文件按照《暂行规定》第14条第2款的规定,股东征集人应当是证券登记结算机构出具的股东持股证明材料,该材料出具日与提交备查文件日,间隔不得超过2个交易日。投资者保护机构征集人的身份证明和资格证明材料为其营业执照。

另外,存有代征集人时,还需要增加审查代征集人与征集人关系的文件。根据《暂行规定》第12条的规定,应当包括授权委托证明材料,即代征集人身份证明、授权委托书、无利害关系的声明。

如前文所述,代理征集审查仅仅是进行形式审查,故审查人仅仅审查是否具备前述文件材料,对文件材料本身的真实性并不进行审查。

2.审查内容的边界

而在审查内容上,形式审查方式下具体应当审查哪些内容,也是需要讨论的问题,从《暂行规定》的现有条文来看,可以有两种理解:

第一种理解是仅仅对征集人的资格条件的内容进行审查。依据在于,

《暂行规定》第 11 条明确使用的是"经核查认为征集人不符合本规定第三条规定条件而拒绝披露的",第 22 条使用的是"除征集人不符合本规定第三条规定条件、相关提案不符合有关规定外,召集人不得拒绝将临时提案提交最近一期股东大会审议。"两处有关代理征集审查所涉的内容全部是关于征集人积极资格和消极资格的规定,故有观点称之为征集主体资格审核。①

第二种理解是不仅要对征集人资格条件的内容进行审查,还需要对征集公告、授权委托书应当载明的内容进行形式审查。这是因为,《暂行规定》第 12 条、第 13 条对征集公告、授权委托书的内容项目进行了明确的约定。第 12 条规定,征集公告应包括征集人声明、征集人资格保有承诺、征集事由及征集内容、征集人基本情况、相关利害关系、征集主张与理由、征集方案(包括确权日、征集期限、征集方式、征集程序和步骤、资料递交方式)、授权委托书样式以及其他需要说明的情况。代征集人还需增加授权委托情况、代征集人基本情况、无利害关系声明等三个内容。第 13 条的授权委托书应载明的内容包括:委托事项、权限、期限、委托人信息、全额委托方式等信息。思考《暂行规定》此两条的立法意图,似乎仅仅是在规范征集人征集公告、授权委托书的内容设计,为征集人提供的一个基本范本,并无为审查人提供审查内容边界的意图。不过,鉴于信息披露制度能够最大程度地解决信息不对称的问题,能够尽量保障投资者获得准确完整的信息,进而做出投资决策。② 从代理征集积极代理的特殊性来看,征集人处于信息优势地位,而委托人处于信息劣势地位,征集公告的信息披露越完善越具体,越有利于委托人做出正确决策,且代理征集行为对公司治理、证券市场影响颇大,确保征集人设计的征集公告、授权委托书提供《暂行规定》设定的内容项目,对委托人的授权决策、权益维护至关重要,故仍有必要将其纳入审查范围。需要留意的是,即便纳入审查范围,也仅仅是形式审查,只需审查相

---

① 李俊琪:《股东权利征集制度研究:基于非对抗与对抗性语境的阐释》,《清华金融法律评论》2022 年第 6 辑。
② 周珺:《公开主义与实质主义:我国证券法基本理念的选择及其运用——以域外相关经验为借鉴》,《政治与法律》2013 年第 5 期。

关文件是否具备相应项目内容,至于内容的多少、内容的真实性则在所不问,这样也使得审查人在极短的时间内完成审查具有了可行性。本书亦支持这一理解,在我国代理征集实践的初期,强化对征集公告、授权委托书的形式审查可以更好规范代理征集行为,为证券市场的良好运行提供更多保障。

（六）审查结果通知与说明义务

1.结果通知

代理征集的审查结果在理论上可以区分为两类:审查通过、审查不通过。审查结果对征集人权利行使影响甚大,需要及时反馈给征集人,以便其寻求相应救济。故作为合法性控制机制的审查制度在赋予审查人审查权利的同时,也科以结果通知义务。《暂行规定》设计了两个通知方式:一是默示通知。审查通过,征集人的征集材料没有问题,则按照规定,召集人2个交易日内披露征集公告。此时,征集公告的披露即表明审查通过,否则征集公告不可能予以披露。并且也无必要专门要求召集人将审查结果通知征集人,一则这一披露结果符合征集人的意图,与征集人的期待利益保持了一致;二则也节约成本,毕竟征集公告的披露本身也达到了通知的功能。另一方式是明示通知。即在审查结果为审查不通过而拒绝披露时,需要召集人明示通知征集人,为征集人权利救济提供便利。

2.说明义务

鉴于召集人可能滥用审查权非法排除征集人的征集活动,在我国又未引入法定排除制度的现实条件下,为制衡召集人的滥用行为,《暂行规定》借鉴了《上市公司股东大会规则》等规则中的市场控制机制,引入召集人的说明义务以及见证律师这一证券市场"看门人"出具法律意见书的见证制度予以解决。《暂行规定》第11条规定,"经核查认为征集人不符合本规定第三条规定条件而拒绝披露的,应当向征集人书面反馈不符合规定的证据和律师出具的法律意见。"律师见证制度详见下文见证人制度以及其他主体法律责任的讨论。此处的书面反馈证据即为召集人作为审查主体而应当承担的说明义务。从内容上看,应当包括拒绝披露的结果以及具体理由、相应证据。按照前文的讨论,由于召集人进行的是形式审查,故此处的相应证据也仅仅是初步证据。

为进一步制衡召集人的权利滥用,还应当引入征集人的审查异议救济机制,具体内容详见征集主体权利救济。

三、见证人制度

(一) 法理分析

1. 内涵与表现形式

见证人也被称为证券市场的"看门人"。理论界更多使用的是中介机构"看门人"这一说法,所谓"看门人"是"以声誉资本对发行人、上市公司信息披露质量或发行证券品质向投资者提供担保的中介机构"[1],其以保护投资者利益为价值归依,承载着维护证券市场秩序之使命,承担着核验信息披露之义务,能够通过不合作或不同意的方式阻断市场不当行为,[2]对于缓解信息不对称、降低交易成本甚有裨益。在资本市场领域,"看门人"特指券商、律师、会计师、审计师、证券分析师等中介机构。[3] 其中,与代理征集行为相关联的中介机构主要是律师。

2. 法律价值

学界对见证人的公司治理价值高度肯定。最早提出"看门人"概念的哈佛大学法学院教授 Reiner H. Kraakman 认为其担负着在市场交易中阻止不当行为的职责,在"柠檬市场"[4]难题解决中为投资者提供信息收集、加工、传输和验证服务,确保信息披露的真实性、准确性与完整性,帮助投资者

---

[1] Coffee, John C., and John C. Coffee Jr., *Gatekeepers: The professions and corporate governance*, Oxford: Oxford University Press on Demand, 2006, p.23.

[2] Reiner H. Kraakman, "Gatekeepers: The anatomy of a third-party enforcement strategy", *Journal of Law, Economics, & Organization*, Vol.2, No.1, (1986), pp.53-104.

[3] 刘志云、史欣媛:《论证券市场中介机构"看门人"角色的理性归位》,《现代法学》2017 年第 4 期。

[4] 柠檬市场是指交易双方对质量信息的获得不对称,卖方可以利用这种信息不对称对买方进行欺骗,从而导致逆向选择。

甄别有效信息。[①] 代理征集中,第三方对征集行为、过程、计票等进行全程见证,不仅可以打破征集人与被征集人之间因信息不对称而形成的"信息黑箱",保证公平、公开、公正,还可以防止滥用代理权征集的行为,有利于建立健全高效的投票机制。[②] 《暂行规定》的起草说明中也明确指出引入见证人制度的目的:"《上市公司股东大会规则》规定,应当对出席会议人员资格、会议表决程序、表决结果是否合法有效出具法律意见。公开征集活动的合法有效,直接关系前述事项的合法有效,也应当出具法律意见。"即对代理征集活动的合法性进行监督,确保股东大会的合法有效。"看门人"不仅是证券服务业务经营者,还在价值层面承载着维护资本市场秩序的使命,对缓解市场中的信息不对称、降低交易成本、防控违法违规行为具有不可或缺的意义,[③]也是"中国证券市场进一步沿着市场化方向迈进"[④]的现实需要。

（二）立法与实践

1. 立法

新《证券法》第 90 条并未规定代理权公开征集时必须接受律师、会计师等证券市场"看门人"的见证,但在《暂行规定》第 23 条明确提出要求:

> 征集人行使表决权、提案权的,应当聘请律师对下列问题出具法律意见并按规定披露:
>
> （一）征集人自征集日至行权日期间是否符合本规定第三条规定的条件;
>
> （二）征集程序及行权结果是否合法合规;
>
> （三）征集提案权时,征集结果是否满足临时提案的持股比例要求;

---

① 刘志云、史欣媛:《论证券市场中介机构"看门人"角色的理性归位》,《现代法学》2017 年第 4 期。

② 董新义:《论上市公司股东代理权征集滥用的规制——以新〈证券法〉第 90 条为对象》,《财经法学》2020 年第 3 期。

③ 白牧蓉:《注册制下的证券市场"看门人"职能》,《中国金融》2021 年第 16 期。

④ 孙杨俊:《中美证券市场"看门人"机制对比及其启示》,《江淮论坛》2020 年第 6 期。

（四）其他应征集人或根据中国证监会、证券交易所规定要求说明的事项。

从此条的表述来看，明确引入了见证人制度，并设定了几个制度要素：第一，见证主体是律师，并非会计师等其他中介机构。第二，见证方式为律师出具法律意见书，则意味着见证为合法性见证，不包含合理性见证。第三，见证范围为征集人资格、征集程序与行权结果的合法性等内容。第四，见证意见出具时间为征集权利行使完毕之际。尽管《暂行规定》并未明确这一时间，但从前后文的表述来看，律师出具法律意见书应当是股东大会召开或提案权行权完毕之际，因为使用的是"征集人行使表决权"，则意味着征集人在股东大会上行使了征集而来的投票权；同时律师见证的内容之一为"征集人自征集日至行权日期间是否符合本规定第三条规定的条件"，从这一期间来看也应当是股东大会之后，因为股东大会之日方为表决权的行权日，其后方能判断整个期间征集人是否符合法定条件。

2. 实践

有研究表明，深交所网站搜索输入关键词"征集投票权法律意见书"后，从 2003 年 9 月 30 日到 2018 年 11 月 22 日，仅有 52 起案例，约占"征集投票权"案例总数的 1.29%；而输入关键词"征集投票权会计师事务所"，则未出现一例。目前见证行为尚属上市公司的自愿行为，建议今后可以分阶段地将代理权征集活动的见证法定化。①

归纳分析实务中律师的见证行为，可以发现，律师的见证发生在征集行为的不同阶段，呈现出阶段化的特点：

第一，征集公告的见证。已查询到的部分法律意见书，与代理征集公告同步或稍后发布，仅见证征集公告发布前征集行为本身的合法性，对后续的代理征集行为的合法性则不再关注。如小天鹅 A2018 年 11 月董事会征集中，律师于 11 月 21 日出具法律意见书，征集公告与法律意见书 24 日公开

---

① 董新义：《论上市公司股东代理权征集滥用的规制——以新〈证券法〉第 90 条为对象》，《财经法学》2020 年第 3 期。

发布。同济科技 2022 年 6 月股东征集的法律意见书见证征集公告的合法性,但未与征集公告同步发布,而是与股东大会决议公告同步发布。

第二,授权委托书效力审核。查询当前各家上市公司的征集公告,普遍将委托书效力确认委托给见证律师,如粤华包 B2020 年 11 月 28 日发布的"董事会公开征集投票权报告书"明确约定,"由见证律师确认有效表决票。见证律师将对法人股东和自然人股东提交的前述第二步所列示的文件进行形式审核。经审核确认有效的授权委托将由见证律师提交公司董事会。"但在公开渠道并未查询到见证律师的效力确认结果。

第三,征集全过程见证。部分公司在股东大会结束后公告法律意见书,对整个征集过程的合法性进行见证。查阅 2022 年上市公司公告的代理征集法律意见书,这一见证目前是使用最多的方式。如银轮股份 2022 年 3 月 26 日披露独立董事公开征集委托投票权法律意见书,对征集人资格、征集程序(征集公告以及方案)、征集结果的合法性出具意见。

还有一种见证:代理征集不合法见证。即召集人审核后认为代理征集不合法,需要律师出具法律意见书,这也是一种见证。这是《暂行规定》第 11 条第 2 款规定的一种类型。

(三) 存有争议

实务中的三种见证样态仅第三种样态与《暂行规定》保持一致,前两种样态目前尚无法律依据,可能引发以下问题:

1.律师见证的性质

《暂行规定》第 23 条规定征集人应当聘请律师出具法律意见书,但据一份统计资料显示,深交所网站 2003 年 9 月 30 日到 2018 年 11 月 22 日披露征集法律意见书的比例"仅占征集投票权案例总数的 1.29%"[①],实务中多数征集活动并未披露征集活动的法律意见书,也未见相关部门对此行为进行处置。这不禁引人思考:《暂行规定》设置的律师见证是强制见证还是

---

① 董新义:《论上市公司股东代理权征集滥用的规制——以新〈证券法〉第 90 条为对象》,《财经法学》2020 年第 3 期。

任意见证？若是强制见证，则很难理解为何《暂行规定》缺乏征集人违反此义务的法律责任规定，同时，若根据《暂行规定》第23条、第31条的规定，此见证的法律意见书需要披露，征集人未履行这一信息披露义务，证监会应当按照证券法规定进行处理，为何上市公司多数征集活动未披露法律意见书而证监会不处理？若是任意见证，虽然征集人不披露见证法律意见书并未违法，但基于成本考量多数征集人不会自愿实施这一制度，也同步大幅降低了见证人的看门人作用，此时如何确保征集活动的合法性、阻却征集人的不当征集行为成为问题，需要与召集人审核制度、证监会备案审查制度予以协调，以实现对征集活动的有效控制。

2. 律师见证的边界

（1）律师见证的范围

律师见证到底应在哪些事项发挥作用，其职能与权利源泉是什么？从实务的做法来看，律师作为见证人出具法律意见书，分别在征集公告发布、委托书效力审核、代理权行使等场合发挥作用。律师见证征集公告发布、代理权行使通常是见证征集行为的合法性，其出具法律意见书评判代理征集活动的合法性已成共识。但委托书效力审核则是确认委托书效力，确认、审核委托书的效力是否是其职责范围尚有疑问。从《暂行规定》第23条规定来看，并不包含这一见证内容，若纳入其职责范围，其审核权的合法性来源不清，是源自征集人的委托还是法律的规定？目前《暂行规定》也未明确。

（2）律师见证的环节

前述律师见证的职能在实践中也是区分不同阶段进行，部分在征集公告时，部分是在行权结束后。那么，律师见证应当分阶段发挥作用，还是最终一次性发挥作用，这需要法律予以明确。考虑到征集行为对上市公司的影响，律师分阶段见证其合法性，可以有效阻止非法征集活动对公司、股东利益造成损害。然而律师每见证一次均会发生成本，相比一次性见证，其成本明显增加。实务中也有公司虽未明确要求分阶段进行律师见证，但在部分实施规则中已经体现了分段见证的意图，如恒铭达在其"征集投票权实施细则"第20条明确规定，"征集人出席股东大会并行使征集投票权时，应同时提供被征集人的委托书附件、其聘请委托律师事务所或公证机关出具的见证意见书或公证书,并按照规定办理签到登记后,方能行使征集投票权。"即实施细则相比《暂行规定》,增加了提供见证意见书或公证书这一征集投票权行使要件。很明显,按此规定,即便征集人不愿聘请律师分段见证,也因公司规则要求而不得不在行权前进行专业见证,且行权结束后,并不免除其《暂行规定》第23条规定的律师见证义务。

3. 律师见证费用承担

（1）制度建设中的安排

见证律师的费用由征集人承担还是公司承担,目前缺少制度安排。《征求意见稿起草说明》曾指出,要求受聘为上市公司股东大会出具法律意见书的律师对整场征集活动的合法性出具法律意见并公告,征集人对上述法律意见有异议的,可以另行聘请律师出具法律意见并公告。在这一规则中,见证律师费用的承担主体指向的是公司,由公司承担这一费用。

不过,《暂行规定》调整了这一规则。《暂行规定起草说明》指出,考虑到公开征集事项可能与上市公司董事会、控股股东存在利益冲突,故规定由征集人聘请律师对公开征集的合法性出具法律意见。[①] 这一说明隐含的论点是征集人聘请律师,见证费用自然是"谁聘请谁负责",应由征集人承担费用。在公告的代理征集法律意见书中常见的表述是"受当事人委托",即受征集主体委托。

（2）实务中的安排

考察实务中的见证律师费用安排,呈现两种模式:一种模式是征集人承担。部分上市公司的征集规则、征集公告也同样规定征集人聘请律师见证。如英唐智控实施细则第20条则规定,"征集人聘请的律师事务所与公司聘请见证股东大会的律师事务所,应为不同律师事务所。"质言之,征集人的征集行为见证只能由征集人聘请的律师进行见证,且所聘律师所在事务所不得与股东大会见证律师事务所相同。另一种模式则是由上市公司承担。如力帆科技（集团）股份有限公司2022年8月19日发布的"关于独立董事

---

① 《〈公开征集上市公司股东权利管理暂行规定〉起草说明》,资料来源:http://www.csrc.gov.cn/csrc/c101954/c1605915/content.shtml。

公开征集委托投票权的公告"规定,"由见证律师确认有效表决票。公司聘请的律师事务所见证律师将对法人股东和个人股东提交的前述所列示的文件进行形式审核。经审核确认有效的授权委托将由见证律师提交征集人。"其明确规定见证律师由公司聘请,费用自然是公司支付。再如,宁波韵升 2022 年 8 月 19 日发布的"关于独立董事公开征集投票权的公告"约定,"委托投票股东提交的授权委托书及相关文件送达后,由北京国枫律师事务所按下述规则对提交文件进行审核。经审核确认有效的授权委托结果将提交征集人。"考虑到北京国枫律师事务所是该上市公司的法律顾问单位,相关见证费用自然是公司承担。

（3）引发的争议

《暂行规定》将见证律师费用承担规则调整为征集人承担的意图,除了防止因利益冲突而被公司非法排除外,恐还有防止征集人滥用代理征集的目的,毕竟征集人承担律师见证费用进一步提高了征集人的征集成本,可以一定程度阻却一部分滥用征集行为。不过,这一规则可能引发以下争议:

第一,约定公司承担费用的效力。这里可以区分为可否约定、如何约定两个问题。首先,如实务中那样,在《暂行规定》规定费用由征集人承担的情况下,是否可以约定这一费用由公司承担,约定由公司承担的效力是否因违反《暂行规定》而无效? 其次,若允许约定,则需要以什么方式进行约定? 是需要公司事先制定股东权征集实施细则予以确定,还是只需要征集人在征集公告中提出而召集人未反对即可? 这些问题《暂行规定》尚未提供制度支持。

第二,代理征集制度的异化。很明显,按照征集人承担见证律师费用的规则,股东代理征集时股东为委托人,其费用通常由股东承担。若在这一规则下,控股股东通常不会自己亲自征集,而是转由公司董事会征集,所涉律师费用转嫁给公司董事会承担,最终转化为公司承担;其他股东明显没有这一转嫁机制,只能自行承担,控股股东与中小股东之间存在明显的不公正性。

同时,独立董事征集时是否由独立董事承担也有疑问,特别是强制性征集时的律师费用由其承担的合理性值得商榷。科伦药业独立董事 2022 年

4月的征集公告明确指出："公司聘请的律师事务所见证律师将对法人股东和个人股东提交的前述所列示的文件进行形式审核,经审核确认有效的授权委托将由见证律师提交征集人。"独立董事作为征集人,此时的见证律师是公司聘请的,见证律师的费用自然由公司承担。歌尔股份独立董事2022年7月的征集公告中并未明确见证律师由谁聘请,但在律师事务所关于征集投票权的法律意见中看到如下表述:"律师事务所接受歌尔股份有限公司独立董事王琨女士的委托",若按照"谁聘请谁负责"原则的话,此次见证律师的费用应由独立董事承担;然而查询公司之前的决议公告可以发现,出具法律意见书的律师事务所是歌尔股份公司的法律顾问,则所谓的独立董事委托仅仅是形式上的委托,其费用还是由公司承担。宁波韵升2022年8月、力帆科技2022年8月、瑞丰高材2021年10月等的独立董事公告也明确见证律师就是公司聘请的。独立董事在费用负担压力下的最优选择是不行使征集权,这不利于独立董事职能的发挥,实务也意识到由独立董事承担征集费用明显不合理而改为公司承担,然而这一做法却与《暂行规定》的征集人承担规则相背离,也将在股东征集人之间带来不公平性。

另外,投资者保护机构征集的律师费用通常由投资者保护机构自行承担,但因为设立投资者保护机构的中国证券投资者保护基金有限公司是国有独资,中证中小投资者服务中心有限公司属于证券金融类公益机构,其承担的费用最终事实上转化为了公共资金买单。

若前文的分析成立的话,见证律师费用的承担机制对股东,特别是中小股东极为不利,将对股东代理征集行为带来较大抑制而非鼓励,如何科学构建见证律师费用的承担机制成为代理征集制度建设的重要内容。

（四）优化径路

1.明确律师见证的法律性质

对于律师见证人采取强制见证还是任意见证,有观点从我国的传统沿革出发,认为市场中自发存在律师见证,故在制度建设时,尊重传统做法基础上有条件引入强制见证,即见证人见证原则上以征集人自愿委托为主,公司章程不得强制要求征集人委托律师出具法律意见书,但涉及公司特别重大事项时引入强制见证制度,如股东大会议案中涉及对公司经营战略和经营计划持反对意见的,涉及对董事、监事候选人人选 1/2 以上均持反对意见的,多数征集人之间意见严重对立的议案。① 考虑到代理征集行为合法性控制的需要,任意见证无法发挥见证制度的功用,有必要增强见证制度的规范刚性。然而前文所建议的部分条件下的强制见证会带来判断标准的宽严以及如何准确把握的难题,故建议参照公司治理著名的"遵守或说明"规则,交由征集人自由选择,即征集人征集公告时默认遵守见证人制度,其也可以明确选择不遵守见证人制度,但必须说明理由。一旦征集人未作出相反说明,即认为其作出了遵守见证人制度的承诺,如违反见证人制度,则将其纳入上市公司承诺行为管制范畴,参照《上市公司监管指引第 4 号——上市公司及其相关方承诺》进行监管。

同时,还需要协调好律师见证与召集人审核的关系。二者均为确保征集行为的合法性而设置,为防止征集人征集行为逸脱两个制度的规范,故若征集人说明不采用律师见证时,则征集人必须亲自审核征集公告,并履行见证人不同见证环节需要完成的信息披露义务。

2.明确见证人见证内容

从律师见证本身的立法目的来看,代理征集的每个阶段均需见证、均需出具法律意见书,方能最大程度减少不当行为对证券市场的不利影响,故建议规定律师见证分阶段进行见证,区分征集公告、授权委托书效力确认、行权结果等行为阶段,对征集行为、信息披露内容、授权委托书、代理权行使的合法性、有效性出具法律意见,以供被征集人参考。② 特别是授权委托书的真实性判断、代理权的行使符合授权委托书的授权(征集人按照授权股东的指示投票)、计票结果真实有效未被篡改,这些确保股东权利真实有效行使的过程性控制信息备受授权股东关注,但因信息黑箱而无法约束征集人,故见证人的见证至关重要,自应成为律师见证的重要内容。

---

① 董新义:《论上市公司股东代理权征集滥用的规制——以新〈证券法〉第 90 条为对象》,《财经法学》2020 年第 3 期。

② 苏虎超:《我国上市公司委托书征集立法研究》,《政法论坛(中国政法大学学报)》2001 年第 6 期。

3.明晰律师见证的费用承担机制

第一,建议回复《征求意见稿》的规则,明确律师见证费用由公司承担。一则公司承担律师见证费用可以有效消除前述制度异化问题,消除征集人之间特别是中小股东征集人与其他征集人之间的不公平性。二则征集人与公司之间存在的利益冲突可以通过其他救济制度予以调和解决。《征求意见稿》原本设定的征集人另行聘请律师出具法律意见书的救济方案确实不够妥当。很明显,当公司管理层故意为难征集人而授意见证律师出具法律意见书,征集人最终自行聘请律师出具法律意见时,征集人承担了额外一笔征集成本,费用分担实质上是"征集人承担",同时两个法律意见书的存在反而会增加市场的混乱,降低社会对中介机构的信任度。本书认为,可以考虑增加证券中介机构的法律责任以及强化证券监管予以克服。若公司聘请的律师为了公司管理层利益而出具征集行为不合法的法律意见书,征集人不服的,可以向法院起诉追究其损害赔偿责任。鉴于股东权行权中征集人的损失很难举证,可借鉴我国《反不正当竞争法》强化侵犯商业秘密行为的赔偿责任做法,或者《消费者权益保护法》中惩罚性赔偿的做法,规定一定金额范围内的最低限度赔偿额。同时,加强证监会的监管,一旦见证律师的行为被确认为非法行为,则从市场进入资格等方面予以处置,增加市场对见证律师的约束能力。三则针对征集人可能存在滥用的担忧,本书认为,在我国证券市场代理征集行为尚不多见的情况下,初期可暂不考虑滥用问题,随时观察、监测市场的滥用行为,若存在较多滥用行为以至于影响了公司治理水平的提高,则可及时增加例外规定,如规定"征集事项仅涉及征集人个人利益的除外",以此排除与公司治理无关的征集行为。

第二,即便不调整现有征集人承担的规则,则需增加例外允许公司承担费用的规则。即认可公司章程、公司征集股东权实施细则规定公司承担见证费用约定的效力。毕竟现行征集人承担费用的机制对中小股东并不友好,若公司约定承担见证费用,则公司的这一负担性行为蕴含鼓励征集人实施征集行为的意蕴,最终有利于中小股东利益保护,故应当予以支持。另外,诚如弗兰克、丹尼尔所言:"那些不利于人们从有利可图的交易中竞争性获利的公司规则,在实践中是不大可能存活下来的。"①公司章程、实施细则经过股东大会决议而成为股东间的契约,自有其正当性,应当允许公司股东的意思自治。不过,若公司章程、实施细则中并无这一规则,征集人在征集公告中设定公司承担见证费用条款,即便召集人审核通过征集公告并进行了信息披露,由于未经过股东大会的决议缺乏股东合意形成过程,也不应当确定其效力,费用依然由征集人承担。

四、吹哨人制度

(一) 制度趋势

吹哨人是指发现所在的企业或机关有违反法律法规、损害他人或公共利益的情形,据此向企业或机关内设机构或相关政府部门进行揭露的举报者。② 吹哨人制度是在"吹哨"行为的基础上,通过一系列的法律程序,赋予"吹哨人"、市场监督管理机关及其工作人员,以各种法律上的权利、权力和义务,必要时给予奖励,使得偶发的"吹哨"行为成为一种稳定的、可靠的违法情事的线索来源,使市场监管机关能够更好地保护公共利益。③ 证券违法具有专业、隐蔽、高智能等特点,吹哨人制度对精准揭露和打击违法行为有着重要意义。④

美国《证券交易法》2010 年引入这一制度,2020 年进一步对《吹哨人规则》(Whistleblower Program Rules)进行修改,进一步促进奖金激励,提高举报处理效率,大幅提高制度透明度、效率性与明确性。在奖金激励方面,2010 年的奖励规则为:在罚款金额超过 100 万美元的情况下,给予吹哨人的奖励不得低于收取罚款的 10%,且不得高于 30%。2020 年则增加一个对吹哨人巨大利好的规则:如果罚款不高于 500 万元美元,则推定应给予吹哨

---

① 弗兰克·伊斯特布鲁特、丹尼尔·费希尔:《公司法的经济结构》,张建伟、罗培新译,北京大学出版社 2005 年版,第 32 页。
② 徐大梅、杨祥德:《论我国"吹哨人"制度的建立和完善》,《海大法律评论 2018—2019》,上海浦江教育出版社 2020 年版,第 496 页。
③ 潘越:《中国"吹哨人"制度的异化与重构》,《政法学刊》2021 年第 6 期。
④ 高振翔:《市场危机下的美国证券执法——〈SEC 执法部 2020 财年年报〉解读》,《商法界论集》2021 年第 8 卷。

人最高额奖金,①即按照最高限 30%的比例计算奖金。

(二) 我国制度评析

我国也在新《证券法》第 176 条引入这一制度,不过其范围仅限于"涉嫌重大违法、违规行为",同步修订的《证券期货违法违规行为举报工作暂行规定》进行了细化,列举了"内幕交易或利用未公开信息交易""操纵证券、期货市场""信息披露违法违规""欺诈发行证券"四类情形以及"其他重大证券期货违法行为"的兜底规定。

目前这一规定对代理征集行为的规范尚存在疑问:

第一,代理征集中哪些违法行为达到前述"重大标准"。在没有判定规则的情况下,很难予以认定,进而纳入吹哨人制度的适用范围。

第二,与美国等相比,奖励金额明显偏低。根据《证券期货违法违规行为举报工作暂行规定》第 13 条的规定,罚没款金额在 10 万元以上的,按罚没款金额的 1%对举报人进行奖励;已依法移送司法机关后作出生效的有罪判决的,酌情给予奖励;奖励金额不超过 10 万元;在全国有重大影响,或涉案数额巨大的案件线索,最高不超过 30 万元。内部知情人员提供了重大违法案件线索,经调查属实的,最高奖励额度不超过 60 万元。尽管我国的奖励条件"罚款 10 万元"标准远低于美国"100 万美元",有利于更多的吹哨人获得奖励,但奖励的标准 1%不仅远远低于美国 2010 年的 10%的标准,更是低于新规则下罚款不超过 500 万美元的 30%最高比例。根据新《证券法》《暂行规定》的规则来看,我国对代理征集的违法行为的罚款处罚仅有新《证券法》第 197 条的 50 万元以上 500 万元以下、100 万元以上 1000 万元以下和第 199 条的最高 50 万元罚款,对应的奖励金额仅有 5000 元以上至 5万元以下、1 万元以上 10 万元以下、5000 元以下。奖励额度偏低,仍未从道德性奖励的观念中跳出来,没有积极承认社会监督在证券市场监管中的重要作用,非常不利于鼓励举报人积极提供重大案件的线索。②

①　孙宝玲:《美国证券吹哨人制度改革展望与镜鉴》,《证券市场导报》2021 年 11 月号。
②　孙宝玲:《美国证券吹哨人制度改革展望与镜鉴》,《证券市场导报》2021 年 11 月号。

为有效发挥吹哨人制度对代理征集违法行为的监督,可以考虑在《证券期货违法违规行为举报工作暂行规定》基础上,分类细化奖励办法,专门出台《股东权代理征集违法违规行为举报工作实施细则》,对代理征集中的吹哨人奖励进行有针对性的细化;同时,应与新《证券法》大幅提高内幕交易、操纵市场处罚倍数趋势保持一致,同比例提高举报奖励金额,以鼓励吹哨人积极提供线索。①

第二节 股东权代理征集法律
责任与权利救济

一、征集人责任

(一)征集人违约行使

1.行为表现

征集人成功征集股东权后,与被征集人之间形成代理关系,征集人应当严格按照委托书约定内容履行义务。《暂行规定》第 16 条也再次明确了征集人这一义务,强调征集人应当凭身份证明文件、符合条件证明材料、授权委托书出席股东大会,并严格按照股东授权委托书的指示内容代为行使表决权。当征集人不完全按照约定履行义务或者不履行义务时,则违反代理人义务,构成违约。其具体行为表现为征集人怠于履行委托义务以及违反委托内容两种。前者表现为征集人不出席股东大会,后者表现为违反授权自行决定如何使用表决权,②或者不按照授权委托书的授权事项行使代理权,或者部分行使授权委托书授权的代理权,或者超出授权范围或改变履行方式等。③典型的如通百惠公司在胜利股份股权争夺案中的行为、电广传媒的代理投

---

① 曾斌:《美国证券吹哨人制度的最新情况及启示》,《清华金融评论》2020 年第 7 期。
② 王星皓、李记岭:《论中小股东在公开征集投票权中的救济》,《河北法学》2019 年第 8 期。
③ 董新义:《论上市公司股东代理权征集滥用的规制——以新〈证券法〉第 90 条为对象》,《财经法学》2020 年第 3 期。

票权弃权行为,征集人征集完成后根本不出席股东大会。①

实务中还出现一种情形是:征集人取得授权委托书后,提前将授权委托书等证明材料提交公司,也出席股东大会,但在股东大会的会议现场表决票上未作任何投票意见表示即将表决票提交。此时征集人有无违约? 如有违约,则是不履行还是违约履行? 对此,征集人可能认为,因为提前向召集人提交了授权委托书等材料,既然股东大会认可了授权委托书的效力,那么委托股东对决议事项的投票意见(也就是股东意思)就已经非常清晰地传递给公司,因此会议现场表决票填不填写并不影响授权股东对此问题的意见。质言之,应当按照授权委托书中的意思表示统计表决权行权结果。征集人的这一主张其实涉及另一问题的回答:授权委托书与会议现场表决票的关系问题,授权委托书可否直接代替会议现场表决票? 日本司法界对此的态度或许可以为我们提供参考借鉴。

日本公司法允许书面投票,故公司股东有四种方式可以对会议议案表达自己的意图:出席通知书(即亲自出现股东会行使表决权)、授权委托书(表决权代理)、表决权行使书(书面投票)、电子投票。在阪急集团和 ok 公司围绕关西超市展开的收购战中也出现了前述情形,某法人股东在股东大会召开前向股东大会邮寄填写了"赞成"意见的表决权行使书,股东大会当天又出席会议,但未在会议现场表决票上填写任何意见就提交了表决票。各方围绕该股东的表决权是"赞成"还是"弃权"处置引发争议提起诉讼。一方认为,按照日本股东大会的惯例,即便事先邮寄了表决权行使书,如果股东又亲自出席股东大会,则事先投票的意图消失,表决权行使书失效,股东的投票意愿只能按照股东大会现场的表决票进行判断,同时,按照惯例,股东提交的空白表决票作"弃权"处置。股东方则表示,自己并不清楚表决权行使书失效的惯例,更何况之前邮寄的表决权行使书包含了委托书(一体式书面文件),即便委托书没有填写任何内容,公司议案的相关事宜已经全权委托给公司按照表决权行使书的意见进行处理,公司已经非常清楚自己的意思,故自己无需在股东大会现场再次投票。日本最高法院终审支持

① 刘素芝:《我国征集股东委托书法律制度的实证分析》,《法学评论》2007 年第 1 期。

了股东观点,理由有二:股东大会的意思表示采用中、事先知晓、理解投票规则至关重要;在因认识不足或误解导致不能正确反映意思表示的情况下,仅用会议现场表决票进行判定反而有违要求采用能正确反映股东意思的制度宗旨。本案中,股东对投票规则产生了误解,导致最终的结论与自己的真实意思表示不一致。保护股东的真实意思至关重要,毋庸置疑。有观点认为,之所以产生这一争议,原因就在于一体式书面文件,这一文件既包含授权委托书,又包含书面投票表决意见书。二者都是确认身份的证据,同时采用会引发混乱。① 若仅仅只有投票表决意见,则不会产生这一争端。②

回看我国的代理征集实践,授权委托书既有授权委托,也有委托人关于议案的表决意见,也容易引发前述争议。对此,一则我国上市公司的投票方式仅有会议现场表决和网络投票(通过互联网投票平台或者交易系统投票平台)表决,并未引入日本表决权行使书那样的书面投票方式,故即便授权委托书中存有关于股东对决议事项的投票意见,通常也不能作为股东的表决权行使结果在股东大会上得以承认和统计。二则授权委托书仅是征集人与被征集人之间委托代理关系的证明文件,代理权的授予是关键和主要问题,决议事项的投票意见是辅助性问题,是委托人对代理人的具体指示,而非股东大会的表决意见。委托人的投票意见尚需通过征集人(代理人)在股东大会的代理投票行为实施方能实现,也就是征集人出席股东大会,在会议现场表决票上按照授权委托书的指示填写投票意见,委托人的意思表示才真正表达给公司。并且,若征集人取得了授权委托书不出席股东大会,股东的表决权也无法行使。③ 故原则上,征集人在股东大会上未填写会议现场表决票,委托人的委托义务并未履行,其实质与不出席股东大会的效果等同,应当纳入怠于履行委托义务的范畴考量。不过,从股东大会实务来看,

---

① 中村直人「上場会社の委任状勧誘規制について」,资料来源:https://www.tosyodai.co.jp/topics/nakamura/036/index.html。

② 吉村一男「委任状による議決権行使の問題」,资料来源:https://fiduciary-adv.com/%e5%a7%94%e4%bb%bb%e7%8a%b6%e3%81%ab%e3%82%88%e3%82%8b%e8%ad%b0%e6%b1%ba%e6%a8%a9%e8%a1%8c%e4%bd%bf%e3%81%ae%e8%aa%b2%e9%a1%8c/。

③ 山本爲三郎「委任状勧誘規制の法的意義」法学研究:法律・政治・社会 82 巻 12 号 132 頁(2009)。

其出席股东大会,只要表明了代理人身份,代理所持股份数则会计入股东大会出席股份总数,其所投空白表决票也会按照实务惯例作弃权处置,从这个角度看,代理所持股份的最终表决意见为"弃权",与授权委托书中的"赞成"或"反对"意见不一致,更符合征集人不按照授权委托的授权事项行使代理权的情形。

当然,考虑到最大限度维护股东的意思表示,也可以借鉴日本法院的做法,对前述空白表决票弃权处置的规则作出例外处理,一定条件下承认其授权委托书中的投票意见,即有证据证明征集人对股东大会投票规则产生重大误解,导致其认为提交给公司的授权委托书已经替代了会议现场投票而无需再次投票。

2. 责任样态

（1）民事责任

征集人违约行使股东权,应当对被征集人承担怎样的责任,"委托书规则"采用约定方式进行处理,要求征集人征集公告明确记载如下内容:"征求取得委托书后,应依股东委托出席股东会,如有违反致委托之股东受有损害者,依民法委任有关规定负损害赔偿之责。"缘由在于,征集人未能按照约定出席股东大会,将使被征集人失去表决的权利,而表决的权利通过授权委托协议已经转移给了征集人（即代理人）,征集人怠于履行义务而导致委托人利益受损,不仅违反了委托协议,还违反了征集公告承诺,是一种双重违约,可以根据造成损害的大小选择违约责任的承担方式。[①] 新《证券法》则是在立法中明确规定征集人的违约赔偿责任,第90条规定,"公开征集股东权利违反法律、行政法规或国务院证券监督管理机构有关规定,导致上市公司或其股东遭受损失的,应当依法承担赔偿责任。"故征集人违约行使股东权,违反与股东签署的授权委托书,应当对被征集人承担违约责任,造成损失的则承担损害赔偿责任。

（2）行政责任

征集人除了承担民事责任外,是否还要承担行政责任,这也是值得讨论

---

① 王星皓、李记岭:《论中小股东在公开征集投票权中的救济》,《河北法学》2019年第8期。

的问题。对此,有立法例采用"财产罚+能力罚"方式进行处置,不仅明确提出依约履行的要求,禁止约定免除义务履行,还在财产罚的基础上增加了能力罚,剥夺其一段期间的征集人资格。同样,美国 SEC 在证券市场执法方式上也非常注重财产罚与非财产罚"两条腿走路",以充分发挥证券执法在惩治违法、震慑违法和规范市场、引导市场两个方面的作用,也把能力罚这一"资格剥夺"作为惩治违法的有效手段之一,2020 财年,累计对 477 名行为人实施了资格剥夺。①

应该说,增加行政责任有其必要性,一则征集人的征集行为关涉证券市场的正常交易秩序,也关涉股东、公司的整体利益,仅有征集代理民事责任制衡不足以对征集人行为形成足够的约束;且部分征集行为违法无法产生民事责任,如第三章所述的征集人部分征集时不履行意见征求义务很难产生民事责任。二则征集人的民事赔偿责任受到较多条件制约,需要给股东造成损失,股东需要证明损失的存在以及二者之间的因果关系,增大了难度,且在代理征集过程中,征集人违约导致的是股东的权利无法行使或未正确行使,其本身带来的损失如何核算并不清楚,甚至有时并不会带来除了权利行使之外的其他损失,征集人完全可能因损失无法证明而不用承担责任,损害赔偿责任对征集人违约行为的约束作用尚有待观察。故我国也采民事责任基础上附加行政责任的方式对征集人的违约行为进行规范。依据在于,征集人违约行使构成对《暂行规定》第 16 条"严格按照股东授权委托书中的指示内容代为行使表决权"义务的违反,同时,《暂行规定》第 31 条又规定,"征集人、证券公司、证券服务机构、上市公司、召集人违反本规定除信息披露义务外其他要求的,按照《证券法》第 199 条予以处理。"而新《证券法》第 199 条设置了警告、罚款等行政责任,即"违反本法第 90 条的规定征集股东权利的,责令改正,给予警告,可以处 50 万元以下的罚款。"质言之,征集人违约行使代理权违反《暂行规定》要求,可给予警告、一定数额罚款的行政处罚。虽然从种类上看,新《证券法》《暂行规定》并未直接规定能

力罚,然而,根据新《证券法》的规定,对征集人处以警告、罚款均属于"中国证监会的行政处罚",自然也就满足《暂行规定》第 3 条规定的股东、独立董事"最近 36 个月内受到中国证监会行政处罚"的消极资格情形而丧失征集人资格,往往也能达到能力罚同样的法律效果。尽管如此,其本身并非为行政处罚,与美国等重视财产罚与非财产罚双管齐下的趋势略有差异,实践成效有待观察。

(二) 征集人违法征集

1.行为表现

鉴于当前股东权代理征集的法律规范主要是新《证券法》第 90 条以及《暂行规定》,故违法征集的行为主要是违反这两个法律规范中禁止的行为,从前三章的分析可以看出,征集人违反法律规定进行的征集行为可能存在以下情形:

(1)不具有征集人资格进行征集。无论是不具有积极资格还是满足消极资格要件,或者是征集过程中丧失资格,都会成为非法征集。

(2)有偿或变相有偿征集。这是违反禁止有偿或变相有偿征集规定进行的征集。

(3)违法信息披露。代理征集过程中涉及多个内容的信息披露,从征集行为的不同阶段进行梳理,征集人违法信息披露主要存在以下几类行为:虚假陈述,误导,虚假声明,不按规定披露信息。

有观点认为,虚假陈述主要包括《最高人民法院关于审理证券市场因虚假陈述引发的民事赔偿案件的若干规定》界定的虚假记载、误导性陈述、重大遗漏三种情形,暂不涉及不正当披露问题。① 本书对此持不同的观点,这是因为《暂行规定》第 9 条第 1 款规定"不得有虚假记载、误导性陈述或者重大遗漏",明确界定了虚假陈述的三种行为类型。但是,随后在第 2 款、第 3 款规定了披露渠道以及特殊渠道的披露要求,第 11 条也规定了召集人审查披露的时间,这无疑涉及到征集文件披露的期限、法定渠道、内容等要

---

① 王星皓、李记岭:《论中小股东在公开征集投票权中的救济》,《河北法学》2019 年第 8 期。

素,一旦征集文件披露违反相应规则时,其可能符合《最高人民法院关于审理证券市场因虚假陈述引发的民事赔偿案件的若干规定》不正当披露界定的"信息披露义务人未在适当期限内或者未以法定方式公开披露"情形,从而构成不正当披露。

然而,新修订的《最高人民法院关于审理证券市场虚假陈述侵权民事赔偿案件的若干规定》(法释〔2022〕2 号)不再提及不正当披露,而是沿用新《证券法》第 85 条规定的"未按照规定披露信息",并将其界定为信息披露义务人未按照规定的期限、方式等要求及时、公平披露信息。前述行为也符合这一界定范围,属于"未按照规定披露信息"范畴。实务中出现的征集人在召集人审查征集文件期间自行公告的合法性争议即为明证。先河环保股东深圳信天 2022 年 7 月 26 日下午向公司董事会提交征集文件,并于当晚补正重新提交材料。深圳信天认为按照《暂行规定》第 11 条召集人应当在 2 个工作日披露的规定,公司应当次日(也就是 27 日)发布公告,在公司 27 日未公告的情况下,其自行于 28 日在《证券日报》公告了征集文件。先河环保则在 28 日 20 点 8 分通过深圳证券交易所网站公告了征集文件。由此引发的问题是征集人先于公司披露征集信息是否属于未按照规定披露信息。征集人及其见证律师出具的法律意见书认为,虽然发布征集信息在程序上存有一定瑕疵,但《证券日报》属于中国证监会 2020 年 9 月 11 日确认的具备证券市场信息披露条件的媒体,符合《暂行规定》第 9 条第 2 款"征集人应当通过上市公司在证券交易所网站和符合中国证监会规定条件的媒体上披露征集文件"要求,不存在"未以法定方式公开披露"的情形。不过,征集人的这一行为事实上规避了《暂行规定》设定的召集人审查制度,使其预防和控制代理征集制度滥用的目的落空。这一行为应当纳入"未按照规定披露信息"进行规范。

另外,误导可以纳入虚假陈述中的误导性陈述处置,虚假声明可以纳入虚假记载进行处置,故这两类行为不再赘述。

(4)直接或间接损害公司或他人的人格与名誉。这类侵权行为非常容易发生在竞争性征集活动中,特别是征集人反对公司董监高人选时,在征集公告阐释理由非常容易出现侵害相关董监高人格、名誉的情形。如先河环保 2022 年 7 月征集公告对补选公司第四届董事会非独立董事的议案的理由中有如下表述:"……征集人认为……其本人存在重大责任嫌疑,不适合担任先河环保董事",在补选公司第四届董事会独立董事的议案的理由表述为:"征集人认为＊＊刚毕业 5 年,仅曾在北京经纬恒润科技有限公司担任过会计主管,是中国石油大学(北京)经济管理学院会计系讲师,其任职经历、专业能力和职业能力不适合上市公司独立董事的岗位任职要求。"虽然前述内容并非构成对相关人员的名誉、人格侵权,但由于理由阐释中存在较多主观性阐释内容而非客观事实陈述,较易引发侵权争议。

2.责任样态

(1)民事责任

同样,在征集人的违法征集活动中,也会产生对相关主体的民事责任:可能侵犯被征集人股东的权利,也可能给公司造成损失,还可能会侵犯公司董监高等人的合法权益。当然,与违约行使不同的是,此处产生的责任主要是侵权责任这一"实体性法律责任"[1]。由于侵权责任主要产生于征集人在代理权征集公告中进行虚假陈述的行为,[2]产生的是赔偿责任,故本书以违法信息披露的民事责任为例进行阐释。另外,对这一侵权责任是否需要进行赔偿,学界也有争议。有观点认为,这一赔偿责任不应当支持,理由在于股东权代理征集中除了投票的费用支出外,其他的经济价值很难衡量,特别是投票权的价值很难用金钱计量,甚至很难说其是一种财产权。[3]

对于代理征集的违法信息披露民事责任问题,《证券法》《公司法》等相关法律并未予以直接规定,《暂行规定》也未有相关条款。学界和实务界通常参照证券市场虚假陈述的相关规定来建立代理征集涉及的违法信息披露的认定要件及侵权责任。[4]

通常民事侵权需要具备四个要件:行为的违法性、损害事实的存在、因

---

① 李红润:《表决代理权征集规则研究》,《广西社会科学》2016 年第 12 期。

② 董新义:《论上市公司股东代理权征集滥用的规制——以新〈证券法〉第 90 条为对象》,《财经法学》2020 年第 3 期。

③ 苏虎超:《我国上市公司委托书征集立法研究》,《政法论坛》2001 年第 6 期。

④ 王星皓、李记岭:《论中小股东在公开征集投票权中的救济》,《河北法学》2019 年第 8 期。

果关系、行为人主观上有过错。学界主要围绕征集人的主观要件进行分析。代理人的主观过错区分为故意或过失两类状态，其在不同的征集活动中表现不同。通常，虚假记载是征集人主动、积极的作为，主观表现为故意；误导性陈述、重大遗漏可能是征集人故意为之，也可能是过失导致。① 美国司法实务认为过失标准比故意标准更加强调对中小股东的尽职尽责，故采用推定过错原则，故意无需证明，仅需证明征集人在信息披露过程中存在过失即可。TSC Industries Inc. v. Northway Inc.案借用证券市场虚假陈述之投资者敏感性标准，认为"如果一个理性投资者很可能在决定如何投票的时候认为该事实是重要的，那么该遗漏的事实便是重大的。"②质言之，征集公告出现误导性陈述或遗漏，若没有实质影响到理性的被征集人做出授权委托决定，那么该误导性陈述或遗漏不应认为是征集人的重大过失。只有理性的被征集人基于征集公告中的误导性陈述或遗漏做出了错误的判断，导致被征集人将投票权委托给了征集人，则征集人存在虚假陈述的过失。

（2）行政责任

同样，违法征集行为需要承担行政责任。《暂行规定》为违法征集行为设置了更为严格的行政责任。《暂行规定》第31条规定，征集人、上市公司、召集人未按照规定履行信息披露义务的，按照《证券法》第197条予以处理。而新《证券法》第197条分设两种情形对信息披露义务设置行政责任：一种是未按照本法规定报送有关报告或者履行信息披露义务的，对信息披露义务人采取责令改正、给予警告、并处以50万元以上500万元以下罚款的处罚措施，并对直接责任人予以警告和罚款的处罚；一种是报送的报告或者披露的信息有虚假记载、误导性陈述或者重大遗漏的，对信息披露义务人采取责令改正、给予警告、并处以100万元以上1000万元以下罚款的处罚措施，并对直接责任人予以警告和罚款的处罚。两种情况下，虚假陈述的违法性明显强于不按规定披露信息，故科以更重的行政性负担。而在征集人资格违反、无偿征集违反的行政责任规范方面，属于《暂行规定》第31条

① 王星皓、李记岭：《论中小股东在公开征集投票权中的救济》，《河北法学》2019年第8期。
② TSC Industries, Inc. v. Northway, Inc., 426 U.S. 438(1976).

规定的信息披露以外的违法行为,与违约行使情形的行政责任相同,故不再分析。不过《暂行规定》没有明确违法征集对表决权的效力影响、对公司决议的效力影响,应该说不失为一大遗憾。

二、公司责任

(一) 公司非法排除

1.公司非法排除表现形式

公司非法排除是指公司没有正当理由,排除、限制符合法定资格的征集人行使代理权的行为。其典型行为表现为:

第一,公司在章程、股东大会决议中直接排除征集行为。如公司规定股东表决权必须亲自行使,公司不接受代理人的代理投票;或者在章程、实施细则中明确排除部分征集人的征集资格。需要留意的是,实务中部分上市公司的股东权征集实施细则在《证券法》新修订后依然仅规定了公司董事会、独立董事和股东三类征集主体,如科拓生物 2021 年 5 月 13 日公布的《征集投票权实施细则》、中兵红箭 2021 年 10 月 21 日公布的《中兵红箭股份有限公司征集投票权实施细则》都仅确认了公司董事会、公司的独立董事、持有 1% 以上表决权股份的股东三类主体,没有将投资者保护机构纳入。不过,这一做法并非公司的非法排除行为,这是因为,投资者保护机构的征集主体资格由法律赋予,公司内部文件或者公司合意不能排除;且征集股东权实施细则作为公司内部自治文件,是对代理征集事务的具体细化,在征集人资格方面也仅能对公司及公司内部人员发挥作用,其无法直接授予或剥夺相关机构的资格。同时亦如征集主体讨论那样,公司不能以此为由排除投资者保护机构的征集人资格。

第二,在公司章程、股东权征集实施细则中对征集资格设置比法律更多的限制性条件。如提高股东征集行权持股比例,设置更多的消极资格要件,使得适格征集人大幅度减少。这违反了《暂行规定》第 3 条"上市公司、上市公司股东大会召集人不得在本规定之外,对征集人设置其他条件"的规定。实务中还曾经出现过部分上市公司章程要求股权登记须出具原件,董事会可以此为由拒绝征集人持有复印件、传真件办理股权登记，①如前文分析那样，提供身份证、股权登记原件的要求既不可行，也不合法。

第三，在股东大会统计表决权时无正当理由排除合法授权委托书。如公司以授权委托书形式存有瑕疵、身份证明材料存有疑议、行权材料提交期间与公司规定不符等为由，拒绝将征集人持有的授权委托书所对应股份计入股东大会出席股份总数或者拒绝计入股东大会表决权总数。此处也是最易产生争议的地方，双方往往围绕授权委托书是否有效、代理权是否有效等问题争论不休，甚至引发公司决议瑕疵撤销之诉。不过，从我国公司治理实践来看，公司不会排除董事会、独立董事的代理征集，此处的非法排除主要是排除股东和投资者保护机构的代理征集。

2.公司非法排除征集的法律责任

公司非法排除征集可能产生两类法律责任：首先，若公司的非法排除对作为征集人的股东造成损失，则根据新《证券法》第90条的规定，公司可能需要对股东承担民事赔偿责任。由于我国的投资者保护机构本身也是上市公司的股东，故也可能获得相应的赔偿。其次，公司可能面临行政责任。公司的非法排除行为符合《暂行规定》中"公司违反其他要求"的情形，可能面临新《证券法》第199条设置的警告、罚款等行政责任。

（二）信息披露义务、配合义务违法责任

1.信息披露配合义务及其责任

这是我国法律将代理征集信息披露义务配置给征集人的同时为公司配置的义务。新《证券法》第90条第2款规定，依照前款规定征集股东权利的，征集人应当披露征集文件，上市公司应当予以配合。按照其文字表述，征集人为信息披露义务人，公司为信息披露配合人。《征求意见稿》曾规定召集人"应当于2个交易日内配合征集人披露征集公告"，明确使用了"配合"二字，只是此处的配合主体是"召集人"，并非新《证券法》规定的配合主

---

① 何劲松、邹健敏：《争夺董事会——实战手册》，资料来源：http://finance.sina.com.cn/t/20020520/209642.html。

体"公司"。《暂行规定》对此进行了修正,在第9条中规定征集人在规定渠道上披露征集文件,上市公司应当予以配合,再次与新《证券法》规则保持了一致。同样,《深圳证券交易所股票上市规则(2022年修订)》的相关规定进一步明确了公司的信息披露配合义务。《深圳证券交易所股票上市规则(2022年修订)》2.1.3规定,相关信息披露义务人应当按照有关规定履行信息披露义务,公司应当协助相关信息披露义务人履行信息披露义务。4.2.5同时规定,上市公司董事会、独立董事、持有1%以上有表决权股份的股东或者依照法律法规设立的投资者保护机构公开请求股东委托其代为行使提案权、表决权等的,征集人应当依规披露征集公告和相关征集文件,不得以有偿或者变相有偿方式公开征集股东权利,上市公司应当予以配合。这样一来,征集行为发生之初的征集公告的信息披露义务人是征集人,公司仅负有信息披露配合义务。即征集公告信息的准备、提供均由征集人完成,召集人审核通过后,需要对外发布公告,由于公司在证监会信息披露指定渠道方面具有通道、对接等便利优势,公司董事会秘书又是"证券交易所与上市公司的指定联系人"①,故在征集人提出信息披露要求时,公司协助提供相关信息,配合完成信息披露工作。实务的安排也同样如此。如恒泰艾普2022年7月的股东代理征集信息披露中,公司董事会发布"关于收到股东公开征集表决权的公告"并附上"公司股东关于公开征集表决权的公告",且在公告的提示栏中明确注明:"本公司保证公告内容与信息披露义务人提供的信息一致。"从这一公告前后内容可以看出,代理征集公告的信息披露义务人是征集人,公司仅仅只是代为发布征集公告,也就是利用公司信息发布渠道协助发布信息。

不过,考虑到《暂行规定》允许的代理征集信息发布渠道多元,公司的信息披露配合义务应当仅限于规定渠道的披露。其他渠道的信息发布,公司不承担相应的配合义务。

若公司不履行这一配合义务,鉴于证监会规定的信息发布渠道多元,即

---

① 柯巧平:《信息披露严监管成常态:新〈证券法〉下董秘如何当好"吹哨人"——以瀚叶股份为例》,《财富时代》2021年第9期。

便没有公司的配合,征集人通常也能通过自己的渠道联系相关渠道进行发布,对征集人的征集权行使本身不会带来本质性的侵害。如前述先河环保代理征集中,征集人在召集人审查期间径行联系规定渠道发布征集公告即可佐证。故公司即便不履行此配合义务,也不会对征集人产生较大不利影响,征集人很难据此追究公司的责任。不过,公司的这一配合义务是新《证券法》《暂行规定》明确科以的义务,根据《暂行规定》第 31 条的规则,公司可能因违反《暂行规定》的要求而承担行政责任。且从文意解释来看,信息披露配合义务不是信息披露义务,因此,其应当符合《暂行规定》第 31 条规定的上市公司违反信息披露义务外其他的要求,适用新《证券法》第 199 条规定予以处理。

2.信息披露义务及其责任

如前文所述,这是发生在代理征集行权结束后的公司义务,需要在股东大会决议公告中披露代理征集相关信息,征集人应当配合提供相关信息及材料。此情形下,公司是信息披露义务人,若不履行这一义务,则满足《暂行规定》第 31 条上市公司不按照规定履行信息披露义务的规则,应适用新《证券法》第 197 条予以处理。

三、其他主体责任

(一) 召集人

纵观新《证券法》和《暂行规定》规范的代理征集行为全过程,召集人涉及三个方面的行为规范:

1.征集公告审查

如前文所述,《暂行规定》将征集公告的审查权配置给召集人,召集人即负有审核征集人是否具有征集主体资格、征集公告是否合法等义务。实务中召集人出于自身利益考量,可能对征集人的征集公告拒不审核,也不披露,或者延期审核,超过 2 个交易日仍未审核结束而延迟披露征集公告。当然也可能出现前文所述的非法排除情形,由于股东大会绝大多数是公司董事会召集的,故召集人非法排除也就主要是公司非法排除,其处理参照前文,不再赘述。

2.股东提案审查

由于提案本身的审查属于提案权制度的内容,不属于代理征集制度的内容。故此处的审查主要是对征集结果是否满足行使提案权持股比例情况进行审查。根据《暂行规定》第21条、第22条的规定,"征集人需要向召集人报送征集结果公告及相关备查文件,除征集人不符合本规定第三条规定条件、相关提案不符合有关规定外,召集人不得拒绝将临时提案提交最近一期股东大会审议。"从这些规定可以发现,提案权征集中,召集人需要审查征集结果是否满足提案权的行权要求、征集人是否满足征集主体资格等内容。此时也可能存在召集人非法排除的问题。

3.信息披露义务

如前文所述,召集人在代理征集活动中的信息披露义务主要发生在以下几个环节:一是事后发现征集人不符合征集条件,二是征集人征集过程中失格,三是股东征集的提案不提交审议。鉴于召集人在征集活动中既有审查权,又有信息披露义务,故当召集人不当行使审查权时,其行为符合《暂行规定》第31条"召集人违反其他要求"的情形,可能承担新《证券法》第199条设置的警告、罚款等行政责任;当召集人违反信息披露义务时,其行为符合《暂行规定》第31条"召集人未按照规定履行信息披露义务"的情形,可能承担新《证券法》第197条设置的警告、罚款等行政责任。

(二)律师事务所、见证律师

1.律师事务所

同样,律师事务所作为证券服务机构,需要委派见证律师见证征集公告合法性、征集行为合法性、授权委托书有效性、行权行为合法性等内容,并出具法律意见书。《上市公司股东大会规范意见》《暂行规定》也明确要求出具法律意见书。若律师事务所违法出具法律意见书,则可能存在如下责任:

(1)民事责任

根据新《证券法》第163条的规定,律师事务所为证券的发行、上市、交易等证券业务活动制作、出具法律意见书有虚假记载、误导性陈述或者重大遗漏,给他人造成损失的,应当与委托人承担连带赔偿责任,但是能够证明自己没有过错的除外。《最高人民法院关于审理证券市场虚假陈述侵权民事赔偿案件的若干规定》第18条规定,"证券服务机构制作、出具的文件存在虚假陈述的,人民法院应当按照法律、行政法规、监管部门制定的规章和规范性文件,参考行业执业规范规定的工作范围和程序要求等内容,结合其核查、验证工作底稿等相关证据,认定其是否存在过错。证券服务机构的责任限于其工作范围和专业领域。证券服务机构依赖保荐机构或者其他证券服务机构的基础工作或者专业意见致使其出具的专业意见存在虚假陈述,能够证明其对所依赖的基础工作或者专业意见经过审慎核查和必要的调查、复核,排除了职业怀疑并形成合理信赖的,人民法院应当认定其没有过错。"根据前述规则,律师事务所在代理征集活动中对代理征集活动出具法律意见书,若存有虚假陈述情形,需要承担民事侵权赔偿责任,责任限于其工作范围和专业领域,且与委托人承担连带责任。这在最高人民法院发布的2021年全国法院十大商事案件之一"487名投资者诉五洋公司、上海锦天城律师事务所等被告证券虚假陈述责任纠纷案"(以下简称:"五洋案")中得以确认,法院裁定锦天城律师事务所等中介机构与发行人一起对投资者承担连带责任,"是律师牵涉证券虚假陈述而导致律师事务所承担侵权赔偿责任的典型案例。"①

(2)行政责任

《上市公司信息披露管理办法》第55条规定,"为信息披露义务人履行信息披露义务出具专项文件的证券公司、证券服务机构及其人员,违反法律、行政法规和中国证监会规定的,中国证监会为防范市场风险,维护市场秩序,可以采取责令改正、监管谈话、出具警示函、责令公开说明、责令定期报告等监管措施;依法应当给予行政处罚的,由中国证监会依照有关规定进行处罚。"而根据第62条的术语界定,为信息披露义务人履行信息披露义务出具专项文件的证券公司、证券服务机构包含制作、出具法律意见书的律师

---

① 王然、彭真明:《证券虚假陈述中的律师侵权赔偿责任——兼评487名投资者诉五洋公司、上海锦天城律师事务所等被告证券虚假陈述责任纠纷案》,《社会科学家》2022年第4期。

事务所,故一旦违法出具法律意见书,则可能面临行政处罚。同时,按照《暂行规定》第31条的规定,律师事务所作为证券服务机构,违反除信息披露义务外其他要求的,也会承担新《证券法》第199条设置的警告、罚款等行政责任。

2.律师

不过,前述的民事和行政责任主体均为律师事务所。然而,律师事务所制作、出具的法律意见书事实上是见证律师完成的,律师是否需要直接对第三人承担侵权赔偿责任在规范层面并未得到明确。我国司法实践曾采用过"二元责任主体"的观点,律师事务所和负有直接责任的律师本人需要共同承担赔偿责任,但新《证券法》与最新的司法解释均未明确直接责任人是否承担责任。对此,存有三种争议观点:

观点一:不直接承担责任。这是"一元责任主体"的观点,认为《律师法》第54条规定,律师违法执业或者因过错给当事人造成损失的,由其所在的律师事务所承担赔偿责任。律师事务所赔偿后,可以向有故意或者重大过失行为的律师追偿。在律师执业规范中,律师事务所与委托人之间签订协议,律师与投资者之间不存在合同关系,自然不必对投资者承担契约责任。律师接受律所的指派为客户提供专业服务,律师事务所享有指派权自然应当承担相应的义务。①

观点二:直接承担责任。有观点认为,在证券信息披露业务中,律师与投资者之间的特殊信赖关系决定了律师对投资者承担着具有法律意义的注意义务,若律师未尽义务则需要对投资者承担侵权赔偿责任。同时,律师直接对投资者承担侵权赔偿责任也是贯彻自己责任这一民法基本原则的应有之义,亦是规范律师证券执业行为、充分保护投资者的必要选择。② 应当说,律师按照执业规则的工作规范出具报告是其法定义务,其出具虚假陈述的法律意见书行为违反的是法律规定的一般人的普遍义务,违反了《证券

---

① 李桂英:《律师执业赔偿制度的几个问题》,《中国法学》2000年第2期。
② 王然、彭真明:《证券虚假陈述中的律师侵权赔偿责任——兼评487名投资者诉五洋公司、上海锦天城律师事务所等被告证券虚假陈述责任纠纷案》,《社会科学家》2022年第4期。

法》等强行法的规定,应当承担侵权责任。① 不过,对此侵权责任,除律师故意出具虚假法律意见书外,在过失出具虚假法律意见书的行为中,其并未有任何事实意义或规范意义上的作为,仅仅是没有妥当履行法律所赋予的发现并制止虚假陈述的作为义务,这一过失型虚假陈述致投资者财产损失构成不作为侵权而非作为侵权。②

观点三:承担有限责任。也有观点认为,即便律师需要直接承担赔偿责任,也需要在"自己责任原则"与"完全赔偿责任原则"之间协调。若律师参与共谋,故意违法,其承担无限连带责任自无问题。但若律师过失性虚假陈述,采用完全连带责任可能导致过错较轻的律师需要填平投资者所遭受的全部损害,自己责任与完全赔偿责任原则的相对平衡被打破。为避免律师承担过重执业风险,建议律师承担有限制的连带责任(也就是比例连带责任),一则律师行为具有可责难性,部分责任人不能清偿的风险不应被直接转嫁到无辜的投资者身上,律师应当承担连带责任而非按份责任;二则为避免律师因较轻过错承担过重责任,不宜追求律师对全部损害结果承担连带责任,而是优先判定其最终所应负担的责任比例,再依据该比例数值限制其连带责任的负担。③ "五洋案"将律所承担连带赔偿责任范围限定为五洋公司应负民事责任的 5%,尽管主体是律所而非律师,但充分体现了这一理念,实现了责任承担与过错程度的有机结合。本书也认可这一观点,其更具合理性,既有效约束了律师的执业行为,又不至于给律师的轻微过错行为带来过重法律负担,实现了自己责任原则与完全赔偿责任原则的平衡。

(三) 代征集人

代征集人主要是通过委托征集参与征集活动,征集人与代征集人之间是纯粹的民事代理法律关系,代征集人违反双方之间的约定征集,应当对征

---

① 肖宏亮:《律师在证券虚假陈述中的侵权责任》,《合作经济与科技》2006 年第 13 期。

② 罗伟恒:《论证券虚假陈述之律师侵权责任——兼评(2020)浙 01 民初 1691 号判决书》,《经济法学评论》2020 年第 1 辑。

③ 王然、彭真明:《证券虚假陈述中的律师侵权赔偿责任——兼评 487 名投资者诉五洋公司、上海锦天城律师事务所等被告证券虚假陈述责任纠纷案》,《社会科学家》2022 年第 4 期。

集人承担违约责任。

但由于代征集人的征集活动会对整个证券市场造成影响,故《暂行规定》也将其纳入监管范畴,明确规定证券公司、证券服务机构违反除信息披露义务外其他要求的,按照新《证券法》第199条予以处理。据此,证券公司、证券服务机构作为代征集人,也可能承担新《证券法》第199条设置的警告、罚款等行政责任。不过,鉴于前文分析代征集人的范围需要进一步扩大,若仍采用《暂行规定》逐一列举的技术手段,则会导致制度冗长,难免挂一漏万,故建议后续《暂行规定》修改时,使用"代征集人"进行替代。

四、法律效力

(一) 代理权效力

证券法具有统一性和强制性,公司法是多样化和赋权性的。[①] 新《证券法》及《暂行规定》对代理征集行为进行了诸多规范,若征集行为违反这些规范,是否影响代理权的效力,是否影响对应股份的表决权行使自然成为了需要关注的问题。由于新《证券法》及《暂行规定》并未对违法征集行为的效力作出明确规定,则成为实务中经常争论的问题:其是否是强制性规范? 若是强制性规范,哪些是效力性规范? 哪些是管理性规范? 学界和实务界从不同角度进行了诸多讨论,但依然无法提供有效的解决方案。

有鉴于此,有立法例采用两分法,对违反代理征集规则的行为进行区分,明确严重违反规则的行为效力,从而避免前述争议。规定使用委托书有下列情形之一的,其代理的表决权不予计算:委托书用纸并非公司印发;因征集而送达公司的委托书为转让而取得;违反有关征集人、代征集人的资格要求的;违反规定于征集场所外征集委托书,征集人拟支持的董监事选任超过应选人数的;违反规定取得委托书的(价购委托书、以他人名义征集、将征集的委托书作为非属征求委托书出席股东会);非属征求中声明自己的委托书不是自己或他人公开征集存有虚假情形的;违反委托书签名要求以

---

① 詹姆斯·J·帕克、薛前强:《重估公司法与证券法的相异性》,《证券法苑》2019年第3期。

及非属征求提前 5 日提交声明、明细等资料要求的;违反股务代理机构作为代征集人的规则的;违反虚假记载的禁止性规定以及禁止转让股东大会出席卡规定的;征集人或代征集人代理股份数超过法定限额对应股份的表决权的;征集人的投票行为与授权委托书内容不符的;其他违反本规则规定的授权委托书。有前款各项情形之一的,公开发行公司须拒绝发给当次股东会各项议案的表决票。有前述表决权不予计算情形的,公开发行公司应重新计算。

不过,这一规定依然引发争议,即"代理之表决权不予计算"如何理解存有疑问,其仅仅是字面上的意思,代理征集所对应的表决权不计算入议案的表决权中,还是根本就不承认征集人的代理权,出席股东大会股份总数都不计入? 应当说,两种理解直接关涉代理权的有效还是表决权的有效问题。有观点认为,既然是代理之表决权不予计算,应是表示并非不能代理出席,仅仅是代理的表决权不能计算。也就是说即便是违反规定取得的委托书,代理权本身并不受影响,征集人依然享有代理权,有权出席股东大会,但其取得的表决权效力受到影响,不予计算。

然而,也有观点认为前述处理仍有不妥之处,应当区分对待。若仅仅是违反相关规定但仍由该征集人代理行使表决权的,则其代理的违反规定的表决权不予计算,其余代理权不受影响,以避免造成代理人个人违规行为而让授权股东承受表决权未能被代理行使之不利后果;但倘若征集人违反规定将委托书未经本人同意转让他人的,则因受让人未取得股东本人授权出席股东会的代理权而无代理出席股东会权限,不应计入出席股数中。[①]

若借鉴前述做法,则可将《暂行规定》中的规则区分两类进行效力处置:一类是违反后作代理权无效处置,即征集人违反《暂行规定》第 8 条转委托禁止规定的,授权委托书无效。在实务处理上,征集的股东权不仅不能计入股东大会表决权数中,也不能计入出席股东大会股份总数中,但如前文转委托分析那样,特殊情况除外。另一类则是违反后代理权依然有效,仅作表决权无效处置。如征集人失格征集、代征集人失格代理、征集公告主要内

---

① 洪秀芬:《股东会委托书违法使用之效力》,《月旦法学教室》2014 年 2 月第 136 期。

容缺失、征集公告未按规定披露、征集公告虚假陈述、空白授权委托书等。

（二）股东大会决议效力

诚如学者所言,表决权不但维系和控制着公司所有者与经营者的关系,还是不同股东之间争夺公司控制权的工具,是控制股东对中小股东进行控制的工具。为了顺应这一工具主义趋势,表决权与股份之间出现了分离倾向的同时,表决权本身也出现了客体化趋势,在表决权的救济上也已经从损害赔偿为主的救济方式走向了撤销公司决议为主,①这被学界谓作为"程序性法律责任"②。质言之,股东权代理征集的法律责任,除了对股东、公司、其他相关主体承担损害赔偿责任外,还关涉公司决议效力问题,其可能因构成公司决议程序瑕疵而成为公司决议撤销的事由。不过,代理征集的不同法律责任下,其对公司决议效力的影响存有差异,下分述之。

1. 征集人违约行使与公司决议效力

征集人违约行使是否影响公司决议效力,对此有三种观点:

第一种观点认为,征集人违反委托协议做出的投票决定,仅与授权的股东有关联,公司属于善意第三人,征集人违反委托协议的行为对公司的决议效力不产生任何影响。韩国和日本普遍采用此种方式。

第二种观点认为,征集违反委托协议作出的投票权决定,不仅与授权股东有关,还会影响到公司决议的效力。有立法例规定,征求人的投票行为如果与委托书记载的内容或委托人要求的内容不符合时,该代理行为下的表决权是无效的,公司可以直接拒绝采纳投票结果。

第三种观点认为,是否影响决议的效力还要看公司是否有过错,授权委托书中会列出所有议案的名称以及赞成、反对和弃权的选项,征集人会获得明确的书面指示,如果公司在股东会决议监票过程中发现或应该发现征集人存在违约行为,而未作质疑,则会导致决议存在瑕疵。如果公司在监票过程中没有发现征集人擅自违约的行为,无过错地履行了监票义务,则征集人

---

① 梁上上:《股东表决权:公司所有与公司控制的连接点》,《中国法学》2005 年第 3 期。
② 李红润:《表决代理权征集规则研究》,《广西社会科学》2016 年第 12 期。

的违约行为不应对公司决议产生瑕疵效力。[①]

客观讲,第二、第三种观点科以公司监督征集人严格行权的义务,有助于事先发现和纠正征集人的违约行为,减少后续不必要争议。然而,公司监督征集人严格行权的义务使得公司不得不花费大量时间核对每一项授权委托书的内容约定与行权结果之间的对应关系,在股东大会会期非常短、授权委托书数量庞大、授权类型多样的客观条件制约下,公司进行这一实质性监督并不可行,公司有且仅有将征集人置于股东出席股东大会同等地位处置的义务,对征集人出席股东大会的资格作形式审查,而无需对其行权过程进行监督。且征集人违约行使的本质是"违反与股东签署的授权委托书"[②],即"违反了合同的约定"[③],按照合同的相对性,其效力也不及于第三人。故第一种观点更具合理性,征集人违反委托协议的行为对公司的决议效力不产生任何影响。

2. 征集人侵权行使与公司决议效力

征集人侵权行使是否影响公司决议效力也有争议。有观点认为,在虚假陈述侵权方面,征集人违反信息披露义务而构成瑕疵决议的场合,法院应根据相关股东的请求判决撤销该瑕疵决议或确认该瑕疵决议无效。[④] 若代理人因征集手续存在瑕疵、表决程序不符合《公司法》之规定、滥用代理权或者对股东进行欺诈等原因,严重损害股东利益并导致股东大会、董事会决议存在瑕疵时,股东可以依据相关法律法规之规定,请求法院撤销或变更股东大会、董事会的决议。[⑤]

然而,日本学术界与实务界的主流观点却认为,表决权代理征集仅是股东大会决议之前的事实行为[⑥]而非决议方法,规范代理征集的法律法规只

[①] 王星皓、李记岭:《论中小股东在公开征集投票权中的救济》,《河北法学》2019 年第 8 期。
[②] 王星皓、李记岭:《论中小股东在公开征集投票权中的救济》,《河北法学》2019 年第 8 期。
[③] 贺大伟、董娜:《论代理权征集中的法律责任与股东权利救济》,《兰州工业学院学报》2017 年第 6 期。
[④] 吴畏:《股东表决权招揽制度浅析》,《湖北警官学院学报》2012 年第 11 期。
[⑤] 贺大伟、董娜:《论代理权征集中的法律责任与股东权利救济》,《兰州工业学院学报》2017 年第 6 期。
[⑥] 境一郎「株式会社における議決権の代理行使の勧誘に就いて」神戸商科大学商大論集 7 号 77 頁(1951)。

不过规定征集人征集应当遵守的方法,①不是规范决议方法的法律法规。因此,即便存在代理征集公告有虚假记载、授权委托书不符合法定行使要求等违反代理征集法律法规情形而致使公司决议明显不公时,也不能理解为决议撤销事由,只能理解为决议撤销的原因。这一主流见解将日本《证券交易法》第 194 条②是取缔规定(管理型规定)而非效力规定③作为主要依据,从而得出不能成为股东大会决议取消事由的结论。④ 正因为如此,日本司法实践中,以征集违反相关法律规范为由诉请撤销公司决议的诉讼多半被裁定驳回,以至于有观点认为,从提高代理征集规制的时效性角度来看,若违法征集不能成为决议撤销事由的话,则法律规制实际上没有任何效果。⑤

　　不过,也有观点认为,若违反代理征集法律法规而致使委托协议无效,则表决权的行使因无权代理而无效,此时,若将无效的表决权数计入了决议是否通过的判断中,则因为违反了决议方法的法律规范而成为了决议撤销的事由。⑥ 质言之,代理征集违反法律法规并不直接影响公司决议的效力,其直接影响的是委托代理的效力,若导致委托代理无效,则征集人实施的股东权代理为无权代理,无权代理对应的表决权计入股东大会表决结果才成为了决议方法的瑕疵,才可能成为决议撤销的事由。而事实上,即便代理征集违反了法律法规也不一定导致委托代理无效。东京地方法院 2007 年 12 月 6 日判决的莫利特克斯案就未支持授权委托书违反法律授权委托无效的

---

　　① 　大森忠夫「議決権」田中耕太郎編『株式会社法講座第三巻』934 頁(有斐閣、1956)。

　　② 　《证券交易法》第 194 条　禁止任何人违反法令规定,劝诱上市公司股份的表决权交由自己或第三人代理行使。

　　③ 　石井照久『会社法上巻商法Ⅱ』247 頁(勁草書房、1967);田中誠二『会社法詳論(上巻)』517 頁(勁草書房、三全訂版、1993);田中誠二ほか『再全訂コンメンタール証券取引法』1139 頁(勁草書房、1996)。

　　④ 　証券取引法研究会「委任状勧誘に関する実務上の諸問題:委任状争奪戦(proxy fight)の文脈を中心に」証券取引法研究会研究記録第 10 号 31 頁以下(2005)。不过,也有不少学者主张应当成为决议取消事由。详见清水真人「勧誘内閣府令違反による委任状勧誘と株主総会決議取消事由の有無」早稲田法学 84 巻 4 号(2009)。

　　⑤ 　証券取引法研究会「委任状勧誘に関する実務上の諸問題:委任状争奪戦(proxy fight)の文脈を中心に」証券取引法研究会研究記録第 10 号 31 頁以下(2005)。

　　⑥ 　葛巻瑞貴「委任状に関する規制」,资料来源:http://www.katsuramaki‐law.jp/blog/2018/03/post‐24‐580139.html。

主张。该案中,股东征集的授权委托书(委任状)未按照法律规定要求对公司提交的议案设计赞成、反对栏,公司以授权委托书违反法律要求为由主张与此相对应的表决权代理授权无效。法院认为:委托书征集法律法规要求设置赞成、反对栏的目的在于通过明确股东对每项议案行使表决权的态度,将股东的意愿正确地反映在股东大会的表决结果中,本案的公司股东非常清楚股东派与公司派在经营层争夺中产生了争议,双方都提出了董事候选人的选任议案,股东提交赞成股东派议案的授权委托书的行为自然蕴含着反对公司派议案的意旨,即便授权委托书对公司提交的议案没有设计赞成、反对栏,虽有违法但也不影响股东的真实意愿表达,并未违反法律规范的宗旨;且股东派的征集活动只能在股东大会召集公告发布明了会议议案后才能进行,与公司相比处于明显不利的地位。① 法院站在中小股东权益保护的角度,最终驳回了公司的诉求,并未因授权委托书违反法律的格式要求而否定其效力。但是需要留意的是,本案的法官之所以没有否认授权委托书的效力,是基于本案的违法行为并不影响法律规制宗旨的实现。反过来说,若本案的违法行为已经影响到法律规制目的的实现,股东的意愿不能正确得到反映,法院自不会秉持现有的观点,而仍然会回归通常的观点:每项议案都不设置赞成、反对栏,使用空白授权委托书,原则上是违法的,授权委托书的效力很可能得不到确认。

日本两分法的处理方式有其合理性,毕竟,委托书征集与股东会决议是两个不同的法律行为,代理征集相关法律规则规范的是授权委托书及其相关行为,虽与股东会决议密不可分,但并不直接相关。因此,违反代理征集相关法律规则仅对授权委托书的效力产生影响,不直接对股东会决议效力产生影响。我国司法实务基本也秉持这一观点,若代理征集中无权代理的表决权计入股东大会表决结果,对决议的通过产生直接影响,法院才会支持撤销决议,但若对决议通过不会产生影响,则不会支持决议撤销诉讼主张。

3. 简要评析

需要强调的是,前述讨论反映出违反代理征集制度的两种处置模式:一

---

① 三谷革司「委任状勧誘規制の概要」,资料来源:https://www.businesslawyers.jp/practices/168。

种处置模式直接回避相关规则是否是效力性规定的难题,对违反代理征集相关规则征集的代理权原则上不做无效处置,仅仅在表决权上做无效处理。若这些不予计算的表决权计入了股东大会表决权数中,需要重新计算,则可能影响到股东大会决议的效力。另一种处理规则关注的是代理权,违反相关规则若导致代理权无效,则表决权无效,方才可能影响股东大会决议效力,然而,代理权是否有效需要回到民事法律行为的效力判定上,则又会涉及强制性规范、效力性规范等的判定。相较之下,第一种处置模式更为清晰,便利实务操作,减少不必要的效力争议。我国也可借鉴这一做法,在《暂行规定》中予以列举明确。

五、权利救济

有责任必有救济。在明确了代理征集的法律责任样态后,如何构建救济规则成为股东权代理征集制度完善的重要内容。鉴于股东权代理征集制度中的委托书属于典型的不完备契约,被征集人的合法利益极易受到侵害,学界和立法部门重点关注被征集人(股东)的权利救济,相关的研究成果较为丰富。然而,如前所述,征集人的征集权利也易受到侵害,其的权利救济也应当受到关注。

(一) 征集主体权利救济

1. 权利救济基本状况

征集主体在启动股东权代理征集后,除了承担信息披露、遵循股东指示、按时出席股东大会等义务,还享有要求公司配合征集行为、出席股东大会并代表股东行使股东权利等权利。而一个完整的代理征集行为,涉及到召集人的审查、公司配合信息披露、公司接收代理征集材料确认授权委托书的效力并计入出席股东大会表决权数中。任何一个环节出现问题,如召集人审查不通过、公司拒绝配合信息披露、公司拒绝接收代理征集材料、公司不承认委托书效力、公司不将代理征集股份对应表决权计入公司表决权总数等等,都会导致征集权行使无法实现,在此情况下需要考量对征集主体提供相应的救济。不过,《暂行规定》对此并未明确予以规范,只能借助现有制度予以考量。通常,征集人合法征集的委托书,若公司没有正当的理由而拒绝接收,或不承认委托书效力,或不将代理征集股份对应表决权计入公司表决权总数,征集人可以藉由公司决议瑕疵之诉,提起公司决议撤销诉讼予以救济,这已无制度障碍。同时,鉴于《暂行规定》对公司不遵守其规则的行为纳入新《证券法》第 199 条的规范范畴,科以行政责任,征集人也可采用向交易所或证监局举报,或向投服中心求助等方式表达自己的合理诉求。[①] 公司拒绝配合信息披露实质上是公司违反信息披露配合义务,如前文分析那样,允许征集人自行联系规定渠道披露自然也能解决。不过,对于召集人审查结论有不同意见的救济规则,由于《暂行规定》遗漏征集公告审查争议处理规则,尚有讨论的空间。

2. 审查异议救济

股东大会的召集人在收到征集主体提交的征集公告之后,一般有两种处理方式,一为在收到上述文件后 2 个交易日内披露征集公告,这种处理方式不存在争议;二是经核查认为征集人不符合相关条件的,可以拒绝披露的,召集人应当向征集人书面反馈不符合规定的证据和律师出具的法律意见。但问题在于,现行立法忽略了征集人就该审核结论发生争议的情形,也未明确相关处理规则。也就是说,由于法律没有提供更多的制度安排,在征集人提交的征集主题不利于审查人的情况下,审查人极有可能滥用审查权人为制造障碍,导致征集制度被人为架空。因此,在审查人作出不予公告的审查结论后,征集人对此不服时应如何进行救济需要明确。

鉴于股东权代理征集的中小股东利益保护定位,应尽可能确保征集人的征集权行使,故召集人在规定时间内不进行审查,或审查后作出拒绝披露的决定而征集人对决定不服时,应该赋予征集人异议提出权及法律救济渠道,从而制衡召集人的行为。即在征集人就核查结论表示不服时,法律应给予其发声的机会,就董事会或监事会书面反馈的不符合规定的证据和律师出具的法律意见向召集人提出异议,召集人应当就此意见再次核查征集文件给出二次核查结论。若召集人仍拒绝披露,此时可借鉴公司违反信息披

---

① 程凯:《临时提案遭否之后》,《董事会》2020 年第 8 期。

露配合义务的举措,允许征集人自行披露。

也有观点认为应当引入监管机构的行政裁决来解决这一矛盾。行政机关的行政裁决能够发挥其效率优势,进而适应证券市场快速变化的需要。然而,在我国行政机关简政放权、《证券法》大量引入市场约束机制、中介行业自我规制的大背景下,这一方案并非最佳选择。考虑到我国证券市场留给征集人征集股东权特别是表决权的时间并不充裕的实际情况,前述二次审核的流程太长,花费时间颇多,很难适应代理征集的实际需要,也可考虑发挥市场的约束功能和见证人制度的功用,允许征集人在收到拒绝披露的决定后,委托律师见证出具法律意见书,径行联系规定渠道披露征集公告和法律意见书,召集人也需同步公告拒绝决定和律师出具的法律意见书,从而将相关问题的判断交给股东。

(二) 股东权利救济

法谚云,"无救济则无权利"。法律对侵权行为发生后的救济未得到完善,必将导致权利成为一纸空文。股东代理权征集制度作为一种工具性的制度,在制度实施过程中,侵权或者违约行为可能并不直接导致股价的剧烈波动,很难按照一般的代理进行维权。[1] 对此,当征集人违反被征集人意愿行使投票权时,美国委托书规则为被征集人提供了三种救济途径。第一,被征集人可以股东身份请求法院颁布禁止令。如果股东大会尚未召开,被征集人掌握非直接利害关系人虚假陈述或遗漏重大事实的证据,并能证明若不颁布禁止令将遭受难以弥补的损失,且股东在投票前拥有充分的时间消化和评估新的资料,那么法院应当支持被征集人对披露进行纠正的诉求,颁布禁止令。第二,被征集人可以股东身份提起公司决议瑕疵之诉。若股东大会对征集议案以外的议案进行表决,则被征集人可以请求法院宣告决议无效或不成立;若非直接利害关系人未按照被征集人的意愿进行表决且公司明知的,则被征集人可以请求法院撤销相关决议,这是"任何人都不能从自己的违法行为中获益"法理的体现。不过,是否支持被征集人的诉求,法

---

[1]　雷晓冰:《我国股东表决权信托制度面临的问题及对策》,《法学》2007 年第 1 期。

院应当根据《公司法》综合判断,"在禁止使用非法征集的委托代理权时,必须小心避免剥夺将其委托代理权授予违法者的无辜证券持有人的权利。"第三,被征集人可以追究非直接利害关系人侵权损害赔偿责任或者违约损害赔偿责任。如果征集人的委托代理书不实、违背使用委托书规则,致使股东认识错误而将委托书交付,或征集人未依股东委托的意旨行使委托权,股东有权向征集人请求侵权损害赔偿。同时,被征集人为委托人,征集人为受托人,如果受托人处理委任事务有过失,可诉诸委托合同之救济。

相较之下,我国对于征集活动中相关主体权利受到侵害时的救济制度设计非常少,只能寻求相关制度的支持。学界讨论认为,股东可以采用如下救济手段和方式:

第一,颁布禁止令,也叫行为保全。投票权行使之前,被征集人可以向人民法院申请禁止征集人行使征集到的股东权。且分阶段处置:诉前保全,申请人提供担保,不提供担保的,法院裁定驳回申请;诉中保全,申请人可以提供担保,法院在必要时也可依职权裁定采取行为保全措施。

第二,公司决议瑕疵之诉。即投票权行使后,提起公司决议瑕疵之诉,判决决议无效或不成立,或撤销。不过,如同前文讨论那样,代理征集的违法行为并不直接成为股东大会会议召集程序、表决方式的瑕疵,其仅仅是决议撤销的原因而非事由,股东必须先行证明代理权无效而后始得主张决议撤销,存有较大不确定性。《公司法》第22条并非专为保护股东权代理征集制度而设,在预防和解决相关纠纷方面针对性不强、不够细化、可操作性较差;该种救济属事后救济且成本过高,即使股东胜诉,当次股东大会决议被撤销,将会带来以此决议为基础的一系列行为的变更与调整,这一争议解决方式过于繁琐、昂贵和低效。因此公司决议撤销之诉并非是股东权代理征集制度保护股东的长久之计,只能是规则匮乏背景下的权宜之选。

第三,损害赔偿。投票权行使后,提起侵权之诉或违约之诉均可,追究征集人侵权责任、违约责任。

参考文献

一、中文著作(含译著)

[1]黑格尔:《法哲学原理》,范扬、张企泰等译,商务印书馆1961年版。

[2]马克斯·韦伯:《社会科学方法论》,朱红文等译,中国人民大学出版社1992年版。

[3]金建植等:《公司法判例研习:以韩国公司法为视角》,张珍宝等译,法律出版社2021年版。

[4]李哲松:《韩国公司法》,吴日焕译,中国政法大学出版社2000年版。

[5]弗兰克·伊斯特布鲁特、丹尼尔·费希尔:《公司法的经济结构》,张建伟、罗培新译,北京大学出版社2005年版。

[6]克拉克曼等:《公司法剖析:比较与功能的视角》,刘俊海等译,北京大学出版社2007年版。

[7]罗伯塔·罗曼诺:《公司法基础》,罗培新译,北京大学出版社2013年版。

[8]马克·斯考森:《经济学的困惑与悖论》,吴汉洪等译,华夏出版社2001年版。

[9]乔纳森·R·梅西:《信守承诺是公司治理的基石》,戴欣等译,法律出版社2017年版。

[10]斯蒂芬·M·贝恩布里奇:《理论与实践中的新公司治理模式》,赵渊译,法律出版社2012年版。

[11]伏军:《公司投票代理权法律制度研究》,北京大学出版社2005年版。

[12]郭锋等:《中华人民共和国证券法制度精义与条文评注》,中国法制出版社2020年版。

[13]胡果威:《美国公司法》,法律出版社1999年版。

［14］黄茂荣:《法律方法与现代民法》,法律出版社 2006 年版。

［15］黄薇:《中华人民共和国民法典合同编释义》,法律出版社 2020 年版。

［16］梁上上:《论股东表决权——以公司控制权争夺为中心展开》,法律出版社 2005 年版。

［17］刘俊海:《股份有限公司股东权的保护》,法律出版社 2004 年版。

［18］刘俊海:《新〈公司法〉的制度创新:立法争点与解释难点》,法律出版社 2006 年版。

［19］刘连煜:《公司法制的新开展》,中国政法大学出版社 2008 年版。

［20］刘连煜:《公司监控与公司社会责任》,五南图书出版有限公司 1995 年版。

［21］刘连煜:《公司治理与公司社会责任》,中国政法大学出版社 2001 年版。

［22］刘连煜:《新证券交易法实例研习》,元照出版有限公司 2006 年版。

［23］施天涛:《公司法论》,法律出版社 2005 年版。

［24］覃有土:《商法学》,高等教育出版社 2012 年版。

［25］唐子畏:《行为科学概论》,湖南大学出版社 1986 年版。

［26］王保树、崔勤之:《中国公司法原理》,社会科学文献出版社 1999 年版。

［27］王保树:《商事法论集》,法律出版社 2000 年版。

［28］王文宇:《公司法论》,元照出版有限公司 2019 年版。

［29］王文宇:《新公司法与企业法》,中国政法大学出版社 2003 年版。

［30］王轶等:《中国民法典释评·合同编·典型合同(下卷)》,中国人民大学出版社 2020 年版。

［31］魏振瀛:《民法》,北京大学出版社 2013 年版。

［32］杨炳霖:《回应性管制:以安全生产为例的管制法和社会学研究》,知识产权出版社 2012 年版。

［33］叶林:《证券法》,中国人民大学出版社 2000 年版。

［34］张维迎:《企业理论与中国企业改革》,北京大学出版社 1997 年版。

［35］张文显:《法理学》,高等教育出版社 2006 年版。

［36］张越:《立法技术原理》,中国法制出版社 2020 年版。

［37］赵万一:《公司治理的法律设计与制度创新》,法律出版社 2015 年版。

［38］赵万一:《公司治理法律制度问题研究》,法律出版社 2004 年版。

［39］赵旭东:《新公司法制度设计》,法律出版社 2006 年版。

［40］《现代汉语词典》(第 5 版),商务印书馆 2005 年版。

［41］周友苏:《新公司法论》,法律出版社 2006 年版。

［42］周友苏:《证券法新论》,法律出版社 2020 年版。

［43］朱大明:《控股股东法律规制的路径与法理》,清华大学出版社 2018 年版。

［44］朱锦清:《公司法学》,清华大学出版社 2017 年版。

［45］朱羿锟:《公司控制权配置论——制度与效率分析》,经济管理出版社 2001 年版。

二、中文论文（含译作）

［46］詹姆斯·J.帕克、薛前强:《重估公司法与证券法的相异性》,《证券法苑》2019 年第 3 期。

［47］白牧蓉:《注册制下的证券市场"看门人"职能》,《中国金融》2021 年第 16 期。

［48］曹理:《上市公司股东权公开征集的中国模式》,《社会科学战线》2020 年第 12 期。

［49］曹清清、金剑锋:《上市公司股东提案权的章程表达——对 202 家上市公司章程的实证考察》,《证券法苑》2017 年第 2 期。

［50］陈洪超、齐虹丽:《论团体标准与企业标准自我声明公开和监督制度的理论基础——一个自我规制的解释》,《标准科学》2021 年第 7 期。

［51］陈金钊:《目的解释方法及其意义》,《法律科学（西北政法学院学报）》2004 年第 5 期。

［52］陈明添、张学文:《股东投票代理权征集制度的效用》,《东南学术》2005 年第 2 期。

［53］陈文曲、周春梅:《投票委托书瑕疵征集及其法律救济》,《中南大学学报（社会科学版）》2003 年第 6 期。

［54］陈雨薇:《论反思性的法社会学的现实价值》,《东方法学》2018 年第 2 期。

［55］程凯:《临时提案遭否之后》,《董事会》2020 年第 8 期。

［56］戴铭昇:《禁止价购委托书 20 年——合法性及正当性之再度省思》,《法学杂志》2016 年第 31 期。

［57］邓卷卷:《表决权代理征集制度研究》,《华中师范大学研究生学报》2011 年第 1 期。

［58］董新义:《论上市公司股东代理权征集滥用的规制——以新〈证券法〉第 90 条为对象》,《财经法学》2020 年第 3 期。

［59］范黎红：《投资者保护机构公开征集股东权利的法律规制》，《证券市场导报》2022 年第 7 期。

［60］方流芳：《独立董事在中国：假设和现实》，《政法论坛》2008 年第 5 期。

［61］方元沂：《从股东权益保障检讨征求委托书制度》，《财产法暨经济法》2020 年 6 月第 60 期。

［62］方重：《上市公司表决权委托的实证分析及监管思考》，《清华金融评论》2021 年第 6 期。

［63］傅穹：《敌意收购的法律立场》，《中国法学》2017 年第 3 期。

［64］高达：《我国股东提案审核制度的再建》，《社会科学家》2022 年第 3 期。

［65］《委托书送达期间之规定》，《判例集》2019 年 10 月第 55 号。

［66］高丝敏：《论股东赋权主义和股东赋能的规则构造——以区块链应用为视角》，《东方法学》2021 年第 3 期。

［67］高振翔：《市场危机下的美国证券执法——〈SEC 执法部 2020 财年年报〉解读》，《商法界论集》2021 年第 8 卷。

［68］龚乾厅：《上市公司代理权征集制度中信息披露规则的完善》，《重庆文理学院学报（社会科学版）》2022 年第 3 期。

［69］顾华玲：《上市公司委托书征集制度的法律规制》，《经济问题探索》2008 年第 5 期。

［70］郭雳：《作为积极股东的投资者保护机构——以投服中心为例的分析》，《法学》2019 年第 8 期。

［71］韩梅：《表决权代理主体资格探讨》，《唯实》2012 年第 1 期。

［72］韩梅：《论表决权征集主体资格》，《岱宗法学》2011 年第 4 期。

［73］何林峰：《新证券法时代上市公司表决权征集制度研究》，《大连海事大学学报（社会科学版）》2021 年第 3 期。

［74］贺大伟、董娜：《论代理权征集中的法律责任与股东权利救济》，《兰州工业学院学报》2017 年第 6 期。

［75］贺少峰：《公司自治与国家强制的对立与融合——司法裁判角度的解读》，《河北法学》2007 年第 6 期。

［76］洪秀芬：《股东会委托书违法使用之效力》，《月旦法学教室》2014 年第 136 期。

［77］胡安强等：《新闻推动股市新政——中国证券史上首次征集投票权的前后》，《传媒观察》2005 年第 4 期。

[78]黄惠萍:《股东表决权代理征集制度的研究》,《云南大学学报(法学版)》2007年第3期。

[79]黄泽悦等:《中小股东"人多势众"的治理效应——基于年度股东大会出席人数的考察》,《管理世界》2022年第4期。

[80]蒋雪华:《征集代理投票权的相关问题分析》,《天津法学》2015年第4期。

[81]矫月:《上海新梅董事会遭"内外夹击"称北京正谋征集授权委托书无法律依据》,《证券日报》2014年8月6日第4版。

[82]柯巧平:《信息披露严监管成常态:新〈证券法〉下董事会秘书如何当好"吹哨人"——以瀚叶股份为例》,《财富时代》2021年第9期。

[83]雷晓冰:《我国股东表决权信托制度面临的问题及对策》,《法学》2007年第1期。

[84]黎明、胡红卫:《美国委托征集制度研究》,《社会科学论坛》2003年第11期。

[85]李伯侨、李进:《委托书征集制度法理透视》,《南方经济》2005年第9期。

[86]李博翔、吴明晖:《论股东表决权征集制度的立法完善》,《证券法苑》2017年第2期。

[87]李辰、孙敏敏:《论股东委托书征求制度》,《证券市场导报》2000年第12期。

[88]李桂英:《律师执业赔偿制度的几个问题》,《中国法学》2000年第2期。

[89]李红润、王利娟:《上市公司表决代理权征集主体的董事会中心主义》,《河南教育学院学报(哲学社会科学版)》2020年第1期。

[90]李红润:《表决代理权征集规则研究》,《广西社会科学》2016年第12期。

[91]李建伟:《有效市场下的政府监管、司法干预与公司自治:关系架构与制度选择》,《中国政法大学学报》2015年第3期。

[92]李俊琪:《股东权利征集制度研究:基于非对抗与对抗性语境的阐释》,《清华金融法律评论》2022年第6辑。

[93]李荣:《论我国提案制度之法律构建》,《四川师范大学学报(社会科学版)》2006年第4期。

[94]李荣:《我国提案制度的缺陷与完善——兼论新〈公司法〉第103条第2款》,《社会科学研究》2006年第6期。

[95]李湉湉:《海外成熟市场机构股东积极主义盛行》,《证券时报》2012年5月28日B3版。

[96]梁上上等:《中日股东提案权的剖析与借鉴——一种精细化比较的尝试》,《清

华法学》2019 年第 2 期。

[97]梁上上:《股东表决权:公司所有与公司控制的连接点》,《中国法学》2005 年第 3 期。

[98]林惠芬等:《委托书之代理问题及制衡机制:对控制权偏离暨少数股东侵占行为之实证研究》,《会计评论》2012 年第 1 期。

[99]刘俊海:《论上市公司治理的股东中心主义价值观》,《甘肃社会科学》2021 年第 6 期。

[100]刘连煜:《证券交易法:第一讲——股东会委托书之规范》,《月旦法学教室》2006 年 8 月总第 46 号。

[101]刘素芝:《股东征集投票权委托书之主体资格探析》,《商场现代化》2007 年第 31 期。

[102]刘素芝:《论征集股东委托书制度的价值取向》,《商业研究》2008 年第 6 期。

[103]刘素芝:《我国征集股东委托书法律制度的实证分析》,《法学评论》2007 年第 1 期。

[104]刘莹:《论委托书征集制度》,《云南社会科学》2004 年第 1 期。

[105]刘志云、史欣媛:《论证券市场中介机构"看门人"角色的理性归位》,《现代法学》2017 年第 4 期。

[106]楼秋然:《试论公司法中的投票权价购》,《法大研究生》2015 年第 1 辑。

[107]罗党论:《大股东利益输送与投资者保护研究述评》,《首都经济贸易大学学报》2006 年第 2 期。

[108]罗培新:《股东会股东委托书征求制度之比较研究》,《法律科学》1999 年第 3 期。

[109]罗伟恒:《论证券虚假陈述之律师侵权责任——兼评(2020)浙 01 民初 1691 号判决书》,《经济法学评论》2020 年第 20 卷。

[110]罗英:《论我国食品安全自我规制的规范构造与功能优化》,《当代法学》2018 年第 1 期。

[111]马婧妤:《证监会划定下一阶段投资者保护重点》,《上海证券报》2017 年 10 月 12 日第 1 版。

[112]马滟清等:《中小股东积极主义与上市公司投资效率》,《金融理论与实践》2021 年第 1 期。

[113]马宇驰:《论我国股东权利保护机制》,《河北农机》2019 年第 7 期。

［114］梅双:《中小股东"揭竿而起"＊ST 新梅话语权争夺战愈演愈乱》,《证券时报》2016 年 5 月 11 日第 6 版。

［115］潘越:《中国"吹哨人"制度的异化与重构》,《政法学刊》2021 年第 6 期。

［116］裘维焕:《我国委托书征集制度的反思与完善》,《吉林工商学院学报》2019 年第 5 期。

［117］施金晶、张斌:《上市公司股东不可撤销表决权委托研究——问题、挑战与监管》,《证券市场导报》2020 年 5 月号。

［118］宋智慧:《民主视域下资本多数决异化的根源研究》,《河北法学》2009 年第 8 期。

［119］苏虎超:《我国上市公司委托书征集立法研究》,《政法论坛(中国政法大学学报)》2001 年第 6 期。

［120］孙宝玲:《美国证券吹哨人制度改革展望与镜鉴》,《证券市场导报》2021 年 11 月号。

［121］孙宁:《论我国对董事会秘书制度的法律移植》,《当代法学》2001 年第 11 期。

［122］孙杨俊:《中美证券市场"看门人"机制对比及其启示》,《江淮论坛》2020 年第 6 期。

［123］泰奇:《征集股东权利细节仍待完善》,《董事会》2020 年第 9 期。

［124］托依布纳:《反思性的法——比较视角中法律的发展模式》,载贡塔·托依布纳:《魔阵·剥削·异化——托依布纳法律社会学文集》,泮伟江等译,清华大学出版社 2012 年版。

［125］万岩、高世楫:《国家治理现代化视野下的监管能力建设》,《中国行政管理》2019 年第 5 期。

［126］王谨:《公司治理下的董事会职权体系完善研究》,《法学杂志》2022 年第 2 期。

［127］王俊华、苗伟:《对委托书征集制度的立法思考》,《经济师》2002 年第 6 期。

［128］王利明:《论民法典代理制度中的授权行为》,《甘肃政法大学学报》2020 年第 5 期。

［129］王然、彭真明:《证券虚假陈述中的律师侵权赔偿责任——兼评 487 名投资者诉五洋公司、上海锦天城律师事务所等被告证券虚假陈述责任纠纷案》,《社会科学家》2022 年第 4 期。

［130］王淑梅:《发达国家委托投票征集制度特点及启示》,《求索》2004 年第 4 期。

[131]王伟伟等:《我国建立投票代理权征集制度的思考》,《求索》2003 年第 3 期。

[132]王文宇:《论公司股东使用委托书法制兼评新版委托书规则》,《万国法律》1997 年 2 月第 91 号。

[133]王星皓、李记岭:《论中小股东在公开征集投票权中的救济》,《河北法学》2019 年第 8 期。

[134]王月堂等:《董事会的独立性是否影响公司绩效?》,《经济研究》2006 年第 5 期。

[135]邬民江:《有偿征集上市公司股东投票权的合法性研究》,《人民法院报》2007 年 8 月 2 日第 6 版。

[136]吴畏:《股东表决权招揽制度浅析》,《湖北警官学院学报》2012 年第 11 期。

[137]吴志光:《股东不得因征求委托书而抄录股东名簿》,《理律法律杂志双月刊》2005 年 5 月号。

[138]伍坚、李晓露:《上市公司协议转让控制权中表决权委托问题研究》,《经济与管理》2020 年第 6 期。

[139]伍坚:《股东提案权制度若干问题研究》,《证券市场导报》2008 年 5 月号。

[140]肖和保:《股东提案权制度:美国法的经验与中国法的完善》,《比较法研究》2009 年第 3 期。

[141]肖宏亮:《律师在证券虚假陈述中的侵权责任》,《合作经济与科技》2006 年第 13 期。

[142]熊锦秋、熊蔚园:《股东积极主义兴起 A 股有望呈现崭新面貌》,《每日经济新闻》2022 年 5 月 31 日第 6 版。

[143]熊锦秋:《应为股民决票决策建立第三方咨询机制》,《新京报》2020 年 12 月 8 日第 4 版。

[144]徐大梅、杨祥德:《论我国"吹哨人"制度的建立和完善》,《海大法律评论 2018—2019》,上海浦江教育出版社 2020 年版。

[145]杨坪:《关联交易掏空上市公司何以根治?》,《21 世纪经济报道》2021 年第 3 期。

[146]余雪明:《收购委托书之法律与政策问题》,《台大法学论丛》1996 年第 25 卷第 3 期。

[147]约翰·科菲等:《股东积极主义的未来转型:从"特定企业"到"系统性风险"的代理权争夺》,《齐鲁金融法律评论》2021 年卷。

[148]张彬:《股东表决权征集规则的功能定位与制度构建——以上市公司中小股东保护为中心》,《商法界论集》2020年第6卷第2辑。

[149]张晶晶:《投资者保护机构的问题探讨——新〈证券法〉下股东代理权征集制度为背景》,《融德法治生态圈》2020年第10期。

[150]张钦昱:《我国公开征集投票权规范性研究》,《投资者》2018年第3期。

[151]张子学:《机构投资者:上市公司治理的看客?——国内机构投资者参与治理的意愿、难点与建议》,《董事会》2022年第1期。

[152]赵笏阳:《表决权委托:上市公司股东该怎么用》,《董事会》2018年第12期。

[153]赵金龙、梁素娟:《投票权价购问题之检讨》,《证券法苑》2012年第2期。

[154]赵旭东:《公司法修订的基本目标与价值取向》,《法学论坛》2004年第6期。

[155]曾斌:《美国证券吹哨人制度的最新情况及启示》,《清华金融评论》2020年第7期。

[156]曾洋:《重构上市公司独董制度》,《清华法学》2021年第4期。

[157]郑和平:《马克思主义产权学说和委托代理理论的现实意义浅析》,《经济问题探索》2003年第3期。

[158]郑志刚等:《社会链接视角下得"中国式"内部人控制问题研究》,《经济管理》2021年第3期。

[159]郑志刚:《中国公司治理现实困境解读:一个逻辑分析框架》,《证券市场导报》2018年第1期。

[160]周冰:《上市公司表决代理权征集的制度探析与法律规制》,《证券法苑》2020年第2期。

[161]周春梅:《论投票委托书征集之主体资格——兼论董事会征集委托书之弊端及限制》,《法律适用》2002年第5期。

[162]周俊生:《胜利股份:一场别开生面的股权之争》,《改革先声》2000年6月30日。

[163]周珺:《公开主义与实质主义:我国证券法基本理念的选择及其运用——以域外相关经验为借鉴》,《政治与法律》2013年第5期。

[164]杨朝越:《上市公司表决权征集制度研究》,西南政法大学2021年博士学位论文。

[165]赵金龙:《股东民主论》,武汉大学2012年博士学位论文。

[166]董汉:《股东表决权委托书征集制度研究》,中南民族大学2013年硕士学位

论文。

[167]龚卿:《美国上市公司股东投票委托书征集制度研究》,复旦大学 2011 年硕士学位论文。

[168]韩焱:《论我国表决代理权征集制度的完善》,吉林大学 2007 年硕士学位论文。

[169]何美霖:《股东权代理征集制度完善研究》,四川师范大学 2021 年硕士学位论文。

[170]黄翊书:《投服中心持股行权制度的完善研究》,华东政法大学 2021 年硕士学位论文。

[171]冀明臣:《我国上市公司投票代理权制度研究》,兰州大学 2009 年硕士学位论文。

[172]李样辉:《公司投票代理权征集制度研究》,河北大学 2009 年硕士学位论文。

[173]刘扬:《股东委托书征集法律制度研究》,西南政法大学 2015 年硕士学位论文。

[174]史志宏:《委托书征集信息披露法制研究》,中国政法大学 2006 年硕士学位论文。

[175]宋林聪:《我国上市公司股东代理权征集制度法律规制研究》,甘肃政法大学 2021 年硕士学位论文。

[176]谈櫮华:《初论委托书征集的法律规则——以美国法为研究中心》,厦门大学 2006 年硕士学位论文。

[177]唐墨华:《美国上市公司委托书征集制度研究》,山东大学 2007 年硕士学位论文。

[178]杨金顺:《委托书征求及其法律规制研究》,中国政法大学 2007 年硕士学位论文。

[179]杨玉婷:《论表决权征集主体资格》,华东政法大学 2019 年硕士学位论文。

[180]于腾:《资本多数决的滥用及法律规制》,江西财经大学 2019 年硕士学位论文。

[181]张茜:《公司治理下的股东投票代理权征集制度探析》,山东建筑大学 2015 年硕士学位论文。

[182]王金玉:《股东权代理征集方式研究》,四川师范大学 2022 年硕士学位论文。

[183]郭晓燕:《股东权代理征集人资格法律规范研究》,四川师范大学 2022 年硕士

学位论文。

三、外文著作与论文

［184］江頭憲治郎『株式会社法』（有斐閣、第 5 版、2014）。

［185］鈴木竹雄＝石井照久『改正株式会社法解説』（日本評論社、1950）。

［186］弥永真生『会社法』（有斐閣、第 11 版、2007）。

［187］神田秀樹『会社法（法律学講座双書）』（弘文堂、第十七版、2015）。

［188］石井照久『会社法上巻商法Ⅱ』（勁草書房、1967）。

［189］田中誠二『会社法詳論（上巻）』（勁草書房、三全訂版、1993）。

［190］田中誠二ほか『再全訂コンメンタール証券取引法』（勁草書房、1996）。

［191］大森忠夫「議決権」田中耕太郎編『株式会社法講座第三巻』（有斐閣、1956）。

［192］髙橋真弓「米国委任状勧誘規則による議決権行使助言会社の規制」一橋法学 20 巻第 1 号（2021）。

［193］境一郎「株式会社における議決権の代理行使の勧誘に就いて」神戸商科大学商大論集 7 号（1951）。

［194］龍田節「株式会社の委任状制度―投資者保護の視点から―」インベストメント 21 巻 1 号（1968）。

［195］末永敏和「委任状の勧誘―モリテックス事件を素材に―」永井和之＝中島弘雅＝南保勝美編『会社法学の省察』（中央経済社、2012）。

［196］清水真人「勧誘内閣府令違反による委任状勧誘と株主総会決議取消事由の有無」早稲田法学 84 巻 4 号（2009）。

［197］山本爲三郎「委任状勧誘規制の法的意義」法学研究：法律・政治・社会 82 巻 12 号（2009）。

［198］太田洋「株主提案と委任状勧誘に関する実務上の諸問題」旬刊商事法一八〇一号（2007）。

［199］証券取引法研究会「委任状勧誘に関する実務上の諸問題：委任状争奪戦（proxy fight）の文脈を中心に」証券取引法研究会研究記録第 10 号（2005）。

［200］Andrew A. Markus, *Judicial Review of SEC Rule* 14a-8: *No Action Decisions*, 21 Clev. St. L. Rev. 209（1972）.

［201］Berkman v. Rust Craft Greeting Cards, Inc., 454 F. Supp. 787（S.D.N.Y. 1978）。

［202］Carla L. Reyes, NizanGeslevichPackin, Ben Edwards, "Distributed Governanc-e",

William & Mary Law Review, Vol. 59, Article 1(2017).

[203] Carol R. Goforth, "How Blockchain Could Increase the Need for and Availabil-ity of Contractual Odering for Companies and Their Investors", *N.D. L.REV.*, Vol. 94, (2019).

[204] Coffee, John C., and John C. Coffee Jr., *Gatekeepers: The professions and cor-porate governance*, Oxford: Oxford University Press on Demand, 2006.

[205] Erin Stutz, "What's in a Name: Rule 14A-8(L) and the Identification of Shareh-older Proponents", *Denv. L. Rev. F.*, Vol. 94(2017).

[206] Franklin A, "Proxy Contests", *California Law Review*, Vol. 78, (1990).

[207] Franklin Gevurtz, *Corportion Law*, 2nd ed., United States: West Academic Publ-ishing, 2010.

[208] L.A. Bebchuk& M. Kahan, "Framework for Analyzing Legal Policy towards Proxy Contests, A.", *California Law Review*, Vol. 78, (1990).

[209] Louis Loss & Joel Seligman, "Fundamentals of Securities Regulation 4ed", *Asp-en Law & Business*, 2001.

[210] Louis Loss, *Fundamentals of Securities Regulition*, 2nd ed., Boston and Toronto: Little, Brown and Company, 1988.

[211] Michael C. Jensen & William H. Meckling, "Theory of the firm: Managerial b-ehavior, agency costs and ownership structure", *Corporate Governance*, Gower, (2019).

[212] P. Dodd & J.B. Warner, "On corporate governance: A study of proxy contests", *Journal of financial Economics*, Vol.11, No.1-4, (1983).

[213] Pound, J., "Proxy contests and the efficiency of shareholder oversight", *Journal of financial economics*, Vol.20, (1988).

[214] Reiner H. Kraakman, "Gatekeepers: The anatomy of a third-party enforcement strategy", *Journal of Law, Economics, & Organization*, Vol.2, No.1, (1986).

[215] Robert W. Hamilton, "The Law of Corporations", *West Group*, 1996.

[216] SEC, "Exemptions from the Proxy Rules for Proxy Voting Advice", *Release No.* 34-89372(*Jul.*11, 2020)[85 FR 55082(Sep.3, 2020)]("Final Rule")。

[217] Stephen M. Bainbridge, *Corporation Law*, 3rd ed., New York: Foundation Press, 2015.

[218] Thad A. Davis, "A New Model of Securities Law Enforcement", *Cumberland Law Re-view*, Vol. 30, (2001-2002).

［219］Thomas Lee Hazen & Lissa Lamkin Broome, *Board Diversity And Proxy Discl-os-ure*, *University of Dayton Law Review*, Vol.37, No.1, (2012).

［220］TSC Industries, Inc. v. Northway, Inc., 426 U.S. 438 (1976).

［221］Zohar Goshen & Sharon Hannes, "The Death of Corporate Law", *New York U-ni-versity Law Review*, Vol. 94, (2019).

后　记

经过近两年的努力,作为司法部 2020 年度项目的结项成果,本书稿终于得以完成。回首过往,感触良多。新冠疫情的反复影响了资料收集和实地调研,但也让我和我的研究生有时间在校园内一起讨论问题,分享观点。既有思想火花的碰撞,也有冥思苦想的痛苦;既有挑灯夜战的疲惫,也有豁然开朗的喜悦。本书重点对股东权代理征集的内涵界定、征集主体资格、征集方式、征集范围、征集委托书、合法性控制、法律责任样态进行了梳理和探讨,但股东权代理征集作为民商法上的混合行为,本身具有混合性与复杂性,囿于知识和能力的限制,许多问题未能深入展开研究,其间谬误或许不少,尤其是对他人的观点,可能存在误读,敬请批评指正。后续将继续对股东权代理征集相关问题展开研究,以期为我国完善代理征集制度、提高公司治理质量贡献绵薄之力。

伴随项目的研究推进,研究团队得到快速成长,先后三位研究生顺利毕业,两位研究生正在准备毕业论文。可以说,本书的完成是集体智慧的结晶,李荣负责本书的整体统筹,何美霖参与总体架构的设计以及序言、征集效用、征集费用、征集救济等内容撰写,郭晓燕参与撰写征集主体,王金玉参与撰写征集方式,刘洋参与撰写审查制度,唐郁松参与撰写信息披露,何金刚参与撰写征集委托书,何金刚、李佳瑞、王佳惠、曾丽、梁永琪、裘骐骏、朱海瑜参与校稿,段莉、赵建参与课题讨论。

　　另外,项目研究还得到了四川精伦律师事务所官开文主任、邢振荣主任以及其他执业律师提供的实务素材支持。本书的顺利出版,得到了四川师范大学学术著作出版基金、四川师范大学法学学科的出版资助以及人民出版社茅友生编辑的大力帮助,在此一并致以谢意。

李　荣

蓉城狮子山嘤鸣园

2023 年 5 月

责任编辑:茅友生

封面设计:胡欣欣

图书在版编目(CIP)数据

股东权代理征集制度研究/李 荣 著. —北京:人民出版社,2023.9

ISBN 978 - 7 - 01 - 025613 - 9

Ⅰ.①股…　Ⅱ.①李…　Ⅲ.①股东-代理(法律)-证券法-研究-

中国　Ⅳ.①D922.287.4

中国国家版本馆 CIP 数据核字(2023)第 068321 号

股东权代理征集制度研究

GUDONGQUAN DAILI ZHENGJI ZHIDU YANJIU

李 荣 著

人民出版社 出版发行

(100706　北京市东城区隆福寺街 99 号)

北京新华印刷有限公司印刷　新华书店经销

2023 年 9 月第 1 版　2023 年 9 月北京第 1 次印刷

开本:710 毫米×1000 毫米 1/16　印张:19.5

字数:279 千字　印数:0,001-5,000 册

ISBN 978 - 7 - 01 - 025613 - 9　定价:118.00 元

邮购地址 100706　北京市东城区隆福寺街 99 号

人民东方图书销售中心　电话 (010)65250042　65289539